Joschka Fischer
Fritz Stern

Gegen den Strom

Das Buch

Fritz Stern und Joschka Fischer sprechen in diesem Band über Themen, die sie beschäftigen und bewegen – neugierig aufeinander und immer daran interessiert, die eigenen Erfahrungen und Positionen zu hinterfragen. Das Spektrum der diskutierten Fragen reicht von Heimatgefühlen und Kindheitserinnerungen über das historische Erbe der beiden Weltkriege bis hin zu den aktuellen Fragen der Politik – in Europa, den USA, im Nahen Osten.
Mit weitreichender Kenntnis und rhetorischer Brillianz geht es dabei zu, nicht selten auch mit lakonischem Witz und Pointen, vor allem aber mit der Kraft der Argumente. Nicht in allem nämlich, spürt der Leser, sind die beiden völlig einer Meinung, was dem Gespräch nur guttut. So ist ein wunderbarer Dialog der Generationen entstanden und eine kurzweilige, spannend zu lesende Meisterstunde in Geschichte und Weltpolitik.

Die Autoren

Joschka Fischer, geb. 1948, einer der prominentesten Vertreter der 68er Generation. Er war von 1998 bis 2005 deutscher Außenminister und Vizekanzler. Gehört zu den Gründern der Partei *Die Grünen* und zu den wichtigsten deutschen Politikern seiner Generation.

Fritz Stern, geb. 1926, amerikanischer Historiker deutscher Herkunft. Ist em. Professor für Geschichte an der Columbia University und u. a. Friedenspreisträger des deutschen Buchhandels. Er zählt zu den bedeutendsten Historikern unserer Zeit.

Joschka Fischer
Fritz Stern

Gegen den Strom

Ein Gespräch über Geschichte und Politik

HERDER

FREIBURG · BASEL · WIEN

HERDER spektrum Band 6699

MIX
Papier aus verantwortungsvollen Quellen
FSC® C083411
www.fsc.org

www.herder.de

Umschlagkonzeption: Kunst oder Reklame, München
Umschlaggestaltung: Verlag Herder
Umschlagmotiv: © Helmut Fricke

Herstellung: CPI books GmbH, Leck

Printed in Germany

ISBN 978-3-451-06699-3

Inhalt

Die Gespräche wurden Ende Mai 2012 in Grunewald im Wissenschaftskolleg zu Berlin geführt.

I Heimat

FISCHER Interessante Türen hier.

STERN Gründerzeit.

FISCHER Ja, diese dunklen holzgetäfelten Räume entsprechen wohl dem Geschmack von damals. Das war die Zeit, wo Damen und Herren nach dem Essen noch getrennt saßen und die Herren bei schweren Burgundern und noch schwereren Zigarren ihre trüben Geschäfte regelten. So genannte Herrenzimmer, gibt es heute wohl kaum noch.

STERN Die trüben Geschäfte gibt's noch.

FISCHER Die ja, aber die Herrenzimmer nicht mehr. Noch in meiner Kindheit erkannte man einen bürgerlichen Haushalt daran, dass es ein Herrenzimmer gab, in das zog sich Vater zum Rauchen zurück.

STERN Das gab es bei Ihnen zu Hause?

FISCHER Nein, wir waren arm, bei uns gab's so was nicht. Ich bin auf der Bettcouch im Wohnzimmer aufgewachsen; meine zwei Schwestern teilten sich das dritte Zimmer in einer Dreizimmerwohnung ohne Bad.

STERN Aber Ihr Vater war doch Metzger, wenn ich das richtig weiß.

FISCHER Was heißt aber? Er hat Tiere getötet und auseinander genommen. Und sehr gute Wurst gemacht.

STERN Der Beruf des Metzgers spricht für einen gewissen bürgerlichen Wohlstand.

FISCHER Ging alles im Krieg dahin. Bei Kriegsende musste mein Vater für die russische Armee schlachten, die brauchten ja was zu essen. Also wurde erst mal das Vieh im Raum Budapest requiriert, und dann hieß es: «Wer kann schlachten?» Natürlich wurden die Schlachtungen überwacht, aber es fiel immer etwas ab, so die Erzählung. Metzger hungern nicht, so viel kann ich Ihnen zuverlässig mitteilen. Wir hatten auch später Fleisch satt, die ganze Woche über, während es bei anderen lediglich am Sonntag zwei Schnitzel gab.

STERN Eins für den Vater und das andere für die Familie.

FISCHER Richtig, das war die Regel, aber bei uns gab's für jeden so viele Schnitzel, wie er wollte. Wir haben nie gehungert. Allerdings habe ich immer die Bäckerkinder beneidet, wegen der Süßigkeiten. Also: Essen gab's immer, Geld nie.

STERN Wann ist Ihr Vater aus Ungarn weggegangen?

FISCHER Die Familie ist 1946, nach ca. zweihundert Jahren, ausgewiesen worden. Meine Mutter erzählte mir einmal, dass man die Mitläufer und Täter der Nazis von den Unbelasteten unter den Ungarndeutschen am Datum unterscheiden könne. Diejenigen, die sich schuldig gemacht hätten, wären mit der Wehrmacht Ende 1944 geflohen. Aber wie gesagt, alles Erzählung. Anläßlich des 50. Jahrestags des Endes des Zweiten Weltkriegs hat «Die Zeit» damals eine längere Artikelserie über diese letzten Monate gebracht, unter anderem einen langen Artikel über die Schlacht um Budapest, da konnte ich die Erzählungen meiner Mutter mit der objektiven Geschichtsschreibung vergleichen, und ich muss sagen, die Oral History meiner Mutter war ziemlich präzise. Meine Mutter hat mir erzählt, dass einer der Todesmärsche Richtung Mauthausen im Winter 1944/45 durchs Dorf kam. Ganz furchtbare Dinge seien da geschehen, Frauen hätten versucht, den Häftlingen Essen zuzustecken, seien aber von der SS weggetrieben worden. Ich war acht oder neun Jahre alt, als meine Mutter mir das erzählte, und so was merkt sich ein Kinderkopf.

STERN Wann waren Sie das erste Mal da?

FISCHER 1987. Und ich muss Ihnen sagen, man sollte das nicht machen. Wenn man als Kind in einem virtuellen Land «gelebt» hat, in einem Land der Träume, sollte man später nicht hin fahren, das ist immer ein Absturz. Ich fand den Friedhof, wo all die Namen standen, die ich in Baden-Württemberg …

STERN … vermisst habe.

FISCHER Nicht vermisst. Ich habe lediglich festgestellt, dass es diese Namen in Baden-Württemberg nicht gab. Und dann tauchten dort auch ca. 160 Lebende auf – das war allerdings bei meinem zweiten Besuch, als ich bereits Minister war –, die alle behaupteten, mit mir verwandt zu sein. Vermutlich waren sie das auch, es handelte sich ja um große Bauernfamilien, die untereinander heirateten und viele Kinder in die Welt setzten, als eine Art Sozialversicherung und gleichzeitig als Arbeitskräfte. Ich bin mit meiner Tante, der Frau des ältesten Bruders meines Vaters, die Hauptstraße runter gelaufen, da steht das Haus der Großeltern. Onkel und Tante hatten das Haus geerbt, sind aber enteignet worden, und zwar gleich doppelt, als Deutsche und als Kulaken, dabei waren sie nur Bauern und Metzger gewesen.

STERN Von den Ungarn?

FISCHER Von den Kommunisten.

STERN Ja, das meinte ich, von ungarischen Kommunisten.

FISCHER Bei diesem Besuch in Budakezi wurde mir zum ersten Mal klar, was Enteignung für die betroffenen Menschen bedeutet hatte! Die Wunde war auch Jahrzehnte danach nicht wirklich geschlossen. Und da dachte ich mir, meine Eltern haben 1946 wirklich die richtige Entscheidung getroffen und sind gegangen. Ich habe nie mit ihnen darüber geredet, warum sie gegangen sind. Sie hätten wohl auch bleiben können, aber ich glaube, die russische Besatzung hat wesentlich zu ihrem Entschluss beigetragen. An dem Ort zu leben, wo einem alles genommen wurde, das ist nicht schön.

STERN So ist es.

FISCHER Wann waren *Sie* das erste Mal nach der Emigration wieder in Wrocław?

STERN 1979. Ich habe einen Vortrag in Posen gehalten und mir dort einen Wagen gemietet, um nach Breslau zu fahren. Dabei habe ich festgestellt, dass die Ausflüge meiner Eltern immer Richtung Südwesten gingen, ins Riesengebirge, auch auf die tschechische Seite, aber nie nach Norden, nach Polen, und deshalb war die Fahrt nach Breslau für mich sozusagen eine Neueinfahrt in die Stadt.

FISCHER Auf die polnische Seite ist man damals nicht gefahren?

STERN Nein, meine Eltern jedenfalls nicht. Sie fuhren lieber in die Sudeten.

FISCHER Es soll ja auch sehr schön dort sein.

STERN Ist es auch. Das Erste, was ich bei meiner Einfahrt in Breslau erkannt habe, war das Polizeigebäude, wo ich mit elf oder zwölf Jahren früh am Morgen meinen Vater abgegeben habe, weil er die Papiere zur Auswanderung vorbereiten musste. Allein dieses Riesenpolizeigebäude zu sehen, von dem ich schon die Grausamkeiten gehört hatte, und da reinzugehen war für ein Kind schon ein gewaltiger Schrecken – und ausgerechnet dieses Gebäude war das Erste, an dem ich vorbei kam.

Allmählich habe ich dann auch anderes wiedererkannt, mein Gymnasium, die Villa meiner Großmutter. Da kam eine junge Dame raus, und ich wollte ihr klar machen, dass in diesem Haus früher meine Großmutter gelebt hatte, ob ich es mir ganz kurz einmal ansehen könnte; es gab Sprachschwierigkeiten zwischen ihr und mir, und sie war nicht besonders freundlich. Dann kam ihr Mann runter, der Französisch sprach und gleich sagte: «Kommen Sie doch rein!» An den Wänden im Wohnzimmer hingen nur Bilder und Zeichnungen aus Auschwitz. Als ich nach dem Grund fragte, öffnete der Mann sein Hemd, auf der Brust die eintätowierte Haftnummer: «Ja, ich war in Auschwitz.» Er war dort als polnischer Offizier gefangen gewesen. Da kam es über mich, und da sagte ich: «Ich bin froh, dass Sie hier sind, das freut mich.» Meine Frau hat dann ein Foto gemacht, wie wir uns die Hand schütteln. Ich fand es irgendwie gerecht, dass jemand, der in Auschwitz gewesen war – ein Schicksal, dem ich entkommen bin –, jetzt im Haus meiner Großmutter lebte.

FISCHER Wenn die Deutschen über Vertreibung reden, muss man immer wieder daran erinnern: Der Überfall auf die Tschechoslowakei und Polen ist der Beginn gewesen, das darf man nicht vergessen.

STERN Nein! Aber wir sollten auch nicht vergessen, dass es angefangen hat mit Deutschen, die andere Deutsche vertrieben haben, und zwar nicht nur die berühmten wie Thomas Mann, Bertolt Brecht und Marlene Dietrich oder politische Gegner wie Ernst Reuter und Willy Brandt, sondern auch die vielen Juden und sogenannte Nicht-Arier, die sich immer als Deutsche gefühlt haben, und wir reden hier über Hunderttausende. Diese Vertreibung war die erste, das wurde gern vergessen, wenn das Wort Vertreibung fiel.

FISCHER Richtig. Das ist der Beginn. Diese Tragödie ist der Beginn!

STERN Glauben Sie, dass die Tatsache, dass Sie aus einer Vertriebenenfamilie kommen, Ihre politische Biographie in nennenswerter Weise geprägt hat? Hat diese Herkunft eine Rolle in Ihrer politischen Entwicklung gespielt?

FISCHER Nein. Natürlich wird ein Kind durch den Familiendiskurs geprägt, vor allem emotional. Aber das Milieu der Heimatvertriebenen war bei uns zu Hause nicht das bestimmende, das spielte eher eine untergeordnete Rolle. Meine Eltern gingen zum Donauschwabentag, weil sie da Freunde und Bekannte trafen, mehr nicht. Entscheidend war das Katholische. Im Moment meiner Geburt, als man mich meiner erzkatholischen Mutter in den Arm legte, war ich schon im Würgegriff der Mater Ecclesia. Ich bin in einem streng katholischen Elternhaus großgeworden, meine Eltern waren klassische CDU-Stammwähler. Ein CDU-Landtagsabgeordneter kam aus demselben Dorf wie meine Eltern, er hatte ihnen den Lastenausgleich gemacht, und dafür waren sie ihm ewig dankbar. Wenn Landtagswahlen in Baden-Württemberg waren, sind meine Eltern mit dem Bus gefahren, dann mit der Straßenbahn, dann nochmal umgestiegen, nur um nach einer Stunde in dem Wahlkreis dieses Abgeordneten irgendwo im Großraum Stuttgart ihr Kreuzchen hinter seinem Namen machen zu können. Sie hatten zuvor ein längeres bürokratisches Antragsverfahren durchlaufen müssen, dass sie ihre Stimme nicht an ihrem Wohnort, sondern in diesem bestimmten Wahlkreis abgeben durften. Daran hielten sie fest aus Dankbarkeit. Das waren Parteiloyalitäten, von denen man heute in den Volksparteien nur träumen kann. Als Kind wurde ich halt mitgeschleift, weil Sonntag war, und dann war ich an der Hand mit dabei. Daher dann auch später die Rebellion gegen dieses Milieu, das konservativ-katholisch-kleinbürgerlich-dörfliche. Diese Enge hat mich später rasend gemacht, und in früheren Zeiten wäre ich der typische Kandidat gewesen, der nach Amerika ausgebüxt wäre. Es war wunderschön – bis zu dem Augenblick, wo ich anfing, eigene Gedanken zu haben.

STERN Eigene Gedanken – wann war das ungefähr?

FISCHER Na ja, so mit 15 oder 16.

STERN Das scheint mir recht spät.

FISCHER Es ging ja damals alles sehr viel später los als heute.

STERN Oder gestern, wenn ich an meine Kindheit denke. – Gab es einen besonderen Anlass für die eigenen Gedanken? Ein Ereignis? Ein Buch?

FISCHER Ich war eine Leseratte und habe die ganze Dorfbibliothek leer gelesen. Später als Abgeordneter oder Minister habe ich deshalb immer Wert darauf gelegt, dass öffentliche Bibliotheken weiter gefördert wurden, weil ich wusste, was ich ihnen verdanke. Meine Eltern konnten sich Bücher nicht leisten, zudem war Lesen in unserem Milieu nicht gerade angesagt. Also ich habe von den öffentlichen Bibliotheken gelebt.

STERN Und die hatten genug subversive Literatur?

FISCHER Überhaupt nichts Subversives, da war gar nix. Die Subversion, Fritz, die kam ganz woanders her.

STERN Nämlich?

FISCHER Die prägende Subversion meines Lebens war Bob Dylan, das war die prägende Subversion.

STERN Interessant.

FISCHER Die Musik bringt ja ein Gefühl rüber, selbst wenn du die Texte kaum verstehst – ich konnte ein bisschen Schulenglisch, mehr nicht. Aber der Text war nicht das Entscheidende, sondern die tiefe Sehnsucht, der weite Horizont, den diese Lieder vermitteln. Da fragst du dich, warum es dir hier so schlecht geht, wo es doch auch ganz anders gehen könnte. Die Freiheit aufzubrechen – das war für mich, wenn Sie so wollen, der entscheidende Kick.

STERN Auf Bob Dylan musste man erst einmal kommen, das war doch in der schwäbischen Provinz nicht eben die Hausmusik.

FISCHER Doch, doch, vielleicht mit ein oder zwei Jahren Zeitverzögerung. Es gab ja bei uns früher diese Plattenläden, wo die Platten an der Theke aufgelegt wurden. Da stand ich dann und habe mir die erste

Platte auflegen lassen, «The Freewheelin' Bob Dylan», wo «Blowin in the wind» drauf ist, und das hat mich weggerissen. Das war's eigentlich.

STERN Und was war der nächste Schritt?

FISCHER Der nächste Schritt war, dass ich die Schule verlassen habe. Ich begann schon vorher beim Lernen zu lahmen. Ich habe dann eine Fotografenlehre begonnen. Inzwischen hatte ich allerdings ein Problem mit der Autorität, und je älter und selbständiger ich wurde, desto weniger konnte ich Autorität ertragen. Ich konnte sie nicht ertragen. So endete die Lehre nach einem Jahr.

STERN Auch nicht familiäre Autorität?

FISCHER Auch nicht mehr. Das ging alles nicht mehr. Und eines Morgens: Um acht Uhr begann die Arbeit – um fünf nach acht war sie beendet, und zwar dauerhaft. Der Chef raunzte mich an, und da habe ich ihm gesagt, Entschuldigung, er könne mich mal, habe die Türe hinter mir zugeknallt und bin gegangen.

STERN Gewissermaßen das Ende einer katholischen Kindheit.

FISCHER Jedenfalls bin ich dem Katholizismus damals glücklich entronnen. Formal bin ich allerdings immer noch Mitglied, wenn auch ein ungläubiges. Ich brauche keine Rückversicherung nach dem Motto, vielleicht könnte am Ende doch was dran sein. Aber die kulturelle Prägung ist einfach unauslöschlich. Im Übrigen bin ich der Meinung, dass die Zugehörigkeit zur katholischen Kirche meinen Eltern in der Zeit des Nationalsozialismus eine wichtige Orientierung gab. Herr Hitler hat bei uns keine Rolle gespielt, weil der Papst nicht gesagt hat, dass der Führer ein heiliger Mann ist. Wenn er das gesagt hätte, wäre meine Mutter dem Führer natürlich mit wehenden Fahnen gefolgt. Aber so lange das nicht der Fall war, galt immer das Wort aus Rom.

STERN Immerhin war dem Papst 1933 das Konkordat mit Hitler willkommen. Das war schon eine Art moralischer Anerkennung.

FISCHER Das waren Feinheiten, die in der donauschwäbischen Provinz wohl kaum zur Kenntnis genommen wurden. Zudem war das eine Unterschrift unter einem Vertrag zwischen dem Vatikan und dem Deutschen Reich, und meine Familie lebte, wie gesagt, seit zweihundert Jahren in Ungarn.

STERN Sind Sie mit Ungarisch aufgewachsen?

FISCHER Ich spreche es nicht, aber ich bin damit aufgewachsen, weil beide Eltern bilingual waren. Das ging ständig hin und her. Ich kann mich deshalb ziemlich gut in die Lage hineinversetzen, in der sich junge Zuwanderer der ersten oder zweiten Generation befinden. Du lebst da zwischen zwei Welten: Die Küche zu Hause ist eine andere Welt als die Welt außerhalb, der Dialekt oder die Sprache ist drinnen eine andere als draußen. Du lebst in einem wirklichen Land, in das du hineingeboren wurdest, und in einem narrativen Land, von dem immer erzählt wird, in einer merkwürdigen Sprache. Also, ich kann mich dadurch ziemlich gut in junge Zuwanderer hineinversetzen. Ich habe ja schon von den Gräbern erzählt: Heimat ist für mich der Ort, wo du Gräber besuchen kannst. Wo ich groß geworden bin, gab es kein Grab meiner Familie. All die Gräber waren in Ungarn. Und so habe ich bis heute kein wirkliches Heimatgefühl in mir. Frankfurt am Main vielleicht ist die Ausnahme, meine erworbene Heimat.

STERN Vor mehr als zwanzig Jahren wurde ich bei einer Diskussion im Goethe-Institut in New York einmal gefragt, was mir bei dem Wort Heimat einfällt. Da sagte ich wie aus der Pistole – es hatte mich noch nie jemand danach gefragt, und die Frage war auch wirklich nicht akut –, bei Heimat fällt mir heimatlos ein. Und wenn Sie sagen, Sie könnten sich gut in die Situation von Zuwanderern einfühlen, dann sage ich: Ich auch, ich habe das ja auch erlebt, dieses Gefühl, nirgendwo wirklich zuhause zu sein. «Ein weites Feld».

FISCHER Sogar in Extremen.

STERN Ja.

FISCHER Spielt der Begriff Heimat bei den Amerikanern überhaupt eine Rolle?

STERN Nein. Home und Heimat sind zwei verschiedene Begriffe. Wissen Sie, Heimat ist ein sehr viel emotionalerer, zum Teil auch sentimentalerer Begriff als Home – aber vielleicht hat sich dieser Unterschied auch erst später entwickelt.

FISCHER Fernweh spielt, glaube ich, eine große Rolle in Amerika – und wo man herkommt.

STERN Ganz richtig, die Gegend. Ob man hier geboren ist oder dort, das ist wichtig.

FISCHER Was versteht man in Amerika unter Gegend? Eine Landschaft?

STERN In erster Linie wohl, jedoch mehr im Sinne einer geographischen und mit gewissen Vorstellungen verknüpften Einordnung wie Süden oder Norden, Kalifornien oder Mittlerer Westen. Aber es hängt natürlich auch mit dem Dialekt zusammen, und der spielt eine entscheidende Rolle, wenn es um Aufstiegsmöglichkeiten geht, früher allerdings sehr viel mehr als heute. Den Boston-Akzent konnte man ganz klar vom Südstaaten-Akzent unterscheiden, wie zum Beispiel den Unterschied zwischen Kennedy und Johnson.

FISCHER Die Südstaatler reden ja nicht, die singen ihre Sprache. Bei uns sind Dialekte wichtig, spielen für die Sozialhierarchie aber keine Rolle. Ob einer kölsch spricht oder bayerisch, ist ziemlich egal. Wenn einer schwäbisch spricht und entsprechend gute Leistungen bringt, kommt er genauso weit, wie wenn er Hochdeutsch spräche. Das ist in Frankreich ganz anders. Da giltst du als Tölpel, wenn du Dialekt sprichst. Es gibt ja viele französische Dialekte, aber egal welchen du sprichst, du bist ein Bauer. Ein dialektfreies, hervorragendes Französisch ist Ausweis der Meritokratie. Auch in Großbritannien erkennt man an der Sprache sofort den Klassenstatus. Bei uns ist die Sprache kein Kriterium für die gesellschaftliche Stellung einer Person. Im Bundestag hören Sie Reden in allen möglichen Dialektfärbungen, und dass die meisten Reden schlecht sind, liegt nicht am Dialekt.

STERN Aber gibt es nicht überall den Ehrgeiz, hochdeutsch zu sprechen? Ist nicht in allen Schichten das Bewusstsein vorhanden, dass man mit Hochdeutsch besser vorankommt und es gesellschaftlich weiter bringt?

FISCHER Das würde ich so nicht sagen. Für mich ist der freizügige Gebrauch der Sprache Ausdruck eines egalitären und föderalen Verständnisses. In Deutschland gab es keinen Anspruch des Zentralstaates auf sprachliche Homogenisierung. Dann wären weder Adenauer noch Schmidt noch Kohl Kanzler geworden. Helmut Schmidts Hamburgisch: Jeder, der Ohren hat zu hören, hört sofort, wo er herkommt. Seit die Einheit da ist, macht sogar das sächsische Idiom wieder Karriere. Mit dem hatte ich schon zu tun, als mein Interesse am anderen Geschlecht erwachte. Eines Tages erschien ein Mädchen in unserer Klasse, die einen ganz schweren sächsischen Dialekt sprach; sie gehörte zu den Flüchtlingskindern aus der DDR, von denen pro Halbjahr ein oder zwei in unsere Klasse kamen. Sie konnte sich nur mühsam verständlich machen und verstand ihrerseits kaum den schwäbischen Dialekt.

STERN Der Dialekt gehört für viele wohl ganz elementar zu der Vorstellung von Heimat. Aber Ihren Vorschlag, Heimat über die Namen auf den Grabsteinen zu definieren, finde ich eigentlich recht überzeugend. Es erinnert an die schöne Formulierung von Carl Zuckmayer, Heimat sei da, wo man begraben werden möchte.

FISCHER Sie müssen sich ein streng katholisches Dorf im Schwäbischen vorstellen, dessen Bevölkerung Anfang der fünfziger Jahre durch die Flüchtlinge und Heimatvertriebenen plötzlich verdoppelt wird. Die Fremden ziehen in die Neubausiedlungen am Rande des Dorfes, und mit ihnen kommen die ersten Evangelischen ins Dorf. Ich bin gewissermaßen mit den Feindschaften des Dreißigjährigen Krieges groß geworden, weil das Dorf eine Enklave bildete, die bis Napoleons Zeiten zum Bistum Augsburg gehörte in einem rein pietistisch-protestantisch-württembergischen Umfeld. Alle Nachbardörfer bis auf eines waren streng protestantisch. Als Anfang der sechziger Jahre in einem Nachbardorf die erste katholische Kirche gebaut wurde, erregte das genau so großes Aufsehen wie der Bau der ersten protestantischen Kirche bei uns. Heute gehören beide Gemeinden zu Fellbach am Ortsrand von Stuttgart, und es ist eine völlig andere Lage. Damals gab es die Einheimischen, und es gab die Zugezogenen, die Reing'schmeckten. Als Kind spürst du den Unterschied sehr genau.

STERN Sie sind dort geboren?

FISCHER Nein, nein. Als wir nach Oeffingen kamen, war ich sechs, als ich weg bin, 16. Das waren entscheidende Jahre, aber geboren bin ich in einer wunderschönen Gegend, an der Jagst in Hohenlohe. Das war ein von der Industrialisierung verschonter Winkel; erst als in den siebziger Jahren die Autobahn gebaut wurde, zog da die Moderne ein. Als ich 2006/07 in Princeton war, fragte mich einer der alten Alumni, die mich zum Mittagessen eingeladen hatten, in sehr gutem Deutsch, wo ich denn herkomme. Den Ort kennen Sie nicht, meinte ich. Oh, sagte er, sagen Sie mir von wo. Sage ich, Langenburg. Ja, natürlich kenne ich das, ich war beim Militär in Crailsheim stationiert. In Schwäbisch Hall und Crailsheim war eine große amerikanische Garnison, und die fuhren da oft vorbei.

STERN Aus Schwäbisch Hall stammt die Familie Bonhoeffer. Ich beschäftige mich zur Zeit mit Karl Bonhoeffer, dem berühmten Psychiater, und seiner großen Familie.

FISCHER Eine wunderschöne Gegend. Auch heute noch. Eine Hochebene mit zwei Einschnitten, Kocher- und Jagsttal.

STERN Wunderbar.

FISCHER Und sehr romantisch. Eine gute Mischung aus schwäbischen und fränkischen Elementen. An der Jagst ist es fränkisch, das heißt konservativ und doch sehr offen. Am Kocher schlägt die schwäbische Mentalität stärker durch.

STERN Sie scheinen diese Gegend wirklich sehr zu lieben. Das führt mich noch mal zurück zu der Frage nach der Heimat. Viele Heimatvertriebene haben sich ja offenbar als Menschen zweiter Klasse gefühlt. Sie selber haben eben erwähnt, dass Sie die «feinen Unterschiede», wie Pierre Bourdieu sie nennt, als Kind sehr genau gespürt haben. Trotzdem identifizieren Sie sich heute mit der Gegend, in der Sie Ihre ersten Jahre verbracht haben. Fällt Ihnen das leichter, weil Sie bereits hier geboren wurden, oder haben Sie die neue Heimat irgendwann einfach akzeptiert?

FISCHER Ich bin jedenfalls kein Heimatmensch, aber ich muss zugeben, dass, je älter ich werde, ich mich wieder stärker nach Hohenlohe zurücksehne. Die Landschaft bringt etwas zum Klingen in mir. Politisch finde ich es nach wie vor eine der ganz großen Leistungen der alten Bundesrepublik, 12 bis 14 Millionen Menschen aus dem Osten integriert zu haben. Man muss das allerdings vor dem Hintergrund der gewaltigen Verbrechen sehen, die Deutschland begangen hat, nur so wird verstehbar, dass dieser Prozess von den Deutschen akzeptiert wurde. Heute ist das überhaupt kein Thema mehr, wenn wir mal von den Vertriebenenverbänden absehen, deren Mitglieder aber genauso wenig vertrieben wurden wie ich – jedenfalls die, die unter 70 sind.

STERN Eine Riesenleistung, zweifellos, aber auch nützlich für den wirtschaftlichen Wiederaufstieg.

FISCHER Das waren zum Teil hoch qualifizierte Leute, die nur eines wollten: den Kopf wieder über die Wasserlinie kriegen. Wenn ich heute in China unterwegs bin, sehe ich immer die Bundesrepublik der fünfziger Jahre vor mir – und nicht zuletzt die Heimatvertriebenen und Flüchtlinge. Umso schlimmer ist es, dass sie identifiziert werden mit Erika Steinbach, deren Vater aus Hanau stammt und im Krieg als Feldwebel der Besatzungsarmee nach Westpreußen, also in das okkupierte und gequälte Polen kam. Keine Heimatvertriebene, aber Präsidentin dieses Vereins.

STERN Heimat, das sind allzu oft auch verklärte Erinnerungen. Und das verführt dann leicht zu der Frage, wer hat mir meine Heimat «gestohlen»? Was haben damals die Heimatvertriebenen falsch gemacht, dass sie politisch dieses schlechte Image bekamen?

FISCHER Die übergroße Mehrheit hat gar nichts falsch gemacht, wenn man die Menschen und nicht die Organisation nimmt. Sie hatten teilweise Furchtbares erlebt und versuchten, neue Wurzeln zu schlagen. Der BdV war aber ganz offensichtlich durchsetzt mit ehemaligen Nazis. Ich saß neulich mit meinem Sohn zusammen, 33 Jahre alt, und wir haben darüber geredet. Er hat mittlerweile selbst zwei Töchter. «Wenn sie mich zurückschicken würden», sagte ich zu ihm, «wäre das grotesk. Wenn sie dich zurückschicken würden, wäre es furchtbar, und wenn sie deine Töchter zurückschicken würden, wäre es ein Verbrechen gegen die Menschlichkeit.» Das alles ist doch völlig absurd. Inzwischen ist es ja so, dass sich nicht einmal mehr die übergroße Mehrheit der Heimatvertriebenen selbst oder ihre Nachkommen für den ganzen Zinnober der Verbände interessieren.

STERN Aber sie waren natürlich ein politischer Faktor in der frühen Bundesrepublik, und was für einer!

FISCHER Und was für einer! Sind sie heute nicht mehr.

STERN Nein. Was der ganzen Debatte mit den Heimatvertriebenen einen so unangenehmen Beigeschmack gab, war deren fortwährende Betonung ihrer Opferrolle. Als sie Anfang der siebziger Jahre einsehen mussten, dass sie mit ihren Forderungen nach Grenzkorrekturen in Europa keine Verbündeten mehr finden würden, zogen sie sich in den Schmollwinkel zurück. Man hätte nicht verschweigen sollen, wie viel

Unrecht den Einzelnen widerfahren ist und wie entsetzlich die Umstände der Vertreibung häufig gewesen sind. Das hartnäckige Verweigern der Anerkennung der bestehenden Grenzen war insgesamt aber ein Störfaktor für den Versöhnungsprozess. Wenn die Vertriebenen sich angemessen klar gemacht hätten, dass der Verlust ihrer Gebiete das Resultat eines verbrecherischen deutschen Überfalls war, dann hätten sie sich vielleicht etwas mehr zurückgehalten und das rein Menschliche mehr betont.

FISCHER Ich kann diese ganze Opfer- und Unrechtsdebatte, die ja im Zuge der Wiedervereinigung noch einmal ganz vehement aufgebrochen ist, wirklich nicht nachvollziehen. Als Kind in den fünfziger Jahren war ich nämlich nur mit deutschen «Opfern» konfrontiert worden.

STERN Das verstehe ich nicht.

FISCHER Deutsche Täter gab es für mich erst viel später. Auf dem Gymnasium wurde uns der Film «Hitler – Mein Kampf» von Erwin Leiser gezeigt. Dann Eichmann, dann der Auschwitzprozess – da erst wurde ich mit den deutschen Verbrechen konfrontiert, in der ersten Hälfte der sechziger Jahre. Nach dem Film von Leiser war ich tief schockiert und verstört. Während meiner Kindheit war es doch dauernd nur um die Frage gegangen, wer lebt noch, wer ist gestorben, wo sind die Freunde, die von früher erzählen. Wisst ihr noch, damals? Dann wurden die Vertreibungsverbrechen rauf und runter erzählt, und alle waren «Opfer». Ich brauchte deshalb 2002 auch kein Buch über den «Brand», um mich über die Bombardierungen deutscher Städte aufklären zu lassen, das kannte ich alles schon. Und wenn man sich mal in den einzelnen Bundesländern umschaut, wie viele offizielle «Erinnerungsorte» für die Vertriebenen es dort gibt, allesamt finanziert aus Steuergeldern, dann kann man nicht behaupten, dass da irgend etwas ausgeklammert oder verschwiegen oder nicht anerkannt worden wäre, das ist alles dummes Zeug. Eine mehrbändige, von der Bundesregierung finanzierte wissenschaftliche Dokumentation über die Vertreibung einschließlich der dabei begangenen Verbrechen liegt seit Jahrzehnten vor. Nein, hier herrscht wahrlich kein Mangel. Man muss doch einmal die Gegenfrage stellen: Was wäre denn passiert, wenn die Deutschen geblieben wären, zum Beispiel in Polen? Hat schon mal einer diese Frage gestellt?

STERN Von welchem Standpunkt?

FISCHER Vom Standpunkt der Rache aus. Wie wäre denn die Rache ausgefallen? Jedes Mal, wenn ich in Polen bin, werde ich damit konfrontiert, was die Deutschen dort angerichtet haben. Da wurden ganze Universitätskollegien liquidiert, nur weil die Professoren Polen waren und zur Elite gehörten. Und nicht irgendwann, sondern ziemlich bald nach dem Einmarsch, die Listen waren vorbereitet. Solche Geschichten werden hier bei uns weitgehend verdrängt. Bevor einer über die Zerstörung deutscher Städte klagt, sollte er mal nach Warschau fahren. Und bevor wir über die Rückgabe deutscher Kulturgüter verhandeln, sollten wir mal die Polen fragen, was dort willentlich und wissentlich an unschätzbaren Werten polnischer Nationalkultur für immer zerstört wurde. Das wäre doch eine biblische Rache geworden! Diejenigen, die Blut an den Händen hatten unter den sogenannten «Volksdeutschen», sind die Ersten gewesen, die sich mit der Wehrmacht nach Westen absetzten, weil sie wussten, dass sie keine Gnade zu erwarten hatten. Die Rache hat leider meistens diejenigen getroffen, die meinten, ihnen passiere schon nichts, weil sie sich nichts vorzuwerfen hatten.

STERN Sie haben die Integration der Heimatvertriebenen und Flüchtlinge mit Recht eine große Leistung der Bundesrepublik genannt. Das wichtigste Instrument dabei war der Lastenausgleich, der für eine angemessene materielle Entschädigung sorgte. Deswegen konnte ich die Ostdeutschen gut verstehen, die sich bei der Wiedervereinigung auf dieses Modell beriefen und ebenfalls einen Ausgleich forderten.

FISCHER Ein völlig legitimer Anspruch der Bewohner der ehemaligen DDR, die den Krieg ja nicht mehr verloren hatten als die Westdeutschen.

STERN Aber mehr bezahlt haben.

FISCHER Viel mehr bezahlt. Dass sie erst Jahrzehnte nach den Westdeutschen in den Genuss der Freiheit kamen, hat die Rechnung für sie nur noch bitterer gemacht.

STERN Man darf die Parallele zwischen der Integration der Heimatvertriebenen, die in den fünfziger und sechziger Jahren in die westdeutsche Gesellschaft hineinwuchsen, und dem späteren Beitritt der DDR zum Geltungsbereich des Grundgesetzes natürlich nicht überstrapazieren. Beide Male spielte das Geld eine herausragende Rolle. Aber die Vertriebenen wurden schließlich wirklich aus ihrer Heimat rausgeworfen. Die Bürger der DDR, die mir immer sehr leid getan haben, weil sie den Krieg doppelt bezahlen mussten, konnten wenigstens bleiben, wo sie in den letzten vierzig Jahren gelebt hatten.

FISCHER Das sehe ich genau so. Den Verlust von Heimat und all die furchtbaren Dinge, die bei der Vertreibung passiert sind, kann man mit noch so viel Geld nicht ausgleichen. – Was mich interessiert, Fritz: Hat denn eigentlich das Thema Vertreibung nach dem Krieg bei Ihnen in Amerika eine Rolle gespielt? Ist in Emigranten-Kreisen überhaupt darüber gesprochen worden?

STERN Im Großen und Ganzen wohl nicht. Aber es gab bedeutende Ausnahmen, wie zum Beispiel den Streit zwischen zwei deutschen Nobelpreisträgern, die ihr Land verlassen mussten, Albert Einstein und James Franck. Während Franck sich für die Unterstützung hungernder Deutscher einsetzte, lehnte Einstein jegliche Hilfe für das «Land der Massenmörder» entschieden ab. Übrigens erinnert mich das daran, dass meine Eltern ihren Freunden nach dem Krieg sofort Care-Pakete geschickt haben und ich selbst als junger Mann Hilfspakete an vertriebene sudetendeutsche Freunde, die nach Deutschland geflohen waren, zur Post gebracht habe. 1990, als Václav Havel sich bei den Deutschen für die Vertreibungen entschuldigt hat, schrieb ich in der «New York Times» einen Kommentar, in dem ich Havels Rede eine Geste der Großmut und eine historische Leistung nannte. Ich bekam auf diesen Artikel viele hasserfüllte Briefe, die meisten von Slowaken, die mich darüber aufklärten, dass die eigentlichen Schweine die Tschechen seien. Nun gut. Dann bekam ich aber einen Brief von einem Rabbiner, der sich wahnsinnig beschwerte. Ich hatte in meinem Artikel eine Freundin meiner Eltern erwähnt, eine Sozialdemokratin aus dem sogenannten Sudetenland, deren Familie seit Jahrhunderten dort gelebt hatte und die bei der Vertreibung umgekommen war. Wie können Sie sich hinstellen und diese Frau erwähnen, wo sechs Millionen gestorben sind, empörte sich der Rabbiner. Natürlich konnte ich es. Aber die Reaktion zeigte mir, wie schwierig das Gespräch noch werden würde.

FISCHER Meine Frage zielte eigentlich in eine andere Richtung.

STERN Das habe ich schon verstanden, und ich will Ihnen auch gern eine Antwort geben. Für den Großteil der europäischen Bevölkerung waren die Jahre des Krieges und die ersten Nachkriegsjahre eine Zeit der Deportationen, der Bombardierungen und der entsetzlichen Verluste, der Vertreibungen und des Mangels. Die Deutschen waren davon erst in den letzten Kriegsjahren betroffen, erst 1943/44, mit den Bombardements, hat sich die Ausgangssituation geändert, da war es nicht mehr so angenehm in Deutschland. Das Schicksal der Bonhoeffer-Familie, mit dem ich mich zur Zeit intensiv beschäftige, hat mir das noch einmal sehr nahegebracht. Während für die Deutschen die Zeit des Mangels und der Flucht also eher kurz war, war sie für weite Teile Europas unendlich lang. Man soll die ansteckende Verrohung unter allen europäischen Nationen nicht unterschätzen. Und deshalb hat man sich nach dem Krieg außerhalb Deutschlands für das Schicksal der aus den Ostgebieten vertriebenen Deutschen eigentlich nicht sonderlich interessiert. – Den meisten Deutschen ging es während des Krieges recht gut, und nach einer relativ kurzen Zeit ging es ihnen relativ schnell wieder gut, jedenfalls in den westlichen Besatzungszonen. Man hat mir erzählt, dass man eine Woche nach den schweren Luftangriffen auf Berlin im November 1943 bei Horcher wieder Austern essen konnte.

FISCHER Wenn man zu den richtigen Kreisen gehörte, Fritz! Und im Ghetto von Lodz gab's keine Austern.

STERN Das Böse war überall.

FISCHER Ja, aber im Ghetto von Lodz herrschte es mit sadistischer Perfidie.

STERN Auch die war leider weit verbreitet. – Die große Frage, die wir überhaupt noch nicht angesprochen haben, lautet, wer wusste von diesen Sachen. Die Legende von der sauberen Wehrmacht ist ja gründlich widerlegt. Aber es gab Einzelne, Soldaten und Offiziere, die genau beobachteten, sich ihre Gedanken machten und spätestens auf Heimaturlaub auch davon erzählten.

FISCHER Ich bin kein Historiker. Aber in einem Buch über die Weiße Rose las ich Ausschnitte aus Briefen, die Hans Scholl und sein Freund 1942 als Wehrmachtsoldaten im Osten geschrieben hatten, und da wird sehr klar, was Wehrmachtsoldaten gesehen haben.

STERN Vieles in solchen Briefen war verschlüsselt, manches nur angedeutet, aber wenn man ein Gespür hatte, dann wusste man, was los war. Man musste ja nur den Gerüchten nachgehen und 1 und 1 zusammenzählen.

FISCHER Da komme ich jetzt wieder zu meiner katholischen Vergangenheit. Erzkonservativer Katholizismus, aber nicht regimetreu. In dieser Welt hat die Ermordung der geistig Behinderten eine Riesenrolle gespielt. Und von da ab konnte man eigentlich wissen, wozu dieses Regime bereit und in der Lage war.

STERN War das ein Thema in Ihrem familiären Kontext?

FISCHER Nein. Ich rede jetzt von dem Dorf bei Stuttgart, in dem ich aufgewachsen bin. Da wusste auch jeder, was in Dachau geschah. Es durfte zwar offiziell nicht darüber geredet werden …

STERN Es stand sogar in der Zeitung! Im März 1933, bei der Gründung von Dachau, wurde genau erklärt, wozu ein Konzentrationslager dient. Und jeder Leser verstand: Da kommst du hin, wenn du nicht parierst.

FISCHER Über die Frage der Euthanasie kam es sogar zu einer öffentlichen Auseinandersetzung. Das darf man nicht vergessen. Und auch die sogenannte «Reichskristallnacht» fand in aller Öffentlichkeit statt.

STERN Das war ja der Sinn der Sache: in aller Öffentlichkeit. Aber da haben die Kirchen geschwiegen.

FISCHER Nichts liegt mir ferner, als die damalige Amtskirche zu verteidigen. Mir geht es hier nur um die Frage des Kenntnisstandes. In diesem Zusammenhang habe ich eine Frage an Sie, Fritz. Die Zeitzeugen sterben allmählich aus. Es interessiert mich, weil Ihre Generation jetzt in ein Alter kommt, wo man nicht weiß, wie lange …

STERN Wie lange wir noch da sind.

FISCHER So ist es. Und deshalb interessiert mich, wie Sie als junger Emigrant die Nachkriegszeit, sagen wir, die fünfziger Jahre erlebt haben, mit welchen Empfindungen Sie nach Deutschland gekommen sind? Es wimmelte doch damals noch überall von Mitläufern oder gar Tätern. Wie war das für Sie?

STERN Wissen Sie, Joschka, irgendwann hat man aufgehört, sich als Emigrant zu fühlen, und begann, sich als Immigrant zu empfinden. Es ist ein großer Irrtum gerade auch der Jüngeren, zu glauben, dass wir alle als Emigranten zusammengehockt hätten. Aber die Frage ist, was ich empfunden habe, als ich zum ersten Mal zurück nach Deutschland gekommen bin?

FISCHER Ja. Ihre Erinnerungen tragen ja den schönen Titel «Fünf Deutschland und ein Leben». Wenn ich richtig gezählt habe, war die alte Bundesrepublik für Sie das vierte Deutschland – nach Kaiserreich,

Weimarer Republik, Nationalsozialismus das vierte. Ich will Ihrer Antwort vorweg schicken, dass sich die fünfziger und frühen sechziger Jahre für mich ganz klar in einem Wort zusammenfassen lassen: Für mich ist diese Zeit «a Twilight Zone», eine Periode des Zwielichts.

STERN Also, ich kam das erste Mal zurück 1950 und war voller Misstrauen – um es milde auszudrücken. Mir war völlig klar, dass die meisten irgendwie involviert oder verstrickt gewesen waren. Ich war 24 Jahre und habe die meiste Zeit in Archiven verbracht. Jemanden zu fragen, was er in den zwölf Jahren Nationalsozialismus eigentlich gemacht hat, kam mir nicht in den Sinn. Von heute aus ist das vielleicht nur schwer nachvollziehbar. Am besten erzähle ich Ihnen einen Witz, den mir ein tschechischer Philosoph 1954 in Cambridge erzählte, als er hörte, dass ich auf dem Weg nach Berlin sei. Also, in einem der ersten Züge nach dem Krieg sitzen drei Deutsche und ein britischer Offizier im gleichen Abteil. Nach ein paar Minuten steht der britische Offizier auf und spricht den ersten Deutschen an: «Entschuldigen Sie, waren Sie Mitglied der NSDAP?» Antwort: «Wo denken Sie hin? Sie müssen wissen, in der Partei waren nur ganz wenige Leute da oben, wir anderen waren alle dagegen.» – «Danke vielmals.» Nach ein paar Minuten steht der Engländer zum zweiten Mal auf und fragt den zweiten Deutschen dasselbe. «Also, Sie kommen hierher, um uns umzuerziehen, und dann fragen Sie uns über unsere politische Vergangenheit aus. Ich empfinde das als eine Zumutung. Die Antwort ist Nein.» – «Danke sehr.» Der dritte schließlich antwortet: «Herr Offizier, im Jahre '37 hatte ich Frau und zwei Kinder. Mein Beruf verlangte, dass ich Mitglied der Partei werden musste, und so bin ich in die Partei eingetreten.» – «Ich danke Ihnen vielmals. Ich möchte nämlich in den Speisewagen und suche jemanden, der auf mein Gepäck aufpasst.» Als ich den Witz wenig später bei einem Essen bei Bekannten von der Freien Universität erzählte, merkte ich, dass er bei der Mehrheit nicht gut ankam. – Um Ihre Frage nach meinen damaligen Empfindungen klar zu beantworten: Ich hatte ungeheures Misstrauen, und ich war wohl eigentlich voller Hass.

FISCHER Wann und wie hat sich das geändert?

STERN Es hat sich grundlegend emotional geändert am 20. Juli 1954, bei der ersten Gedenkfeier im Bendlerblock. Der Anblick der vaterlosen Kinder und der jungen Witwen: Das hat einen tiefen Eindruck auf mich gemacht. Hingegangen bin ich eigentlich wegen Hermann Lüdemann, dem ehemaligen Oberpräsidenten von Niederschlesien. Das war ein Patient meines Vaters, ein strammer SPD-Mann, der jahrelang im KZ gewesen war und später von sich aus die Verbindung zum 20. Juli gesucht hat. Widerstand hatte mich schon immer tief bewegt. Es ist die Haltung, die ich später als «aktiven Anstand» bezeichnet habe. Mich hat die Frage nie losgelassen, ob ich mich auch so bewährt hätte. Ich war so hingerissen von dieser Vorstellung, dass ich mir schon als Junge in der High School eine kleine Geschichte über eine von mir erfundene norwegische Widerstandsaktion ausgedacht habe. – Zurück zu Lüdemann. Er sollte bei dieser Feier reden. Ich war zwar eher skeptisch über die ganze Veranstaltung, aber ich wollte ihn gern wiedersehen, also bin ich hin. Am Eingang musste man eine Einladung vorzeigen. Ich hatte keine. Da bin ich in das nächste Papiergeschäft gegangen, habe mir ein Kuvert gekauft, es an Herrn Ministerpräsident a. D. adressiert – Lüdemann war von 1947 bis 1949 Ministerpräsident von Schleswig-Holstein gewesen – und einen Polizisten am Eingang gebeten, den Umschlag bitte gleich Herrn Lüdemann zu übergeben. Da sagte der Polizist sehr freundlich: «Mach das doch selber.» Und so bin ich reingekommen.

FISCHER Ein freundlicher deutscher Polizist! 1954!

STERN Als Lüdemann zu Ende gesprochen hatte, stand Adenauer auf, der in der ersten Reihe saß, aber nicht als Redner vorgesehen war, und ergriff das Wort. Er war sichtlich verärgert, dass an diesem Tag nur ein Sozi zu Wort kommen sollte. Ich war überzeugt, gehört zu haben, dass er sagte, wir sind hier zusammengekommen, um diejenigen zu ehren und an diejenigen zu erinnern, die *versucht* haben, die deutsche Ehre zu retten. In den Zeitungen der nächsten Tage war dann zu lesen, man habe diejenigen geehrt, die die deutsche Ehre *gerettet* haben. Hatte ich da etwas falsch verstanden? Ich habe eigens die «Neue Zürcher» gekauft, und da stand es so, wie ich mich erinnerte: Die *versucht* haben, die Ehre zu retten. Das ist ein Unterschied.

FISCHER Die Rede von Heuss hat bei Ihnen keinen Eindruck hinterlassen?

STERN Doch, die Rede von Heuss war politisch ungeheuer wichtig, sie leitete im Umgang mit dem Vermächtnis des 20. Juli zweifellos ein gesellschaftliches Umdenken ein. Aber Heuss sprach sehr leise und hastig. Die Rede wurde übrigens am Vortag in der Freien Universität gehalten, nicht im Hof des ehemaligen Oberkommandos. – Ich möchte gern noch eine kleine Anekdote zum 20. Juli 1954 nachtragen. Einige Tage später besuchte ich den bekannten konservativen Historiker Siegfried Kaehler, um mit ihm über meine Dissertation zu sprechen. Kaehler hatte sich in der Nazizeit einigermaßen anständig benommen und war sehr freundlich zu mir. Dann erzählte ich ihm von der Feier und von Lüdemanns Rede. «Dieser Schuft», rief er. Wieso Schuft? «Na, die Weibergeschichten.» Ich meinte, dass man das doch trennen müsse; jemand, der jahrelang im KZ gewesen ist und sich dann nochmals zum Widerstand gemeldet hatte, und dessen private Verfehlungen. So ein Vorwurf erschien mir unverhältnismäßig. Da sagte Kaehler: «Na, wir konnten doch nicht alle Eintrittskarten für das KZ bekommen.» Das hat mich tief erschüttert.

FISCHER Er wäre sicher reingekommen, wenn er es gewollt hätte. Er hätte nur ein bisschen heroischer sich verhalten müssen. Solche Bemerkungen dürften kaum dazu beigetragen haben, Ihr Misstrauen gegenüber den Deutschen abzubauen.

STERN Das kann man so sagen. Später habe ich einen Brief Kaehlers gefunden an seinen Sohn aus dem Jahre 1945 oder 1946, jedenfalls kurz nach der Niederlage. Darin hieß es sinngemäß, wenn es uns gelingen sollte, wieder eine Universität aufzubauen in Deutschland, dann müssen wir uns wehren gegen den jüdisch-intellektuellen oder jüdisch-liberalen Einfluss von außen. Sätze eines ehrwürdigen Konservativen nach dem Krieg!

FISCHER Der Antisemitismus spielte bei der Abwehr der Emigration nach 1945 wohl eine große Rolle.

STERN Ich habe Ihnen ja erzählt, dass ich mich zuletzt etwas eingehender mit Karl Bonhoeffer beschäftigt habe, und viele Geschichten gehen mir nach. Da gab es einen Militärrichter Roeder, der die Untersuchungen gegen die Rote Kapelle leitete und dann auch die Ermittlungen gegen Bonhoeffer und Dohnanyi durchführte – ein Mann von ungewöhnlicher Brutalität. Gleich nach Kriegsende wurde Roeder angezeigt. Die Verfahren vor deutschen Gerichten zogen sich bis Ende der sechziger Jahre hin, aber Roeder blieb bis zum Schluss unbehelligt. Und nicht nur das. Der CIC, der militärische Abschirmdienst der USA, hofierte ihn, weil man annahm, dass er aufgrund seiner Ermittlungen gegen die Rote Kapelle viel über den Kommunismus wisse, und auch die CDU nahm ihn gern in ihren Reihen auf. Als Herr Röder 1971 friedlich starb, war er stellvertretender Bürgermeister einer kleinen hessischen Stadt, ein Mann, der sich in den Verhören von Bonhoeffer und Dohnanyi wie ein vollendeter Sadist benommen hat.

FISCHER Solche Biografien meinte ich, als ich mich eben nach Ihren Empfindungen bei der Rückkehr erkundigte. Man musste sich doch bei jeder Begegnung fragen, wer einem da eigentlich gegenübersteht.

STERN Die Feier zum zehnten Jahrestag des Hitler-Attentats war für mich, wie gesagt, ein wichtiger Einschnitt, aber ein großes Stück Misstrauen blieb natürlich. Der 20. Juli war ja noch lange verpönt, besonders auch bei den damaligen Richtern und Staatsanwälten, die ja noch ziemlich braun waren. Auf der anderen Seite hatte ich von Anfang an – das war ein wesentliches Erbteil meiner Kindheit, weil Politik in meinem Elternhaus immer eine große Rolle gespielt hatte – das größte Interesse an allem, was den Aufbau der neuen Demokratie betraf, und da habe ich mich auch schon früh engagiert. Ich erinnere mich zum Beispiel an eine Szene mit einem heute sehr bekannten deutschen Historiker, der ungefähr in meinem Alter ist, etwas jünger – ich kann den Namen ja nennen: Hans-Ulrich Wehler. Den habe ich besucht, das muss 1962/63 gewesen sein. Er war damals Assistent bei Theodor Schieder in Köln und klagte reichlich, wie er behandelt wurde. Dann klingelte das Telefon. Wehler nahm ab: Jawohl, Herr Professor, selbstverständlich, vollkommen richtig, Herr Professor, und so weiter. Das gab mir sehr zu denken. Wie schlimm es für junge, links stehende Historiker damals war, ihr Verhältnis zu den Älteren richtig zu justieren, von denen sie abhängig waren, von denen sie aber wussten, oder zumindest ahnten, dass sie in den Jahren des Nationalsozialismus nicht ganz so abseits gestanden haben konnten, wie es hinterher von ihnen behauptet wurde. Übrigens Wehler: ein hervorragender Historiker.

FISCHER Sie sehen die Auseinandersetzung über den Nationalsozialismus also als einen Generationenkonflikt.

STERN Zum Teil ja. Und in diesem Generationenkonflikt habe ich mich immer wieder engagiert, am leidenschaftlichsten wohl 1964 in der Kontroverse um den Historiker Fritz Fischer, als die Alten um Karl-Dietrich Erdmann und Gerhard Ritter versuchten, den jüngeren Kollegen mundtot zu machen, der erdrückende Beweise zusammengestellt hatte, aus denen hervorging, dass die Hauptverantwortung für den Kriegsausbruch im August 1914 bei den Deutschen lag. Ich habe klargemacht, dass das Buch ein paar Mängel hatte, dass aber die These von der deutschenAllein*un*schuld nicht länger haltbar sein würde. Die Überbetonung der angeblichen «Einkreisung» lenke nur ab von der Erkenntnis, wie fatal die deutsche Außenpolitik in wilhelminischer Zeit geführt wurde. Die andere These, die damals sehr beliebt war, lautete, das Ganze sei nur ein Betriebsunfall gewesen. In einer Rede auf dem Berliner Historikertag fragte ich, ob es überhaupt so etwas wie eine Reihe von Betriebsunfällen gibt, ohne dass man auf die Idee kommt, dass in dem Betrieb was nicht stimmt. Es war polemisch gemeint und wurde vom «Spiegel» entsprechend groß und sensationell aufgemacht. Ritter und andere Größen, die mir vorher sehr freundlich gesinnt waren und mich auch eingeladen hatten, gaben mir nachher nicht einmal mehr die Hand. – Ich möchte hinzufügen, dass ich für das Jahr 2014, wenn sich der Ausbruch dieses entsetzlichsten Krieges der europäischen Geschichte zum hundertsten Male jährt, noch einmal schwierige Debatten auf die Deutschen zukommen sehe. Lauter aufgewärmte Sachen über deutsche Unschuld und darüber, dass es ohne den – zweifellos problematischen – Vertrag von Versailles Hitler nicht gegeben hätte. Da wird viel Nüchternheit erforderlich sein.

FISCHER Wenn man sich den von Ihnen am Beispiel der Historiker geschilderten Generationenkonflikt anschaut, finde ich es immer wieder erstaunlich, dass sich am Ende doch, wenn auch unter großen Schmerzen, nach vielen Irrungen und Wirrungen, eine alles in allem recht stabile, funktionsfähige Demokratie entwickelte und eine offene Gesellschaft mit einem stark ausgeprägten Rechtsempfinden herauskam. War das Ihrer Meinung nach das Verdienst der Deutschen, oder waren es hauptsächlich externe Faktoren?

STERN Externe Faktoren haben sicher eine große Rolle gespielt. Aber in erster Linie war es das historische Bewusstsein, das Bewusstsein der Vergangenheit, das diese Übergangsphase schließlich zu einem guten Ende brachte. Damit meine ich nicht nur das Bewusstsein der Schuld. Ich meine tatsächlich historisches Bewusstsein. Die Frage zum Beispiel, aus welchen Gründen die erste deutsche Demokratie gescheitert war und wie sich die Fehler von Weimar in dem neuen deutschen Staat vermeiden ließen, hat in der Gründungsphase der Bundesrepublik eine enorm große Rolle gespielt, und zwar über die Parteigrenzen hinweg. Die Arbeit des Parlamentarischen Rats war bewundernswert und prägend für viele spätere Debatten. Ob man wirklich so viele angeblich «bekehrte» Nazis, die tatkräftig im Regime mitgemacht hatten, hätte im Amt belassen müssen, steht auf einem anderen Blatt.

II Zwei Weltkriege

FISCHER Glauben Sie wirklich, Fritz, dass die Deutschen sich nächstes Jahr noch einmal wegen der Kriegsschuldfrage 1914 in die Haare kriegen? Der Erste Weltkrieg spielt doch in der öffentlichen Debatte bei uns heute keine Rolle mehr, anders als in England oder auch in Frankreich. Aber für die breitere Öffentlichkeit in Deutschland ist der Erste Weltkrieg schon lange kein Thema mehr.

STERN Das mag stimmen. Trotzdem würde ich annehmen, dass ganz Europa sich erinnern wird. Und deswegen wird man auch in Deutschland wieder diskutieren, möglicherweise polemisieren.

FISCHER Ja, in den Kreisen der Fachhistoriker ganz sicher. Aber die Frage ist doch, ob das auch eine breitere Öffentlichkeit interessiert. Sie sprachen eben von dem historischen Bewusstsein, von dem die Väter und Mütter des Grundgesetzes durchdrungen waren. Das ist fast völlig verschwunden, man könnte fast von einer Enthistorisierung des politischen Bewusstseins in Deutschland sprechen. So geschichtsbesoffen dieses Land in der ersten Hälfte des 20. Jahrhunderts auch immer gewesen war, so sehr scheint es mir im Moment völlig auf Entzug zu sein. Der Erste Weltkrieg, das sind heute ein paar verwitterte Steine in Form von Kriegerdenkmälern und Soldatenfriedhöfen, aber ich habe nicht den Eindruck, dass er für die breite Öffentlichkeit noch eine Rolle spielt, geschweige denn von dieser als die Urkatastrophe des

20. Jahrhunderts begriffen wird. Verstehen Sie mich nicht falsch, ich bedauere diese Entwicklung sehr und halte den Mangel an Geschichtsbewusstsein sogar für gefährlich.

STERN Ja, leider muss man feststellen, dass das Geschichtsbewusstsein in den meisten Ländern sehr abgenommen hat; was sich hält, sind die offenbar unausrottbaren Geschichtslegenden. Auf der anderen Seite gibt es auch ein neu erwachtes Geschichtsinteresse, denken Sie zum Beispiel an die Preußen-Renaissance, die vor einigen Jahren durch das glänzende Buch von Christopher Clarke ausgelöst wurde.

FISCHER Preußen wird für meinen Geschmack zu sehr idealisiert! Dass Preußen ein deutsch-polnischer Staat war, in dem der polnische Teil der Bevölkerung mitnichten freiwillig dabei war; dass Preußen politisch eine ziemlich reaktionäre Veranstaltung war trotz der Aufklärung und einzelner großer Persönlichkeiten; dass das berühmt-berüchtigte Krautjunkertum jeden Anflug von Demokratisierung und Liberalisierung im Keim erstickte – das alles wird von den Preußenfreunden gern ausgeblendet. Ich muss sagen, dass ich ganz froh bin, dass die ostelbischen Junker alle im Kölner Sozialbau oder sonst wo in Westdeutschland gelandet sind, ich sehe das als eine der ganz großen Veränderungen der jüngeren deutschen Geschichte, die der Bundesrepublik einen wirklichen Neuanfang ermöglicht haben. Ich bin mir nicht sicher, wo wir heute stünden, wenn die Sozialstrukturen von 1914 in der Bundesrepublik nach 1949 noch fortexistiert hätten. Ich nehme an, die deutsche Geschichte wäre doch anders verlaufen. Und dazu gehört auch der Untergang Preußens. Man vergisst, wie Deutschland damals war.

STERN Also, die Historiker vergessen es nicht, die können es gar nicht vergessen, das ist schließlich ihr Beruf; außerdem, erlauben Sie mir, erscheint mir Ihr Urteil über Preußen doch etwas zu pauschal.

FISCHER Ich bin kein Fachhistoriker und kein Preuße, sondern katholischer Süddeutscher. Lange Zeit wurde Preußen mit guten Gründen verdammt, danach hat man auch die positiven Seiten wiederentdeckt. Ich bin gespannt, wie die Einordnung Preußens im Zusammenhang mit dem hundertsten Jahrestag des Ausbruchs des Ersten Weltkriegs 2014 vorgenommen werden wird. Aber noch mal meine Frage, Fritz. Ganz Europa wird sich im nächsten Jahr erinnern, sagen Sie. Aber wird das Thema jenseits der offiziellen Gedenkfeiern und der akademischen Veranstaltungen die Menschen in Deutschland wirklich interessieren?

STERN Ich glaube schon. Es ist nach wie vor ein hoch emotionales Thema, deshalb ja auch meine Sorge. Es wird viele Stimmen geben, die sagen, dass Deutschland durch den Versailler Vertrag ganz besonders hart getroffen war und dass es ohne diese überzogenen Forderungen niemals zu Hitler gekommen wäre. Die Argumente sind zwar längst bekannt, aber sie werden wieder hochkommen.

FISCHER Hätte ein milderer Frieden die Deutschen milder gestimmt, weniger revisionistisch und aggressiv?

STERN Joschka, das ist eine hochinteressante Frage.

FISCHER Ich gehöre da zu den Zweiflern.

STERN John Maynard Keynes, der große Ökonom, der an den Verhandlungen teilgenommen hat, hat die Reparationen schon 1919 heftig kritisiert und für einen sehr viel großzügigeren Frieden geworben. Keynes hatte vor allem finanzielle und ökonomische Bedenken; er meinte, dass die Deutschen gar nicht in der Lage wären, den Forderungen nachzukommen, und dass das zu enormen Verwerfungen in ganz Europa führen werde. Obwohl ich Keynes' Ansichten weitgehend teile, halte ich doch die psychologischen Auswirkungen des Versailler Vertrages für noch viel schlimmer als die wirtschaftlichen. Es gibt einen bekannten englischen Historiker, A. J. P. Taylor, der gesagt hat, was die Deutschen nicht verkraften konnten, war die Niederlage. Und deshalb sind sie endlos auf dem Versailler Vertrag rumgeritten, ganz besonders auf Artikel 231, der Kriegsschuldfrage. Man muss fairerweise allerdings hinzufügen, dass die Friedensbedingungen sehr hart waren, insbesondere die Reparationsforderungen. Als die

Einzelheiten bekannt wurden, waren die Deutschen tief erschüttert, und zwar durch alle politischen Lager bis hin zur Sozialdemokratie. Die Tränen, die da geflossen sind, sind zunächst einmal die Tränen von Patrioten.

FISCHER Das ist ja genau, was Taylor sagt: Die deutschen Eliten konnten 1918 die Niederlage nicht verwinden. In Versailles bekamen sie es schwarz auf weiß.

STERN Ich möchte da doch auf eine Unterscheidung Wert legen. Die große Mehrheit der Deutschen war über die Behandlung der Kriegsschuldfrage und die Höhe der Reparationen entsetzt. Selbst die «Gemäßigten», die sich während des Krieges für einen Verständigungsfrieden und für innere politische Reformen eingesetzt hatten, waren schockiert. Viele Deutsche hatten geglaubt, Deutschland sei in diesen Krieg hineingezogen worden. Jetzt hieß es plötzlich, Deutschland habe diesen Krieg gewollt. Was ich sagen will: Das waren die Tränen von Patrioten, die in ihrem Glauben zutiefst erschüttert waren, nicht die Tränen von Rechtsradikalen und künftigen Nazis.

FISCHER Ich sage nicht, dass es Rechtsradikale waren. Ich sage nur, dass der Versailler Vertrag von der politischen Rechten hemmungslos zur Agitation benutzt wurde.

STERN Das ist gar keine Frage. Ich muss hier schnell eine Geschichte einschieben, die von dem ehemaligen Außenminister Gustav Stresemann handelt. Ob sie wahr ist, kann ich nicht beschwören. Die Geschichte spielt in Locarno, auf dem Höhepunkt der deutschen Annäherungspolitik an die Westmächte. Stresemann fängt an, über die Härte des Vertrags zu klagen, der alle Friedensbemühungen Deutschlands behindere. Da soll ihm Austen Chamberlain, der damalige britische Außenminister, auf die Schulter geklopft und gesagt haben: «Wenn Sie so weiterreden, fangen wir noch alle an zu weinen.»

FISCHER Wenn ich das Ganze jetzt mal dialektisch angehe, komme ich im Lichte der Geschichte, deren Ergebnisse wir ja heute kennen, zu dem Schluss, dass die Forderung nach bedingungsloser Kapitulation, die die Alliierten im Zweiten Weltkrieg aufgestellt haben …

STERN Casablanca.

FISCHER … dass das eine richtige, ja notwendige Entscheidung war. Auch und gerade unter dem Gesichtspunkt eines Neuanfangs in Deutschland.

STERN Casablanca war vor allem begründet durch die Sorge vor einer neuen Dolchstoß-Legende. 1918 hatten viele Deutsche ja das Gefühl, durch Verrat der Heimatfront um den Sieg gebracht worden zu sein – im Felde unbesiegt, lautete die Parole.

FISCHER Und der Kaiser hatte von seinen Deutschen, nach all den Millionen von Toten und Verstümmelten, keine sehr hohe Meinung mehr, als er sich aus dem Staub machte.

STERN Bei seiner Ankunft in Holland sagte er: «And now for a nice cup of English tea». Über das deutsche Volk hat er sich nach dem November 1918 sehr abfällig geäußert. Die Deutschen seien so undankbar. In erster Linie meinte er natürlich die Juden, die Juden und die Marxisten.

FISCHER Ich komme noch mal auf den Mangel an Geschichtsbewusstsein zurück. Als Kind bin ich so aufgewachsen: Da gab es den Dreißigjährigen Krieg, der war präsent in den Volksnarrativen, in den Liedern – Flieg, Käfer flieg, Pommernland ist abgebrannt, und solche Dinge, auch historische Flurnamen oder der berüchtigte Schwedentrunk und die ganzen Gräuelberichte –, und dann gab es den Zweiten Weltkrieg, der die Gräuel sozusagen ins Gigantische gesteigert hatte, wo aber vor allem von Verlusten, «unseren Verlusten» die Rede war. So bin ich aufgewachsen.

STERN Dazwischen gab es zum Beispiel noch Bismarck.

FISCHER Ja, aber in Süddeutschland nicht allzu sehr.

STERN Aber der Erste Weltkrieg muss in Ihrer Kindheit noch durch Zeitzeugen präsent gewesen sein. Genauso wie für mich.

FISCHER Gewiss, mein Großvater mütterlicherseits kam nicht wieder. Da war auch der etwas komische Opa eines Freundes, den keiner mehr so ganz für voll nahm, aber der wirkte wie aus einer anderen Zeit. In den fünfziger Jahren wurde alles vom Zweiten Weltkrieg und dem aktuellen Kalten Krieg überragt. Und auch wo es um den Ersten Weltkrieg ging, war der überwiegend Vorgeschichte zum zweiten, noch sehr viel schlimmeren großen Krieg.

STERN Bei den Engländern ist der Erste Weltkrieg bis heute gegenwärtig. Er bestimmt nach wie vor die große kollektive Erzählung von Englands Rolle im 20. Jahrhundert. Die grauenhaften Erfahrungen, die die Engländer im Ersten Weltkrieg machten, haben das Selbstverständnis der Nation und ihr Verhältnis zu Deutschland weit mehr geprägt als der Zweite Weltkrieg. Noch 1989/90, als Mrs. Thatcher gegen die Wiedervereinigung zu Felde zog, stand dahinter vor allem die traumatische Erfahrung von 1914/18.

FISCHER Vielleicht weil dieser Krieg auch das Ende der britischen Weltmachtstellung einleitete?

STERN Das glaube ich nicht. Den Verlust des Imperiums hat man erst nach 1945 wirklich realisiert. Nein, es war der Blutzoll. Nehmen Sie die Somme-Offensive im Juli 1916, da verloren die Briten an einem einzigen Tag 60 000 Mann – die höchsten Verluste in der britischen Kriegsgeschichte. Diese Opferzahlen haben sich tief ins Gedächtnis der Nation eingegraben und auch eine bedeutende Literatur hervorgebracht, deren einziges Thema das Verbluten einer ganzen Generation ist. Denken Sie an Evelyn Waugh und D. H. Lawrence.

FISCHER Für eine Seemacht waren solche Größenordnungen an Verlusten wohl schlicht und einfach nicht vorstellbar. Aber wie war es bei den Franzosen? Wie ist das Verhältnis zwischen dem Ersten und dem Zweiten Weltkrieg in der Wahrnehmung Frankreichs?

STERN Im Vordergrund stehen heute wohl die Versöhnung und das Verständnis. Es gibt ein weit verbreitetes Gefühl, dass die Feindschaft zwischen Frankreich und Deutschland eine historisch bedingte Feindschaft war, über die man heute aber hinweg ist. Die Erinnerung an den Ersten Weltkrieg wird sehr stark von der Vorstellung bestimmt, dass Frankreich und England gemeinsam kämpften und dass die furchtbaren Opfer gemeinsame Opfer waren. Diese Gemeinsamkeit wird bis heute gepflegt, auch an den Gräbern.

FISCHER Auf jeden Fall ist der Erste Weltkrieg in Frankreich präsent. Der Waffenstillstandstag am 11. November ist in Frankreich nach wie vor von großer Bedeutung.

STERN Absolut. Dass Frau Merkel 2009 als erste deutsche Regierungschefin an den Feierlichkeiten teilnahm und gemeinsam mit dem französischen Präsidenten die ewige Flamme der Erinnerung am Arc de Triomphe neu entzündete, war eine große Geste.

FISCHER Bei uns gedenkt kaum jemand mehr der Opfer des Ersten Weltkriegs, vermutlich aus denselben Gründen, aus denen er für die Briten und Franzosen heute noch diese große Bedeutung hat – nämlich wegen des Schocks über die Verluste. Hier dominiert für die Deutschen eindeutig der Zweite Weltkrieg. Hinzu kommt noch die Scham über und die Auseinandersetzung mit den entsetzlichen deutschen Verbrechen unter Hitler, an erster Stelle der Mord an den europäischen Juden. In der Erinnerungskultur der Bundesrepublik – jenseits der Historiker – hat der Erste Weltkrieg nie eine wirkliche Rolle gespielt.

STERN Das scheint mir übertrieben. Trotzdem hochinteressant, was Sie sagen. Sie haben recht, die wichtigsten Bücher über den Ersten Weltkrieg wurden wohl von Engländern geschrieben. Aber gab es nicht den Volkstrauertag, den die Weimarer Republik zum ehrenden Gedenken für die Gefallenen des Krieges geschaffen hat? Wobei ich mich frage, ob nicht die Kriegsversehrten, die ich Ende der zwanziger Jahre und Anfang der dreißiger Jahre selbst auf der Straße gesehen habe, mehr dazu beigetragen haben, die Erinnerung an den Krieg wachzuhalten, als der Volkstrauertag.

FISCHER Kriegsversehrte gab es auch während meiner Kindheit überall, aber eben die des zweiten Krieges. Am Volkstrauertag musste ich nach dem Gottesdienst immer mit auf den Friedhof. Der Gefallenen des Ersten Weltkriegs gedachte da aber kaum einer. Es ging um die Toten und Vermissten des letzten Krieges, deren Fotos in fast jedem Wohnzimmer auf der Kommode standen, diese blassen jungen Männer in Wehrmachtsuniform.

STERN Auch deshalb würde ich es gar nicht als falsch empfinden, wenn 2014 noch einmal über den Ersten Weltkrieg diskutiert werden würde. Diese Toten gehören schließlich dazu. Am besten wäre ein Gespräch auf europäischer Ebene, das die verschiedenen nationalen Überlieferungen nebeneinanderstellt und im Sinne einer gemeinsamen europäischen Erfahrung einander anzugleichen sucht.

FISCHER Das hängt ein bisschen davon ab, wie sich Europa entwickelt. Aber grundsätzlich stimme ich Ihnen zu, sehr sogar! Es wäre wünschenswert, wenn es darüber zu einem europäischen Dialog käme. Allerdings ist es so, dass vor allem die jungen Leute nicht mehr viel davon wissen wollen: Hört doch auf mit diesen ewigen Geschichten vom Krieg. Wenn denen ein Politiker zu erklären versucht, dass die EU eine Sache von Krieg und Frieden ist, winken die ab. Kohl und Mitterrand beim Händchenhalten in Verdun, das wirkte schon damals auf viele eher peinlich. Aber es ist zweifellos richtig, dass 1914 die große europäische Tragödie begann, und insofern wäre 2014 ein Anlass für ganz Europa …

STERN Der Beginn des zweiten dreißigjährigen Krieges.

FISCHER Und den Deutschen vorneweg würde es gut anstehen, wenn sie dieses Datum zur kollektiven Erinnerung und Selbstvergewisserung nutzten. Das müsste dann einerseits deutlich über die erstarrten Rituale in Flandern und Nordfrankreich hinausgehen. Andererseits steht die Erinnerung an 1914/18 in Deutschland immer im Kontext von 1933/45.

STERN Ich stimme Ihnen in beiden Punkten zu. Man kann es auch umdrehen und sagen: Wenn man die deutsche Geschichte in den Kontext von 1914 stellt, darf man die Deutschen trotzdem nicht von der Verantwortung für Hitler freisprechen. Darin scheint mir die Herausforderung dieses Themas zu liegen. Eines der ersten Bücher über den Niedergang von Weimar stammte von Otto Braun, dem preußischen Ministerpräsidenten, der 1933 in die Schweiz emigrierte. Für ihn war Weimar aus zwei Gründen gescheitert: Versailles und Moskau. Das kann man so nicht stehen lassen. Jedenfalls würde ich das Argument zurückweisen, dass mit dem Versailler Vertrag 1919 die Weichen falsch gestellt wurden, so dass die Entwicklung in Deutschland zwangsläufig auf Hitler zulief.

FISCHER Wenn man die Sache konsequent zu Ende denkt, muss man dem Versailler Vertrag eher vorwerfen, dass er nicht konsequent genug war. Er hat die Macht des preußisch-deutschen Militarismus nicht wirklich gebrochen, welches fatale Konsequenzen hatte. Und im Verhältnis zu Polen akzeptierte Deutschland eigentlich niemals die Grenzziehung.

STERN Es gab ja auch kein Ost-Locarno.

FISCHER Eben. Das hätten die Deutschen auch nicht mitgetragen. Es war in allen deutschen Parteien Konsens, dass Richtung Osten das letzte Wort noch nicht gesprochen war. Auch Stresemann, obwohl er Versailles schon fast hinter sich gelassen hatte, bildete da keine Ausnahme.

STERN Stresemann ist ein glänzendes Beispiel für alles, was möglich war und was dann doch nicht passiert ist. Nehmen Sie allein seine Entwicklung: Aus Ludendorffs jungem Mann wird ein Vernunftrepublikaner. Leider Gottes gab es nur wenige wie ihn. Einer der ersten Aufsätze, die ich geschrieben habe, ging über Stresemann und Adenauer. Ich hatte entdeckt, dass eine mögliche Kanzlerschaft Adenauers von Stresemann 1926 boykottiert worden war, weil er Adenauer für zu stark hielt. Stresemann hat die Weimarer Republik am Ende akzeptiert und war ein glänzender Außenminister. Aber selbst Stresemann drückte sich vor einer Lösung im Osten, obwohl er zweifellos eine friedliche Revision anstrebte. Immerhin blieb er bemüht und friedlich.

FISCHER Aber der deutschnationale Konservatismus insgesamt war weder friedlich noch bemüht. Er drängte auf Revision, wenn es sein musste, auch mit Gewalt. Und solange diese Kräfte das Sagen hatten, war nichts zu wollen. Der erfolgreiche Neustart unseres Landes war offensichtlich erst möglich nach der totalen Niederlage, keine Sekunde vorher. Leider! Das muss man in dieser Härte feststellen. Der Führer des Großdeutschen Reiches blieb der «Führer» bis zum bitteren Ende, selbst Hitlers Nero-Befehl aus dem Frühjahr 1945, der die Zerstörung der Lebensgrundlagen des deutschen Volkes befahl, konnte niemanden aufwecken. Nun kann man sagen, damals gab es gar nichts mehr aufzuwecken, es herrschte längst vollkommenes Chaos. Bitteschön. Chaos bis zum Schluss. Bis nichts mehr ging. Erst dann. Und aus dieser Lektion kann man lernen: Versailles war zu sanft.

STERN Eine interessante These. Es gibt einen französischen katholischen Historiker, Jacques Bainville, der dasselbe etwas anders gesagt hat: Für die harten Bedingungen des Friedens in Versailles ist der Frieden zu sanft. Das hat er sehr klug gesagt. Gemeint war damit, dass man, wenn man Deutschland so verletzt, viel härter hätte vorgehen sollen. Er ahnte deutsche Rache. Im Übrigen darf man den Versailler Vertrag nicht beurteilen, ohne den Vertrag von Brest-Litowsk zum Vergleich heranzuziehen, den Frieden, den die Deutschen den Russen auferlegt haben.

FISCHER Dies ist ein sehr wichtiger Hinweis, denn er war nicht sanfter.

STERN Noch viel schlimmer.

FISCHER Fakt ist, dass die deutsche Wiederaufrüstung in relativ kurzer Zeit möglich war. Es ist nicht gelungen, der militärischen Macht in Deutschland das Rückgrat zu brechen. Damit behielt die antidemokratische deutsche Rechte ihr wichtigstes Instrument in Händen.

STERN Ich zögere. Ich würde es eher so sagen: Das Militär wurde durch den Versailler Vertrag geschwächt, aber seine Sonderrolle im Staat blieb erhalten. Es fehlte auch der nationale Wille, mit dem Militarismus zu brechen. Die extremen Feinde des deutschen Militarismus, Männer wie Kurt Tucholsky und George Grosz, blieben in den Augen vieler Bürger Vaterlandsverräter. Die Reichswehr hielt sich bedeckt, aber im Kern stand sie natürlich nicht auf dem Boden der Republik.

FISCHER Okay, Fritz, dann lassen Sie es mich so formulieren: Das antidemokratische Denken der entscheidenden Eliten und die Macht der entscheidenden Eliten waren nicht gebrochen worden.

STERN Die Tragödie war doch eher, dass die «Dolchstoßlegende», also der Kampf um die Deutung der Niederlage, zu einem inneren Krieg und einer tiefen nationalen Spaltung führte. Wie hätte man den Geist der Eliten, insbesondere den Geist des deutschen Offizierkorps, nach einer solchen Niederlage brechen können?

FISCHER Das kann ich Ihnen sagen, genau das ist nämlich 1945 geschehen. Da war Schluss. Da gab es kein deutsches Reich mehr. Das sagt sich so leicht. Aber wenn man das Programm der frühen Nationalbewegung liest und sich die Bedeutung der Reichsgründung vergegenwärtigt, wenn man sieht, wie die deutsche Einheit langsam und mühsam aus den Befreiungskriegen des frühen 19. Jahrhunderts hervorgegangen ist, dann kann man die Begeisterung, mit der sich die Deutschen in das nationalistische Abenteuer stürzten, gar nicht hoch genug veranschlagen. Und dann war plötzlich alles vorbei, das Reich wurde aufgelöst …

STERN Preußen wurde aufgelöst, das Reich gab es schon seit 1807 nicht mehr. Aber ich verstehe, was Sie meinen.

FISCHER Es gab jedenfalls keinen deutschen Nationalstaat mehr, zudem Millionen von Toten, Millionen von Flüchtlingen und den Verlust von einem Drittel des Territoriums. Aus, vorbei, völliger Neuanfang. Es gab 1945 auch niemanden mehr, der Widerstand leisten konnte oder wollte. Das erinnert mich an ein groteskes Gespräch mit Condi Rice im Sommer 2003. Es ging um die Situation im Irak, und Condi Rice eröffnete mir, dass man mit dem Widerstand im Irak genau so umgehen werde, wie man 1945 mit dem deutschen Widerstand umgegangen sei. Mir fiel der Unterkiefer runter, und ich fragte, von welcher Widerstandsbewegung sie eigentlich rede. Sie meinte offenbar den Werwolf. Condi, sagte ich, 1945 gab es in Deutschland keinen Widerstand mehr, da war ein für allemal Schluss.

STERN Condi Rice hat die Sache mit dem Werwolf aus einer verfälschten Quelle übernommen. – Ich frage mich, wie die von Ihnen gewünschte Entmachtung der Eliten hätte durchgesetzt werden sollen. Solche Prozesse brauchen ihre Zeit. Mitte der zwanziger Jahre sah es eigentlich ganz gut aus, es waren Jahre relativer Stabilität. Die Reichswehr – da haben Sie schon recht – war überwiegend antidemokratisch, aber sie hielt sich ruhig und legte es nicht auf einen Putsch an. Nach der Wahl Hindenburgs 1925 wurde sie sogar beinahe staatstreu. Erst mit dem Beginn der Weltwirtschaftskrise 1929 wurde die Situation dramatisch.

FISCHER Die materiellen Grundlagen weiter Teile des deutschen Bürgertums waren schon in der Hyperinflation 1923 vernichtet worden. Diese Hyperinflation ist von der Reichsbank initiiert worden, um die innerdeutschen Kriegsschulden loszuwerden. Das war nicht das Ergebnis von irgendwelchen finsteren Mächten, sondern es war eine bewusste Entscheidung. Die wussten sehr genau, was sie taten.

STERN Das fing schon im Krieg an. Die Finanzierung der Kriegskosten folgte dem Prinzip: Wenn die Alliierten den Krieg verlieren, dann können sie den Krieg auch bezahlen. Die große Inflation 1923 unterstand derselben Logik, Schulden tilgt der Staat nun einmal durch Geldentwertung.

FISCHER Dieser materielle Absturz war eine der entscheidenden Voraussetzungen dafür, dass das kaisertreue Bürgertum dann später den Nazis hinterherlief. Das war nicht Versailles. Versailles ließ sich rhetorisch jedoch sehr gut nutzen, nicht nur von den Rechten, auch von den Linken. Denken Sie an den Mythos vom Ruhrwiderstand.

STERN Das war kein Mythos, Joschka. Ich bleibe dabei: Wie auch immer man den Versailler Vertrag als solchen beurteilen mag, für Hitlers Aufstieg spielte er eine ganz entscheidende Rolle, das ist gar keine Frage. Ausschlaggebend für den Erfolg der Nazis war am Ende aber die große Wirtschaftskrise 1929/30. In den Wahlen gleich nach der Inflation 1923 waren die Nazis noch unbedeutend.

FISCHER Ich hätte nicht gedacht, dass wir uns an Versailles kontrovers festhängen. Lassen wir mal die Schuldfrage für einen Moment beiseite. Wenn man sich das europäische Staatensystem nach Beendigung des Ersten Weltkrieges anschaut, muss man feststellen, dass es im Wesentlichen garantiert wurde durch die zwei europäischen Hauptmächte Frankreich und Großbritannien. Russland war durch die bolschewistische Revolution draußen, Amerika war kurz drin, ging dann wieder raus, Österreich gab es als Macht nicht mehr, Italien ging einen ganz eigenen Weg. Aus der nachnapoleonischen Pentarchie war ein erschöpftes Duett geworden. Aber Frankreich und Großbritannien, auf denen dieses neue europäische Staatensystem ruhte, waren nicht in der Lage, Deutschland einzubinden, oder besser gesagt, ruhig zu stellen.

STERN Entscheidend ist: Die beiden «Siegermächte» waren selber ungeheuer geschwächt und meist von gegenseitigem Misstrauen erfüllt. Trotzdem wurde Deutschland 1926 mit dem Vertrag von Locarno in das europäische Staatensystem einbezogen, 1930 wurde das Rheinland sogar vorzeitig von den alliierten Truppen geräumt, 1932 wurde auf der Konferenz von Lausanne die Reparationsfrage abschließend geklärt. Man kann nicht sagen, dass Deutschland nicht eingebunden gewesen wäre, es gab viele Fortschritte.

FISCHER Letztendlich besaß dieses Deutschland aber die Kraft zur Revision. Und die Revision wollte man. Zumindest im Osten.

STERN Aber man hätte es nicht militärisch erzwingen können. Das hing mit der Geschichte der Deutschen im Osten zusammen, mit dem schwierigen Verhältnis zur polnischen Minderheit in Preußen, mit gewachsenen deutschen Befindlichkeiten. Das kann man nicht den Siegermächten anlasten.

FISCHER Vom Standpunkt der internationalen Politik betrachtet, wurde das europäische Staatensystem durch das Entstehen eines industriell-militärischen nichtdemokratischen Kolosses in der Mitte des Kontinents entscheidend erschüttert.

STERN Sie meinen jetzt dic Rcichsgründung 1871?

FISCHER Ja, 1871. Aber nach dem Ende des Ersten Weltkrieges hätte man diesen Fehler unbedingt rückgängig machen müssen. Stattdessen blieb man mit dem Versailler Vertrag genau in der Mitte stehen, formulierte harsche Bedingungen, die aber das Problem nicht wirklich begrenzt, sondern in Richtung Revision eskaliert haben, und ließ die Deutschen weiter gewähren. Nach dem Zweiten Weltkrieg war die Lage völlig anders: Die nationale Katastrophe war komplett, und es gab jetzt ein ganz anderes Staatensystem, nicht mehr ein europäisches, sondern ein globales mit dem zentralen Kampfplatz Europa. Dass auf der einen Seite das russische Imperium, also die Sowjetunion, auf der anderen Seite die Vereinigten Staaten von Amerika standen, hat eine völlig neue Ausrichtung ermöglicht. – Ich habe bei meiner Aufzählung der negativen Eigenschaften der damaligen deutschen Eliten – antidemokratisch, extrem nationalistisch, revisionistisch – übrigens eine ganz besonders schlimme Eigenschaft vergessen. Sie waren auch antisemitisch, und die Krise Deutschlands hat zu einem gewaltigen Anstieg des Antisemitismus geführt.

STERN Enorm verstärkt im Ersten Weltkrieg. Die berühmte «Judenzählung» vom November 1916, die den Nachweis erbringen sollte, dass

Juden «Drückeberger» und Feiglinge seien, erwies das Gegenteil und wurde daher geheim gehalten. Sie war vom preußischen Kriegsminister auf Druck der organisierten Antisemiten im Heer und in der Öffentlichkeit veranlasst worden – das war nichts anderes als eine staatlich angeordnete Diskriminierung der deutschen Juden.

FISCHER Ja. Alle Zahlen und Statistiken, dass der Anteil der jüdischen Soldaten bei den Gefallenen und Kriegsopfern über dem Bevölkerungsanteil lag, konnten nichts dran ändern, dass die Juden als Feiglinge galten. Offenbar brauchte man in der Krise ein Hassventil ...

STERN Einen inneren Feind. Der politische und soziale Antisemitismus steigt 1917/18, also in der Endphase des Krieges, enorm an. Es gab ihn selbstverständlich auch vorher, aber gerade in den Führungsschichten begegnet er gegen Ende des Krieges immer häufiger. Und die Niederlage wurde dann gänzlich verbunden mit dem Aufstieg der Juden, zumal im öffentlichen Leben. Rathenau war für dieses Zerrbild gewissermaßen die Identifikationsfigur.

FISCHER Wie erklären Sie sich diese Radikalisierung des Antisemitismus?

STERN Es hilft, einen Blick nach Frankreich zu werfen. Der Antisemitismus in Frankreich vor 1914 war viel unverhohlener und schärfer als in Deutschland. Aber es gab Gegenkräfte, Leute wie Jean Jaurès, Emile Zola mit seinem berühmten «J'accuse» und eine breite republikanische Öffentlichkeit, die den Antisemitismus ablehnte. Es gab auch ehrliche Konservative in der Armee wie Marie-Georges Picquart, der bei allen Vorurteilen gegen Juden die Lügen in der Armee aufdeckte. Übrigens hat die Erinnerung an die Dreyfus-Affäre noch das Vorgehen der Vichy-Regierung gegen die Juden bestärkt. In der Dreyfus-Affäre ergriffen zahlreiche Republikaner das Wort, denen die Verteidigung der französischen Bürgerrechte über alles ging. Die Bürgerrechte hatten für sie absoluten Vorrang vor der Frage der Religionsgemeinschaft. Dieses Denken fehlte in Deutschland, jedenfalls in der Breite.

FISCHER Es war wohl auch nach 1945 nicht besonders stark verbreitet. Man hat bisweilen den Eindruck, dass viele weiterhin in den Kategorien der Nürnberger Rassengesetze dachten, statt den Grundwertekatalog des Grundgesetzes zu bemühen. Ich denke an die emigrierten Juden, die nach dem Krieg zurückkehren wollten. Der Mehrheit der Deutschen war das unangenehm. Ihre Rechtfertigung «Wir haben von nichts gewusst» wäre durch die Rückkehr der Emigranten ja schnell widerlegt worden. Aber abgesehen davon, dass sie nicht mit Vorwürfen konfrontiert werden wollten, spielte eben doch auch eine Rolle, dass diese Generation zutiefst durchtränkt war von dem Antisemitismus der Nazizeit.

STERN Ich habe das so nicht empfunden. Aus eigener Erfahrung kann ich weder ein defensives Verhalten der Eliten bestätigen noch eine antisemitische Grundstimmung.

FISCHER Schauen Sie, Fritz. In meiner Kindheit bin ich seitens der Schule oder anderer öffentlicher Institutionen niemals mit Antisemitismus konfrontiert worden. Aber es gab da die zweite, inoffizielle, mehr private Ebene, auch in der Schule, und da war das anders. Das macht für mich das Zwielichtige an der Bundesrepublik der fünfziger und frühen sechziger Jahre aus. Und es gab so etwas wie einen dumpfen Abwehrreflex unter den Eliten. Die wollten einfach nicht mit dem Vorwurf konfrontiert werden, versagt zu haben.

STERN Sie wollten nicht mit ihrer Scham konfrontiert werden.

FISCHER Scham. Da wo Scham ist, ist oft auch Wut. Der eine oder andere wird schon Wut empfunden haben. Hinzu kam, dass viele der deutschen Juden, die früh ausgewandert sind, weil sie gleichzeitig politisch verfolgt wurden, zur Linken gehörten. Auch die Frage nach den Verrätern wurde damals ja ganz anders beantwortet als heute. Die Widerstandskämpfer, die Leute von der Roten Kapelle oder die Leute vom 20. Juli, galten als Verräter, während echte Patrioten angeblich auf ihrem Posten geblieben waren, um «Schlimmeres zu verhüten». All das ist mir wieder klar geworden im Zusammenhang mit diesem Skandal im Auswärtigen Amt. Mit Verrat kannst du heute niemandem mehr wirklich kommen, dachte ich, aber dann wurde ich auf den Fall Rudolf von Scheliha aufmerksam, der 1942 wegen angeblicher Spionage hingerichtet worden war und dem das Amt deshalb nach dem Krieg ein ehrendes Andenken verweigerte. Scheliha wurde erst 1995 rehabilitiert, und erst in meiner Amtszeit wurde am neuen Dienstort in Berlin eine Tafel für ihn enthüllt. Zu diesem Zeitpunkt hatte ich aber keine Ahnung, was da noch alles unter der Decke schlummerte.

STERN Wann haben Sie zum ersten Mal die Dimension des Skandals begriffen?

FISCHER Na, es ging los ... Wann wurde das Amt gegründet? 1952? 1952 oder 1951. Jedenfalls kam in der Vorbereitung der 50-Jahr-Feier eines Tages ein Brief von einem Altbotschafter namens Wickert auf meinen Tisch. Er bedanke sich für die Einladung, er werde aber nicht teilnehmen, denn ich hätte ja einen Pol-Pot-Freund eingestellt, Herrn Schmierer vom KBW, und der habe Pol Pot verherrlicht und so weiter. Okay, hab' ich mir gedacht, und habe ihm zurückgeschrieben, es wäre schade, aber ich würde akzeptieren, dass er nicht kommen wolle; mich würde nur wundern, dass ausgerechnet seine Generation – ich erinnere mich nicht genau an die Formulierung – Herrn Schmierer nicht das Recht einräume, seine politische Auffassung zu ändern. Ich habe Herrn Schmierer nicht als Pol-Pot-Freund eingestellt, sondern weil er ein sehr guter Analytiker Europas geworden war. Seine Meinung über Pol Pot habe ich nie geteilt; er war im KBW, ich war Sponti, wir haben uns eher bekämpft, aber die Kenntnis solcher Feinheiten durfte ich von einem Altbotschafter natürlich nicht erwarten. Trotzdem hatte ich schon damals massiv mit dem Zaunpfahl gewunken.

STERN Wussten Sie damals Näheres über die Vergangenheit von Erwin Wickert?

FISCHER Nur ein bisschen, aber ich fing dann an, mich zu erkundigen. Wickert gab dann erst einmal Ruhe. Richtig hochgekocht ist die Sache zwei Jahre später im Zusammenhang mit dem Nachruf auf Generalkonsul Nüßlein. Ich habe daraufhin die bis dahin geltende amtsinterne Nachrufpraxis durch einen entsprechenden Erlass geändert, dass künftig jeder Einzelfall geprüft werden müsse.

STERN Das wurde von vielen Angehörigen des AA offenbar als ein direkter Angriff auf ihre Ehre verstanden.

FISCHER Und das hatte ich damals nicht mehr für möglich gehalten. Ich hatte vor allem die Sorge, dass das in die Presse kommt: Das Auswärtige Amt ehrt alte Nazis! Der Fall Nüßlein durfte sich auf keinen Fall wiederholen, das hätte den Ruf des Amtes auch im Ausland schwer beschädigt. Die Frage für mich war daher ganz einfach: Wie kann ich Schaden abwenden? Meine Haltung erwies sich als ziemlich naiv. Aber ich wäre nie auf die Idee gekommen, dass daraus ein Problem entstehen könnte, weil ich dachte, es gibt in dieser Frage doch einen Konsens, der sich nach vielen Jahrzehnten schließlich entwickelt hatte unter Weizsäcker, Kohl, Herzog. Und plötzlich stand ich in einem Kulturkampf 1968 gegen 1938. Da allerdings habe ich gesagt: Ja, wenn ihr den wollt, Freunde, dann könnt ihr den haben. Als dann die Visa-Affäre hochkam, ging's richtig los. Da dachten die wohl, jetzt haben wir ihn. Ohne die Visa-Affäre hätte die Frage der Nachrufe wohl nie eine solche Wirkung gehabt. Das habe ich mir ein Weilchen angeguckt, dann hatte ich die Faxen dicke und habe diese Kommissionsidee ausgebrütet.

STERN Aus Sicht des Historikers die einzig vernünftige Antwort.

FISCHER Mir war klar, dass ich da meinen letzten Stein in die Luft werfe, der lange Zeit unterwegs sein würde, sich während seines Fluges aber auf wundersame Weise verändern und am Ende als Hinkelstein auf die römischen Legionäre niedergehen würde. Mir war aber auch klar, dass ich den Einschlag, das Erscheinen des Kommissionsberichts, nicht mehr im Amt erleben würde.

STERN Was machte Sie so sicher? Sie konnten ja nicht wissen, zu welchen Ergebnissen die Historikerkommission gelangen würde.

FISCHER Ich ging fest davon aus, dass es so kommt. Ich kannte ja die

Bücher von Hans-Jürgen Döscher. Über den hieß es im Amt immer, er vertrete eine extravagante Randmeinung und stecke voller Vorurteile. Als dann der Kommissionsbericht erschien, hieß es plötzlich, da steht ja gar nichts Neues drin, das steht ja alles schon bei Döscher. Hat aber seinerzeit niemand zur Kenntnis nehmen wollen.

STERN Was mir bei der ganzen Debatte um den Kommissionbericht nicht gefiel, war der Vorwurf, der auch von einigen seriösen Historikern erhoben wurde, die Kommission habe sich für politische Zwecke instrumentalisieren lassen. Das Ergebnis habe von vornherein festgestanden. Dieser Vorwurf rührt an die Substanz unserer Zunft, er geht sozusagen gegen die Berufsehre.

FISCHER Ich kenne diese Unterstellungen, aber das Gegenteil war der Fall. Ich habe gesagt, dass ich die Wahrheit wissen wollte, nichts als die Wahrheit, und deswegen habe ich auch Klaus Hildebrand berufen und für eine ausgewogene internationale Besetzung gesorgt. Dass am Schluss kein Persilschein ausgestellt wurde, liegt nicht an mir oder an den Forschern, sondern schlicht an der Realität.

STERN Die Vehemenz der öffentlichen Reaktion hat mich einigermaßen überrascht. Aufgrund verschiedener Kontroversen in der Vergangenheit war mir allerdings ziemlich klar, wie gereizt die Deutschen immer noch auf solche Publikationen reagieren und wie unangenehm die Diskussion dann werden kann. Ich glaube, in der Breite hat das Buch vor allem deshalb eine solche Wirkung erzielt, weil es um «die da oben» geht, um eine Gruppe, die für besonders vornehm gehalten wird und die von jeher zu den Eliten des Landes zählt.

FISCHER Ja, so verstehen die sich. Aber wenn das unsere Elite ist, dann wandere ich aus, dann ist es um Deutschland geschehen. Sechzig Jahre nach dem Krieg regen die sich über Dinge auf, die ihren Großonkel betreffen. Ich frage mich wirklich: Warum treibt die das so um? Warum dieser Froschaufstand? Die konnten doch nichts gewinnen. Und die Biografien waren nun einmal nicht so, dass man dafür ungestraft auf die Barrikaden gehen konnte.

STERN Das Bild, das mit dem Kommissionsbericht gewissermaßen offiziell geworden ist, widersprach in solchem Maße ihrer Selbstwahrnehmung, dass man schon von einer Kränkung reden kann. Die Institution, die für viele seit Generationen ein wichtiger Bezugspunkt ihrer sozialen Orientierung war, stand plötzlich unter Generalverdacht. Ich glaube, Ehre ist das entscheidende Stichwort in dem Zusammenhang …

FISCHER Bei einem Angehörigen der SS komme man mir nicht mit der Ehre!

STERN Und dann natürlich die Tatsache, dass an der Spitze des Ministeriums ein Mann stand, der sich seiner eigenen Vergangenheit, wenn ich so sagen darf, nicht gestellt hat.

FISCHER Ich war nicht in der SS.

STERN Aber Sie haben Steine geworfen.

FISCHER Ja, Entschuldigung. Die hätten genauer hingucken sollen, dann hätten sie gewusst, was ich für ein Typ bin und dass ich einer Keilerei eigentlich nie aus dem Weg gegangen bin in meinem Leben. Die haben den Steineschmeißer völlig falsch eingeschätzt, sonst hätten sie niemals einen öffentlichen Vorgang aus den Nachrufen gemacht. Man muss sich doch fragen, was in dem Kopf von Leuten vorgeht, die einen Nachruf im amtsinternen Blättchen, das niemand liest außer ihnen selbst, für so wichtig nehmen, dass sie sagen: Hier ist die Grenze, hier geht es jetzt ums Ganze. Darin kam für mich die Lebenslüge einer ganzen Institution zum Ausdruck. In meiner Realitätswahrnehmung existierte ein solches Deutschland nicht mehr. Und plötzlich stellte ich fest, in einer entscheidenden Institution des Landes existiert es doch noch! Das war für mich ein Schock, und ich habe mich gefragt, ob ich nicht einen schweren Fehler begangen hatte mit der Anfangsentscheidung, den Apparat nicht wirklich anzufassen und alles so zu lassen, wie es ist.

STERN Ich bin nicht überzeugt, dass der Begriff Lebenslüge angemessen ist. Viele Angehörige des Amtes werden bis zu ihrem Lebensende im Stillen gedacht haben: An und für sich wollten wir das Beste für unser Land. Was wir getan haben, war richtig. Und falls wir wirklich Schuld auf uns geladen haben, haben wir sie durch unseren Einsatz nach dem Krieg längst abgetragen. – Einer Ihrer Vorgänger im Amt, Willy Brandt, hat übrigens mit Blick auf den Apparat dreißig Jahre vor Ihnen die gleiche Grundsatzentscheidung getroffen: Wir rühren da nicht dran, wir lassen im Prinzip alles so, wie es ist.

FISCHER Und zu Willy Brandts Zeiten saßen noch ein paar ganz finstere Gestalten im Amt!

STERN Aber statt sie rauszuwerfen und einen Eklat zu provozieren, schob er sie lieber aufs Abstellgleis. So entsprach es ja auch seiner politischen Grundhaltung: Wenn wir die Demokratie wirklich verwurzeln wollen, dann dürfen wir nicht ständig nachrechnen.

FISCHER Da ist ja auch was dran, ich kritisiere Willy Brandt nicht. Einmal musste ich, um einem Pulk von Journalisten zu entgehen, den Weg durch die Protokollabteilung des Amtes nehmen und sah da den Protokollchef von Ribbentrop in der Ahnengalerie hängen. Da ließ ich den zuständigen Staatssekretär zu mir kommen und den Abteilungsleiter und fragte sie, was das denn zu bedeuten habe. «Das ist so üblich», war die Antwort. «Ich dachte, es geht mit der Neugründung des Amtes los», sagte ich. «Aber wenn es so ist, bin ich gern bereit, auch die Ministergalerie zu erweitern. Dann hängen wir alle auf, Ribbentrop allerdings mit einem Bild, das ihn am Strang zeigt.»

STERN Hat Willy Brandt als einer Ihrer Vorgänger für Sie eine Rolle gespielt, als Sie das Auswärtige Amt übernahmen? Er war ja der einzige Außenminister, der nicht aus den Reihen von CDU oder FDP kam.

FISCHER Eine sehr große sogar, durchaus ein Vorbild. Sein Bild von Andy Warhol hing über viele Jahre hinweg in meinem Büro im AA. Ich bewundere Willy Brandt noch heute für seine Ostpolitik. Adenauer stand für die deutsch-französische Aussöhnung und die Westintegration, eine historische Leistung. Aber erst später begriff ich, dass es noch mehr Mut erforderte, die polnische Westgrenze anzuerkennen, und das war Willy Brandts große historische Leistung. Übrigens war ein Auftritt von Willy Brandt auf dem Marktplatz in Esslingen die erste Wahlveranstaltung, zu der ich überhaupt gegangen bin, ich glaube 1964. Ich stand ziemlich weit hinten, es regnete, und man sah vor lauter Schirmen nicht viel. Aber die Stimme ist mir in Erinnerung. Und dann sind mir natürlich diese giftigen Vorwürfe in Erinnerung: uneheliches Kind …

STERN Emigrant.

FISCHER Auf Brandts Emigration spielte Adenauer in infamer Weise immer wieder an: Niemand wisse so genau, was «Brandt alias Frahm» in norwegischer Uniform drei Jahre lang getrieben habe. In diesen Zusammenhang gehört auch das Zitat von Franz Josef Strauß aus dem Wahlkampf 1961, man werde den Herrn Brandt doch noch fragen dürfen, was er eigentlich zwölf Jahre draußen gemacht habe – «wir wissen, was wir drinnen gemacht haben». Das hätte Strauß zehn Jahre später nicht mehr so gesagt, aber 1961 war das ein sehr wirksamer Vorwurf an die Adresse von Brandt.

STERN Hat ihn wohl auch sehr geschmerzt.

FISCHER Das sollte es ja auch. Es waren die gleichen Stereotypen, die schon die politische Rechte von Weimar rhetorisch wirkungsvoll eingesetzt hatte.

STERN Aber seine Wahl, ich meine Brandts triumphalen Wahlsieg von 1972, war die …

FISCHER War die Zäsur.

STERN War die Zäsur. Und war das Ende von Hitler, wie auch Brandt selbst es empfand und ausdrückte.

FISCHER Das war mehr als das Ende von Hitler. Die deutsch-polnischen Verträge gingen viel weiter zurück. Mit der Anerkennung der Grenzen wurde eine Feindschaft beigelegt, die im Grunde Jahrhunderte zurückreichte. Und deswegen, meine ich, kann man die Größe Brandts in unserer Geschichte nicht hoch genug veranschlagen, weil er den Mut hatte, unter wirklich enormem Druck, den deutsch-polnischen Grenzvertrag auf den Weg zu bringen. Was dazu geführt hat, dass er nur umso mehr angefeindet wurde.

STERN Und dann noch der Kniefall in Warschau!

FISCHER Ich meine, Willy Brandt war ein sehr großer Kanzler, gemeinsam mit Adenauer einer der beiden Gründerväter unserer Republik, was deren Grundlagen betraf. Und atypisch, weil aus meiner Sicht die Kanzler der Bundesrepublik Deutschland alle als leere Bücher begannen, die erst durch ihre Amtszeit den Text verfassten. Bei Brandt – und Adenauer – war das anders.

STERN Er war – ähnlich wie Adenauer, aber auf ganz andere Weise – auch noch sehr stark geprägt durch die deutsche Geschichte.

FISCHER Ja, und die deutsche Teilung hat die deutsche Geschichte aktuell gehalten. Die Erfolge seiner Kanzlerschaft im Innern – Demokratisierung, Liberalisierung, Modernisierung – werden in meinen Augen durch die Anerkennung der deutschen Ostgrenze um ein Vielfaches überboten, das war eine unglaubliche Leistung. Dass dieselbe sozial-liberale Regierung auch die Berufsverbote zu verantworten hat, steht auf einem anderen Blatt.

STERN Brandt war die Wende. So etwas wie eine zweite Gründung der Bundesrepublik. Der paternalistische, um nicht zu sagen autoritäre Stil von Adenauer ging nicht mehr. Ein neuer, vielleicht unruhigerer, aber auch sehr viel freierer Ton hielt mit Willy Brandt Einzug. «Mehr Demokratie wagen» war mehr als nur ein Schlagwort. Es traf die Gesellschaft der Bundesrepublik an einem Nerv.

FISCHER Und da spielte der Generationenwechsel eine große Rolle. Die Veränderung der Alltagskultur, das Aufkommen einer neuen Jugendkultur, die Infragestellung patriarchaler Strukturen, eine grundsätzlich neue Definition des Geschlechterverhältnisses und der Rolle der Frauen, die Popmusik – da war ein Mentalitätswandel im Gange, der die Reformen geradezu herbeizwang, sie jedenfalls beschleunigte. Die treibenden Kräfte kamen aus der so genannten Flakhelfergeneration oder kamen als junge Soldaten zurück, Leute wie Bahr und Ehmke, und die Ordinarien hießen nicht mehr Eschenburg oder Adorno, sondern Dahrendorf und Habermas. Diese Generation, die man noch ganz zum Schluss des Zweiten Weltkriegs in Uniform gesteckt hatte, ist für mich die eigentliche Gründergeneration der Bundesrepublik. Augstein gehörte auch dazu, Günter Grass und viele andere. Ja, und Helmut Kohl und Helmut Schmidt nicht zu vergessen.

STERN In Amerika erfolgt dieser Generationenwechsel einige Jahre früher. «The Great Generation», also die Generation der Weltkrieg-II-Veteranen, wird Anfang der sechziger Jahre abgelöst durch diejenigen, die den Zweiten Weltkrieg nur noch als junge Soldaten mitgemacht hatten. Symbolisiert wird diese Ablösung durch den Wechsel im Weißen Haus 1961 von Eisenhower zu Kennedy.

FISCHER Von Granddad zu einem strahlenden jungen Paar mit kleinen Kindern, die im Oval Office herumtollen.

STERN Brandt nahm sich Kennedys grandiose Wahlkampagne zum Vorbild und schaute sich einiges ab.

FISCHER Im Zusammenhang mit der Neugründung der Bundesrepublik durch die Flakhelfergeneration habe ich eben ein paar Namen genannt. Einen dürfen wir dabei mit Sicherheit nicht vergessen: Franz Josef Strauß. Der war alles andere als langweilig. Ich will mal die Gelegenheit hier nutzen, einige Gedanken anzustellen, die mir, ehrlich gesagt, früher nicht gekommen wären. Franz Josef Strauß, den ich seit meiner eigenen Politisierung immer als eine Art «Gott sei bei uns» angesehen hatte, war für die Integration der nationalen Rechten in der

Bundesrepublik Deutschland von entscheidender Bedeutung. Ich glaube, das war seine historische Leistung. Es mag ja sein, dass aus regionaler oder aus bayerischer Sicht die eigentliche Leistung von Strauß die Modernisierung Bayerns war, die Umwandlung einer überwiegend agrarischen Gesellschaft in eine hochleistungsfähige Industrie- und Dienstleistungsgesellschaft, und dass er, obwohl tief im katholischen Milieu verwurzelt, alles andere als ein vom Weihrauch benebelter treuer Gefolgsmann der katholischen Kirche war. Aber ist nicht, gesamtgesellschaftlich gesehen, seine originäre Leistung die Integration der nationalen Rechten in die Demokratie der alten Bundesrepublik?

STERN Das war jedenfalls sein erklärtes politisches Ziel, dass es rechts von der CSU keinen Platz für eine weitere Partei geben dürfe. Aber war das nicht auch Adenauers Ziel? Keine Frage, ich stimme Ihnen zu, dass Strauß gerade auch mit seinem massiven Auftreten viele Menschen im rechten Lager näher an die Bundesrepublik herangeführt hat.

FISCHER Ich habe zwar nicht verstanden, was er da tat; und wenn ich es verstanden hätte, hätte ich politisch genauso dagegen gekämpft. Aber heute, mit dem Abstand der Zeit, sollte man seine Leistung, was die Integration der nationalen Rechten anbetraf, nicht gering schätzen.

STERN Ich glaube nicht, dass er sich wirklich bewusst war, was er machte. Auch wenn er sagte, dass es sein Ziel sei, eine rechte Partei zu verhindern, so verfolgte er doch in erster Linie seine eigenen Ideen, und die drehten sich vor allem um seine Machtposition, die unablässig auszubauen seine eigentliche Mission war.

FISCHER Zweifellos gab es bei Strauß auch viele fragwürdige Dinge, und er verfügte über einen autoritären Grundbass in seiner Politik. Hinzu kam eine große Fehleinschätzung der außenpolitischen Möglichkeiten und Grenzen der Bundesrepublik. Etwa die Nichtanerkennung des Atomwaffensperrvertrages, den er als ein Super-Versailles bezeichnete. Dabei stand bei ihm im Hintergrund kaum Revisionismus, sondern die Vorstellung, dass Macht im 20. Jahrhundert nuklear definiert wird. Und da sollte Deutschland seiner Meinung nach dabei sein, was irreal und ein großer Fehler war.

STERN Das war ja nicht falsch. Aber die Welt hätte ich sehen wollen, die ein nuklear aufgerüstetes Deutschland akzeptiert! Das hätte es nicht gegeben. Was das für Europa und für Deutschland bedeutet hätte! Für viele war es schon schwer genug, die Wiederbewaffnung zu schlucken.

FISCHER Ich stimme Ihnen voll zu, aber die Amerikaner wollten es damals.

STERN Der größte Teil der Amerikaner wollte es. Für die Franzosen war es eigentlich inakzeptabel. Die Gründung der Europäischen Verteidigungsgemeinschaft EVG war im Grunde der Versuch, die deutsche Wiederbewaffnung auf diesem Wege zu kontrollieren. Es gab viele Amerikaner, die den Gedanken einer europäischen Armee begrüßten; außerdem war es der Versuch, ein wiederbewaffnetes Deutschland in Europa einzugliedern. Damit hätte sich auch die europäische Idee viel tiefer im Leben der Nationen verwurzeln lassen. Immerhin kam es nach dem Scheitern der EVG zu einer guten, wenn auch nur noch pragmatischen Lösung im Rahmen der NATO.

FISCHER Richtig. Aber die Angst, dass die Deutschen auf dem Marsch durch die europäischen Institutionen am Ende wieder als Hegemonialmacht in Erscheinung treten, besteht bis heute. Heute sogar mehr denn je, vergessen wir das nicht.

STERN Macht wird heute nicht mehr nur militärisch definiert.

FISCHER Europa definiert sich generell nicht mehr militärisch, die Deutschen vorneweg. Aber der Verdacht gegen die Deutschen, sie strebten die Vorherrschaft in Europa an, ist deshalb nicht verschwunden. Ganz besonders kritisch sind die Briten; da spielen die alten britischen Instinkte, auf dem Kontinent keine Hegemonialmacht zuzulassen, eine wichtige Rolle.

STERN Womit wir wieder bei der Frage des Kriegsausbruchs 1914 wären. Da schließt sich der Kreis dieses Themas.

FISCHER Gestatten Sie mir in diesem Zusammenhang eine Frage an den Historiker. Das Münchener Abkommen 1938 wird immer als der zentrale Dreh- und Angelpunkt gesehen, als die Fast-Kapitulation des Westens. Die Frage, die ich eigentlich schon lange wälze: Begann es nicht viel früher, nämlich mit dem Putsch Francos und dem Spanischen Bürgerkrieg, dass der Westen sich auf Neutralität zurückgezogen hat, während die faschistischen Mächte Franco ganz offen unterstützten?

STERN Die westliche Reaktion war bereits geprägt von Appeasement, von der Furcht vor unabsehbaren militärischen Konsequenzen und von der Angst vor dem Kommunismus. Diese Angst wurde von der katholischen Kirche sehr geschürt, die Kirche war, von wenigen Ausnahmen abgesehen, eindeutig auf Seiten Francos. Es gibt jetzt ein erschütterndes Buch über die Gräuel des Spanischen Bürgerkrieges, «The Spanish Holocaust» von Paul Preston, aus dem allerdings hervorgeht, dass auch die Verbrechen der Loyalisten entsetzlich waren.

FISCHER Meine Frage lautet: Wäre nicht Spanien 1936 der Punkt gewesen, um der Gewaltpolitik Einhalt zu gebieten? Stattdessen begann das Appeasement, indem man erklärte, man werde keine Waffen liefern, weder an die eine noch an die andere Seite.

STERN Der Spanische Bürgerkrieg war ein düsterer Vorbote des Kommenden. Übrigens haben sich die faschistischen Mächte an die Politik der Nichtintervention nicht gehalten. Und vergessen wir nicht: Es war auch die Zeit der Volksfront, der Hoffnung von Menschen wie Leon Blum, dass Sozialdemokraten und bürgerliche Linke zusammenkommen könnten, sogar mit Unterstützung der Kommunisten, was wiederum den englischen Tories gar nicht passte. Die Westmächte waren jedenfalls heillos zerstritten, und Spanien erschien ihnen nicht als so wichtig, jedenfalls bei weitem nicht als so wichtig wie Hitler-Deutschland. Ich würde im Übrigen nicht sagen, dass das Appeasement gegenüber den Deutschen mit München anfing; es hat in München aber seinen schrecklichsten Ausdruck und Höhepunkt gefunden.

FISCHER Wo war der Punkt, an dem Großbritannien und Frankreich hätten eingreifen können?

STERN Im März 1936.

FISCHER Besetzung des Rheinlands?

STERN Ja, März 1936. Der Einmarsch in die entmilitarisierte Zone war ein klarer Bruch des Vertrags von Locarno, den die Deutschen freiwillig unterzeichnet hatten. Wenn man da einmarschiert wäre …

FISCHER Womit Hitler gerechnet hat?

STERN Nein, womit die Generäle gerechnet haben. Hitler nicht, Hitler glaubte, er würde mit dem Bluff durchkommen. Aber die Generäle konnten sich nicht vorstellen, dass die Franzosen das hinnehmen würden. Die Franzosen steckten in einer innenpolitischen Krise und schoben die Verantwortung an die Engländer weiter, und die Engländer waren in so einer Stimmung: «Let's not be beastly to the Germans». Kann man es den Deutschen übel nehmen, dass sie in ihr eigenes Land einmarschieren? Das gehört ihnen doch. Die Schwäche des Westens lag in der Unfähigkeit, sich auf eine gemeinsame Politik der Härte zu verständigen. Das wurde noch schlimmer, als im Juni 1936 Leon Blum Premier wurde. Erst als die Wehrmacht am 15. März 1939 Prag besetzte, sind die Chamberlain-Leute aufgewacht, das ist gar keine Frage. Da kamen sie sogar auf die Idee, eine Allianz mit Russland einzugehen. Da ist ihnen aufgegangen, mit wem sie es zu tun hatten. Und da war es zu spät. Da muss ich Ihnen noch einen Witz erzählen: Als Chamberlain im September 1938 von München abflog, wurde er von allen Seiten beglückwünscht. Auch deutsche Diplomaten gratulierten und sagten ihm, wie glücklich sie seien, dass er gekommen ist und der Frieden erhalten wurde. Ob er zur Erinnerung nicht seinen Regenschirm dalassen könne. Und da sagte Chamberlain: «No, that's mine!» Also, die Tschechoslowakei könnt ihr haben, aber nicht meinen Regenschirm.

FISCHER Ein bitterer Witz!

STERN Ein sehr bitterer Witz. Aber gute Witze sind meist bitter. Das Unglück bei mir ist, dass ich mich an solche Witze gut erinnern kann, aber an vieles andere nicht.

FISCHER Bei mir ist es umgekehrt. Ich liebe Witze, aber ich kann sie nicht erzählen, weil ich meist die Pointe verfehle.

III Europa braucht Führung

STERN Sie haben gesagt, Europa definiert sich nicht mehr militärisch. Das ist sicher eines der Resultate des Zweiten Weltkriegs. Ein amerikanischer Historiker, Jim Sheehan, hat diesen Gedanken ins Grundsätzliche gewendet. Die Erfahrung der beiden Kriege und die enormen Opfer, die Europa bringen musste, hätten seine Zivilgesellschaften faktisch so kriegsunwillig gemacht, dass die Kraft für eine neue, entschiedene Militarisierung nicht mehr da sei. Deshalb fehle auch jedes Engagement für eine europäische Streitmacht. Die Gesellschaften würden die dafür notwendige Aufrüstung nicht mittragen und die Bereitstellung der Mittel verweigern.

FISCHER Ja und nein. Ja, was eine Remilitarisierung der Gesellschaften betrifft. Nein, was den Beitrag Europas zu seiner eigenen Sicherheit betrifft. Zudem haben die europäischen Mächte als Weltmächte schon längst abgedankt. Wenn Sie das Budget an amerikanischen Maßstäben oder neuerdings auch an chinesischen Maßstäben messen, fällt Europa natürlich weit zurück. Aber je stärker dieses Europa sich politisch vereinigt, desto notwendiger wird auch eine gemeinsame Sicherheitspolitik – vermutlich sehr viel früher als viele meinen –, und die schließt ein stärkeres militärisches Engagement mit ein. Denn mit Europas Rolle in der Welt wächst auch die Verantwortung, die dieses stärkere Europa zu übernehmen hat. Und die USA orientieren sich mehr Richtung Pazifik und haben selbst genug Probleme zu Hause zu lösen. Die

Entwicklung, die Sie eben geschildert haben, sehe ich auch. Für mich ist sie allerdings eher Ausdruck der Schwäche und der Ineffizienz der klassischen europäischen Nationen unter den Bedingungen des 21. Jahrhunderts.

STERN Auf der anderen Seite ist der Gedanke, dass es zu einem Krieg der europäischen Nationen untereinander nicht mehr kommen kann, ein Riesenfortschritt.

FISCHER Weil wir keine Großmächte mehr haben. Wir tun zwar noch so …

STERN Nein, ich meine generell. Ein europäischer Krieg in dem Sinne, wie es sie jahrhundertelang gegeben hat, ist heute nicht mehr denkbar. Das ist ein tiefer historischer Wandel. Aber der Preis dafür ist gewissermaßen die Ohnmacht Europas.

FISCHER Nein, es hängt allein von den Europäern ab, was sie aus ihrer Befriedung machen. Ich will Ihre These mal ein bisschen ausweiten. Kriege zwischen großen Mächten sind eigentlich nicht mehr möglich, weil sie sofort eine Dimension erreichen, die sich politisch nicht mehr steuern lässt. Wenn man Krieg mit Clausewitz als die Fortsetzung der Politik mit anderen Mitteln definiert, ist die nukleare Konfrontation kein Krieg mehr; ein nuklearer Schlagabtausch zwischen globalen Mächten liefe auf die gegenseitige Vernichtung, den nuklearen Winter hinaus. Das transzendiert den politischen Raum. Seit feststeht, dass im Ergebnis die gegenseitige thermonukleare Vernichtung droht, sind Kriege zwischen globalen Mächten meines Erachtens politisch nicht mehr möglich. Das heißt aber nicht, dass militärische Kapazitäten auch in Zukunft nicht eine große Rolle spielen würden.

STERN Kriege in der europäischen Peripherie, vor allen Dingen im Balkan, halte ich für denkbar.

FISCHER Richtig.

STERN Ich glaube aber an die wirkliche Beruhigung in Europa, sogar an die Wirklichkeit von Versöhnung und den Abbau gegenseitiger Ressentiments. Allerdings erscheint mir Brüssel, das heißt die Bürokratie der EU, gelegentlich als Hindernis, und die jetzige Krise bedroht die Fortschritte der Versöhnung. Es ist traurig zu sehen, was jetzt alles auf dem Spiel steht.

FISCHER Wir sind heute durch die Finanzkrise zur politischen Einigung gezwungen – oder alles wird scheitern. Wir sind in der aktuellen Krise an einem Punkt angekommen, wo es nur noch diese beiden Alternativen gibt. Entweder werden wir über die Fiskalunion die politische Union herstellen – und wir reden hier über die Perspektive eines Jahrzehnts –, oder aber der Euro wird nicht aufrecht zu erhalten sein. Damit würde ein Desintegrationsprozess von historischem Ausmaß beginnen. Und weil das noch zu Ihren Lebzeiten stattfindet, Fritz, will ich Sie fragen, wie dieses Deutschland, das sechste, das Sie dann erleben, Ihrer Meinung nach aussehen wird.

STERN Ich bin kein Prophet des Untergangs. Sie meinen ein sechstes Deutschland ohne Europa? Das hieße, dass der lange Weg nach Westen in dem Moment endet, wo dieser Westen selbst in den Nationalismus zurückfällt. Lieber Joschka, Ihre Generation sollte das fünfte Deutschland in Europa erhalten. Wenn das nicht gelingt, wird es zweifellos zu einer Zerstückelung und ungeheuren Schwächung Europas kommen. Dann gibt es kein Europa mehr in dem Sinne.

FISCHER Rien ne va plus, das war's dann. Dann sind wir abgetreten.

STERN Ein politisch vereintes Europa – da stimmen wir, glaube ich, vollkommen überein – wird es ohne eine gemeinsame Sicherheitspolitik und ohne integrierte europäische Streitkräfte nicht geben. Die Frage ist, was dann anders wäre und wie Europas Einfluss dann aussähe, militärisch, meine ich. Ich denke an den Eingriff in Libyen oder jetzt an Syrien. Was konkret würde ein besser integriertes Europa in Syrien anders machen?

FISCHER In Libyen wäre nichts anders gelaufen. Denn selbst da, wo Europa draufsteht, funktioniert militärisch ohne die USA nur wenig. Ob es Briten oder Franzosen sind, ob es der europäische NATO-Teil ist unter Einschluss der Deutschen, allen NATO-Partnern ist völlig klar: Spätestens wenn es zu einer Notlage kommt und die Evakuierungsgarantie notwendig wird, sind nur die USA dazu in der Lage. Nur sie haben die Hardware, nur sie haben die genügende Anzahl von Soldaten, Flugzeugen, Hubschraubern und die nötige politische Entschlossenheit. Das war sogar bei der britischen Intervention in Sierra Leone der Fall, wo ich es konkret erlebt habe. Selbst Großbritannien und Frankreich verfügen heute nicht mehr ausreichend über die Mittel, deren es für einen riskanten Einsatz weit jenseits ihrer Grenzen bedarf. Ohne Unterstützung der USA – in Planung, Command and Control und vor allen Dingen bei den Transportkapazitäten – geht europäisch nicht sehr viel, das muss man einfach zur Kenntnis nehmen. Ich teile gewiss nicht die Auffassung, die in Washington bei manchen, vor allem in den Reihen der Republikaner vorhanden ist, dass militärisches Eingreifen eines der Instrumente ist, die man in der Politik benutzen kann, und nicht das letzte Mittel überhaupt. Das ist nicht meine Auffassung, aber dann und wann kommst du eben in eine Situation, wo du es mit Schurken zu tun hast, die sich nicht an die von allen akzeptierten Regeln halten und wo du dann eingreifen musst. Das Wissen, dass es diese Möglichkeit konkret gibt, wirkt nicht immer, aber oft in Krisensituationen beruhigend. Ein sich vereinigendes Europa würde über diverse Eingreifmöglichkeiten verfügen, aber darüber zu entscheiden, wäre sehr schwierig. Bei uns gibt es den Einsatzvorbehalt etwa durch den Deutschen Bundestag. An erster Stelle kommt daher die Politik, denn ohne politische Einigung im Vorfeld kann man jeden Einsatz vergessen.

STERN Ich könnte mir vorstellen, dass es irgendwann eine europäische militärische Eingreiftruppe gibt, die stark genug ist, auch ohne Amerika zu intervenieren. Amerika hat sich in drei Kriege involviert: Jetzt fehlen die Mittel und der politische Wille. Daher ist auf Amerika nicht immer Verlass.

FISCHER Ja. In Zukunft wahrscheinlich weniger denn je.

STERN Und zwar allein schon aus Sachzwängen. Denken Sie an das riesige Haushaltsdefizit. Die Ressourcen und damit auch die militärischen Möglichkeiten der USA werden kleiner, und der Bedarf im Pazifik wird größer. Darauf wird Europa reagieren müssen. An und für sich war die Aussicht auf ein gemeinsames Europa für die Amerikaner eine sehr erfreuliche Perspektive, die sie versucht haben zu stärken. Wenn die jetzige Beschäftigung Amerikas mit sich selbst dazu führt, dass Europa doch noch stark genug werden sollte, um eine gewisse Unabhängigkeit zu gewinnen, dann wäre das so etwas wie eine List der Geschichte.

FISCHER Wir befinden uns in einem Augenblick, der dadurch gekennzeichnet ist, dass die Weltfinanzkrise zugleich als eine Krise des Westens gesehen wird. Amerika erlebt einen relativen Niedergang. Europa scheint unfähig, seine Probleme zu lösen. Das sind nach wie vor die beiden größten Märkte, aber sie strahlen nicht das Selbstbewusstsein aus, das die aufstrebenden Volkswirtschaften der so genannten Schwellenländer ausstrahlen. Wir befinden uns in einer Phase, in der die westliche Hegemonie, also die nordatlantische Hegemonie Europa-USA, endgültig zu Ende geht. Wir erleben eine «Entwestlichung», einen Transfer von Macht und Reichtum in andere Weltregionen, vor allen Dingen nach Ostasien, und wenn sich Europa hier nicht beeilt, dann war's das wirklich. Sie weisen zu Recht darauf hin, dass die USA in Zukunft mehr mit sich selbst beschäftigt sein werden. Ich bin überzeugt, dass die USA ihre Probleme perspektivisch lösen werden, aber es wird dennoch ein relativer Abstieg sein im Verhältnis zu anderen großen Mächten. Das heißt, die USA werden pazifischer sein, sie werden egozentrischer sein. Hinzu kommt die veränderte Zusammensetzung der Bevölkerung, die sich langsam spürbar durchsetzt.

STERN Die Politik der USA könnte sich von der bisherigen Politik, die in keiner Weise fehlerfrei war und über die man oft, gerade unter Bush, zu klagen hatte, lösen und in eine viel isolationistischere Richtung gehen. Und sie könnte sich gegenüber multilateralen Organisationen wie den UN noch mehr absetzen. Auch Amerika ist konfrontiert mit grundsätzlichen Fragen. Ob wir reif genug sind, die notwendige

Debatte zu führen, bezweifle ich leider. Die Verdummung und der Rückzug auf das Private haben weit um sich gegriffen.

FISCHER Und da ist die Frage, wer kümmert sich um uns in Europa? Auf Russland würde ich nicht hoffen. Die Chinesen haben ein gutes Gedächtnis. Die haben nicht vergessen, dass die Europäer im 19. und 20. Jahrhundert eine nicht eben freundliche Politik gegenüber China betrieben haben. Es gibt nur eine Antwort: Die Europäer müssten jetzt ganz schnell erwachsen werden und wie erwachsene Menschen agieren.

STERN Um das schöne Wort zu benutzen, sie müssten mündig werden.

FISCHER Mündig werden, ein sehr guter Begriff! Aber stattdessen zieht man es vor, selbst wenn man ziemlich ausgewachsen ist, im Sandkasten sitzen zu bleiben, sich gegenseitig mit dem Schäufelchen auf den Kopf zu hauen und dem anderen die Sandfiguren zu zerstören. Die innereuropäischen Hakeleien spielen nach wie vor eine gewaltige Rolle. Es kommt keiner mal auf die Idee zu sagen, Freunde, wir beenden diese Frage, ob der Euro überlebt oder nicht, indem wir erklären, wir wollen sein ein einig Volk von Schwestern und Brüdern. Haben Sie das schon mal gehört? Nein. Weil jeder sagt, oh, das könnte aber zu teuer werden.

STERN Es sieht ganz danach aus, als ob sich an der Finanzkrise tatsächlich die Zukunft Europas entscheidet. Aber auch in Amerika ist die wachsende Rolle der Finanzwirtschaft gegenüber der Politik besorgniserregend. Auch bei uns wird die Politik zunehmend schwächer. Wenn das so weitergeht, bedeutet das tatsächlich eine Erschütterung des Westens insgesamt. Schon heute ist der Gedanke des Westens in Amerika sehr viel weniger ausgeprägt als früher. Man kann das gut am Erziehungswesen sehen; früher war das Wissen um die so genannte Western Civilization eine Selbstverständlichkeit, deren Grundwerte gehörten zur Erziehung am College. Jetzt muss man sich viel mehr mit Asien beschäftigen. Und wenn dann noch eine richtige Wirtschaftskrise dazukommt, dann wird der Gedanke des Westens, der schließlich und endlich das Rückgrat des Liberalismus ist, immer brüchiger werden.

FISCHER Aber es ist nicht die Wirtschaft, die Schuld daran trägt. It's not the economy.

STERN Es geht tiefer.

FISCHER Sehr viel tiefer. In der Wirtschaft tritt es jetzt nur zutage. Die Idee, die hinter dem Euro steht, ist keine Wirtschaftsidee. Die Idee, die hinter dem gemeinsamen Markt steht, ist keine Wirtschaftsidee. Die Idee war von Anfang an und ist auch heute eine politische Idee – die Einheit Europas in Frieden und Freiheit.

STERN Die bis heute nicht wirklich umgesetzt wurde. Man hätte erst die politische Union ausbauen und dann die Währungsunion einführen müssen, in dieser Reihenfolge. Es ist anders gekommen. Aber der Fehler, der gemacht wurde, ist Geschichte.

FISCHER Richtig, und jetzt geht es darum, wie hoch die Kosten sein werden: die Kosten eines Zusammenbruchs des Euros oder einer Abwicklung einzelner Mitgliedsstaaten und der generellen Renationalisierung. Es ist zwar einfach zu sagen, raus mit den Griechen, aber ein sich destabilisierendes Griechenland, das sich Russland zuwenden muss, weil ihm gar nichts anderes übrig bleibt – die Russen dann in einer starken Position in einem NATO-Mitgliedstaat, Griechenland ein Faktor der Instabilität, ein faktisch zusammengebrochener Staat auf dem Balkan …

STERN Und nebenan die Türkei.

FISCHER Und Russland die Gelegenheit nutzend – also ich weiß nicht, wer hier mit seinem Kopf was tut in unserer Regierung, ich weiß es nicht, aber man braucht ja all diese Fakten nur zusammenzählen. Wer die These vertritt, Europa kann auch ohne Euro, muss auch den Preis definieren, den die Rückabwicklung kostet. Das wird ein politisches

Desaster und ein ökonomisches Desaster mit sich bringen, und Europa kann sich abmelden.

STERN Sie haben einen wichtigen Aspekt angesprochen, die Renationalisierung. Da sehe ich langfristig eine wirkliche Gefahr. Zumal der sich abzeichnende Isolationismus in Amerika auch eine Form des Nationalismus ist. Und davon haben wir wirklich genug gehabt im 19. und 20. Jahrhundert.

FISCHER Es fängt an mit Misstrauen. Und Misstrauen ist erst einmal Gift für den gemeinsamen Markt und die gemeinsamen Institutionen. Die Schwächeren werden zu Protektionismus greifen, und davon werden auch wir direkt betroffen sein. Wenn ich mir vorstelle, was allein beim Auseinanderdividieren der gemeinsamen Währung an Animositäten hochkommen wird! Damit Sie mich richtig verstehen, Fritz: Wenn es nur die Griechen wären, wäre es schlimm, aber beherrschbar. Meine große Sorge ist, dass es nicht nur die Griechen sein werden. Entweder man gibt eine Garantie für die gesamte Währungsunion ab, und das heißt, die Schulden werden europäisiert, oder aber alles fliegt auseinander, eines von beiden. Eine Europäisierung der Schulden ohne politische Union kann ich mir aber nur schwer vorstellen. Und das alles im Schweinsgalopp.

STERN Aber wo liegt die Verantwortung, die Führung? Wo ist die politische Leidenschaft (mit Augenmaß), von der Max Weber sprach – als Vorbedingung von praktischer Vernunft. An wem liegt es, dass die Sache nicht voran kommt? Liegt es an der Berliner Regierung?

FISCHER Es liegt nicht nur an der Berliner Regierung, aber ohne die Berliner Regierung ist eine Garantie des Euro nicht glaubhaft, und Frau Merkel tut sich mit einer solchen Garantie sehr schwer. Warum? Weil die Konstruktion der Europäischen Union eine politische Konstruktion ist. Sie geht aus von den Großkatastrophen des 20. Jahrhunderts, dem zweiten dreißigjährigen Krieg, der Spaltung des Kontinents und fünf Jahrzehnten Kalter Krieg. Wenn man das Jahrhundert Revue passieren lässt, von 1914 …

STERN Bis 1989 …

FISCHER … naja, ich würde sogar sagen, bis zum Ende der Balkankriege, also eher 1999, kommt man, wenn man ehrlich ist, auf 85 Jahre Konfrontation in Europa. Die Gründungsidee war, eine neue Staatenordnung zu gründen, die nicht mehr auf dem Prinzip der Balance of Power beruht, sondern auf der Integration der Interessen. Und da ging man streng «marxistisch» vor, indem man die Wirtschaft als Hebel nahm – nicht die Politik, nicht die Kultur, nicht die Bildung –, sondern die Wirtschaft, weil man davon ausging, dass die Harmonisierung der wirtschaftlichen Interessen dazu führt, dass ein wesentlicher Kriegsgrund zwischen den europäischen Mächten entfällt. Die Wirtschaft war also nicht Zweck des Ganzen, sondern war nur Hebel. Zweck des Ganzen war – und ist – die Integration; die Seele des EU-Prozesses ist die Einigungsidee, eine politische, keine ökonomische Idee. Dann kam überraschend das Jahr 1989, zwei Jahre später verschwand die Sowjetunion. Die Zustimmung zur Einheit gab es, weil Deutschland fest in NATO und Europäische Union eingebunden war, die Zustimmung zu einem neuen deutschen Nationalstaat allein hätte es niemals gegeben.

STERN Selbst wenn Sie es ironisch meinen, ist der Ausdruck «marxistisch» leicht irreführend. Haben Monnet, Schuman, de Gasperi und Adenauer denn den Zusammenhang von Wirtschaft und Politik nicht verstanden? Gab es denn gar kein moralisches Element? Zumindest eine Art christliches Verständnis von Europa? Ich glaube, es gab es.

FISCHER Doch, aber zuerst kam das Fressen und dann die Moral, um Brecht zu zitieren. Die Franzosen haben sich einer politischen Union verweigert. Deshalb hat man sich in Maastricht 1992 allein auf eine Währungsunion geeinigt, die mit dem Anspruch versehen wurde, eines Tages in einer politischen Union aufzugehen. Die Erfahrung des europäischen Integrationsprozesses hatte ja gezeigt, dass Fragen, die sich stellen, von der jeweils regierenden Generation im Sinne der Weiterführung des Prozesses beantwortet werden. 2008 hat dieses Prinzip plötzlich nicht mehr funktioniert. Da hat Angela Merkel erklärt, die

Finanzkrise ist zwar eine europäische Herausforderung, aber jeder rettet seine Banken allein. Das war, wenn man so will, der Beginn des Auseinanderlaufens. Und deshalb, um Ihre Frage zu beantworten: Entweder springen die Deutschen über ihren Schatten und sagen jetzt ja zu einer Vergemeinschaftung der Schulden, in welcher Form auch immer, oder aber alles fliegt auseinander. So ist es. An dieser Grundsatzentscheidung führt kein Weg vorbei. Wir Deutsche werden unser Herz über die Hürde der Fiskalunion, und die Franzosen das ihre über die Hürde der politischen Union werfen müssen!

STERN Ja, es ist eine Frage des Herzens! Bloß, das Herz ist inzwischen auch «verwirtschaftlicht», verhärtet durch den Neo-Kapitalismus, verengt durch die Gesamtverdummung. Was die deutsche Einheit anlangt, darf man die Rolle der USA nicht vergessen. Aber was die Krise seit 2008 anlangt, darf man die Rolle der USA eben auch nicht übersehen.

FISCHER Solange es der Weltwirtschaft gut ging, solange das Wachstumsmodell à la Reagan und Thatcher funktionierte, solange ging es uns allen gut. Fast drei Jahrzehnte hatten wir diese Megablase, und wir Deutsche waren mit unserer Exportwirtschaft kräftig daran beteiligt. Vieles von dem, was heute unseren Wohlstand ausmacht, gründet auf dieser Blase. Das sollten wir bedenken, wenn wir jetzt alles auf die Angelsachsen schieben wollen.

STERN Ich will einmal an die Anfänge des europäischen Integrationsprozesses erinnern. Mit der Gründung des gemeinsamen Marktes war auch die berechtigte Hoffnung verbunden, dass das die Wirtschaft ankurbelt. Es war nicht nur ein politisches Projekt.

FISCHER Ja, aber das Ökonomische war nicht das Primäre.

STERN Nein, das Primäre an den römischen Verträgen 1957 war, genau wie Sie gesagt haben, das politische Verständnis.

FISCHER Die Frage, die sich heute stellt, ist ganz einfach: Wollen wir das vereinte Europa? Dann müssen jetzt die Deutschen und die Franzosen springen oder Farbe bekennen, wie immer Sie das nennen wollen.

STERN Wenn ich Sie richtig verstanden habe, wäre der Preis der Franzosen dabei nicht weniger hoch als der Preis, den die Deutschen zahlen müssten: Preisgabe souveräner Rechte in der Außen- und Sicherheitspolitik.

FISCHER Frankreich wehrt sich mit Händen und Füßen dagegen, Brüssel oder Straßburg weitergehende politische Souveränität zu übertragen. Deswegen ist ja der Verfassungsvertrag gescheitert. Frankreich will sozusagen die monetäre Integration ohne die politische. Das werden die Deutschen nicht mitmachen, denn es bedeutet die Vergemeinschaftung der Schulden ohne Zugriffsmöglichkeit auf die Haushalts-, Fiskal- und Steuerpolitik. Um eine Wiederholung des Schlendrians zu verhindern, braucht man schon gesamteuropäische Steuerungsmöglichkeiten, die weit über Maastricht hinausgehen.

STERN Aber die zur Verfügung stehende Zeit könnte knapp werden. Die Märkte warten ja nicht, bis sich die europäischen Politiker auf die Grundlagen einer gemeinsamen Haushaltspolitik geeinigt haben.

FISCHER Man kann sich zur Überbrückung beispielweise zwischenstaatliche Verträge vorstellen, welche die Haushaltspolitiken nicht zusammenführen zu einem gemeinsamen Haushalt für alle, sondern gemeinsam die Haushaltskorridore beschließen, die jeder Staat zur Verfügung hat. So etwas lässt sich durch einen zwischenstaatlichen Vertrag regeln und braucht nur die Zustimmung der jeweiligen Parlamente.

STERN Das heißt aber, dass Großbritannien definitiv raus wäre.

FISCHER Würden Sie das bedauern? Ich bedaure dies, aber die Briten wollen es so.

STERN Die Engländer wollten von Anfang an Sonderrechte. Sie wollen ihre eigene Währung und lehnen eine wirkliche Union oder ein föderalistisches Europa ab. Mit großem Bedauern muss ich sagen: Was die Briten jetzt anrichten, ist ein welthistorischer Fehler.

FISCHER Eben. Und wenn die jetzige Regierung länger dran bleibt, werden sie auch austreten. Sie brauchen ja nur ein Referendum auf den Weg zu bringen, denn die Mehrheit der Briten wird sich zweifellos für den Austritt entscheiden.

STERN Ach, wissen Sie, im Augenblick würde ich mir kein Referendum irgendwo wünschen. Nehmen Sie nur die Holländer, dieses Vorbild für Europa, dieses Musterland an Toleranz! Der Umschwung dort ist erschütternd: Die Europa-Idee könnte ein Opfer von globalisierter Intoleranz und Unbehagen werden. Immerhin waren die letzten Wahlen in Holland wieder ermutigend.

FISCHER Die Briten haben noch ein ganz anderes Problem: Schottland. Vor allem mit einem möglichen Austritt aus der EU. Das wird hier nicht so richtig wahrgenommen.

STERN Die Schottland-Frage ist ein ganz schwieriges Problem, da stimme ich Ihnen vollkommen zu. Auch hier zeichnet sich die Renationalisierung ab, über die wir schon sprachen. Schottland war kulturell und wirtschaftlich ungeheuer wichtig und erfolgreich. Seit Mitte der siebziger Jahre wird an der Küste Schottlands erfolgreich Erdöl gefördert, und außerdem gibt es seit 1999 ein schottisches Parlament, Ausdruck eines sich weiter entwickelnden schottischen Selbstbewusstseins. Und es gab schon in den siebziger Jahren eine starke Strömung für eine schottische Unabhängigkeit. Als ich damals in London war, fragte mich ein großartiger Freund, John Bowlby, wie in einem Examen: «Was halten Sie für unser wichtigstes Problem?» Gottseidank gab ich die richtige Antwort: «Schottland».

FISCHER Dass jetzt ein wirkliches Problem daraus wird, liegt mit an dem Vorsitzenden der Scottish National Party, den ich für den talentiertesten und fähigsten britischen Politiker halte – ein charismatischer Tribun, der handwerklich gut und machtpolitisch extrem clever ist, Alex Salmond heißt er. Im Herbst 2014 will er ein Referendum zur Unabhängigkeit durchführen lassen. Die Mehrheit ist zwar gegen die Unabhängigkeit, aber Salmond hat das bisher so geschickt gemacht, dass diese Frage zur dominanten innenpolitischen Frage geworden ist. Sollte es in die Hose gehen, wird der dann in Downing Street regierende Premier in die Geschichtsbücher eingehen als derjenige, der nach 300 oder wie vielen Jahren – ich weiß das nicht so genau – das Vereinigte Königreich verloren hat.

STERN Was Sie gerade gesagt haben – und zwar völlig mit Recht – über den Führer der schottischen Partei, dass er etwas Charismatisches hat und seine Sache sehr, sehr gut macht, führt zu einem Kernproblem der gegenwärtigen Krise in Europa. Es ist in der Tat einer der traurigen Aspekte, dass es in der europäischen Politik eigentlich keine wirklich großen Figuren gibt.

FISCHER Fritz, wissen Sie, was ich an Helmut Schmidt immer gehasst habe – und wo ich mir fest vorgenommen habe, so wirst du nicht? Dass er die typische Väterreaktion drauf hat, wer nicht im Krieg, im Dreck gelegen habe, könne nicht mitreden. Und die Jungen taugten eh nichts.

STERN Aber das habe ich, glaube ich, nicht gesagt.

FISCHER Nein, er! Helmut Schmidt. Und ich habe mir fest vorgenommen, zu meinem Grundsatz zu stehen und nicht so zu reden, wenn ich selbst zu den Alten gehöre. Aber ich muss heute leider zähneknirschend und gramgebeugt gestehen, ja, es gibt ein massives Führungsproblem. Und das gibt es nicht nur in Deutschland, das gibt es nicht nur bei der Regierungsmehrheit, das gibt es bei der Opposition genau so, und wenn Sie sich umschauen im weiten Rund der europäischen Staats- und Regierungschefs und der wichtigsten Parteiführer, dann werden Sie feststellen, ja, da gibt es das auch. Das ist ein Kernproblem, Sie haben vollkommen Recht, und es hängt mit dem Qualitätsverlust in der jüngeren Generation zusammen. Ich habe mich immer gefragt, wo sind die Typen nur geblieben. Ich weiß mittlerweile, wo sie geblieben sind …

STERN In der Wirtschaft.

FISCHER Da sind sie geblieben. Und zwar meine ich gar nicht so sehr die im Managementbereich, sondern die, die was Eigenes auf die Beine stellen. Da findest du junge Leute, die du früher in der Politik gefunden hast, was Qualität und Kreativität angeht, und natürlich gehört auch ein Stück Egomanie dazu, wenn du dir in dem Alter was zutraust. Der Zugang zur Wirtschaft ist heute einfacher und reizvoller. Die Entideologisierung der Politik trägt ebenfalls dazu bei, dass die Politik an Reiz verloren hat. Ich muss das so sagen, ich gehöre ja zu denen, die das sehr gut gefunden haben aufgrund meiner umgekehrten ideologischen Erfahrung als junger Mann. Nur, mit Pragmatismus allein kommst du eben nicht wirklich weiter in der Politik, das ist nichts, was dich brennen lässt, nichts, was andere begeistert.

STERN Übrigens, im heutigen Amerika spielt Ideologie eine große Rolle in der Politik. Zurück zu Europa: Die Vorstellung, Europa zu retten, ist ja keine geringe Vision. Das wäre eine enorme Aufgabe für einen begeisterten Nachwuchspolitiker.

FISCHER Fritz, da fängt das Problem an: Wenn du dich auf so eine Aufgabe einlässt, könnte das ja dazu führen, dass du die nächsten Wahlen verlierst.

STERN Ich sehe schon. Mut zum Risiko als Voraussetzung.

FISCHER Ja, ohne Risiko zu gehen, erreichst du in der Politik nichts. In der Wirtschaft sagt das jeder: Du wirst nichts, wenn du nicht Risiko gehst, und dasselbe gilt in der Politik. Nicht in unverantwortlicher Weise, damit ich nicht missverstanden werde, kein Hasardspiel. Aber wenn du nur dein politisches Überleben und deine politische Karriere als Ziel hast, dann reicht das nicht. Wer nicht früh anfängt, auch mal was auf die eigene Kappe zu nehmen, kommt als Führungspersönlichkeit eigentlich nicht in Frage.

STERN An Führungspersönlichkeiten herrscht aber nicht nur in Deutschland Mangel, vielleicht sogar am wenigsten in Deutschland. Aber der Mangel herrscht in ganz Europa.

FISCHER Führungspersönlichkeiten kann man sich nicht backen.

STERN Nein. Aber erziehen.

FISCHER Die kann man auch nicht klonen, die entstehen oder sie entstehen nicht.

STERN Es gibt sie, aber es gibt sie jetzt eben häufiger auf anderen Gebieten als in der Politik. Die in meinen Augen überschätzten Verlockungen der Wirtschaft und überhaupt die Dominanz des ökonomischen Sektors und des ökonomischen Denkens spielen dabei eine Rolle. Es spielt aber auch eine Rolle, dass Politik nicht mehr selbstverständlich als Dienst am Gemeinwohl, an der Res publica, verstanden wird. Da ist viel verdorben worden, vielleicht denke ich aber zu sehr an mein eigenes Land.

FISCHER Also ich bin kein Anhänger der Dienstthese. Mich hat als junger Mann nicht die Begeisterung für den Dienst in die Politik getrieben, sondern ich war fasziniert von dem Ganzen. Mich hat die Machtfrage fasziniert, mich hat die Möglichkeit fasziniert, an der Geschichte mitarbeiten zu können, dort, wo Geschichte wirklich gemacht wird. Der Dienst kommt recht eigentlich erst, wenn man in eine Regierung eintritt, dann braucht man ein Dienstethos und auch das notwendige Maß an Zurückhaltung und Demut.

STERN Um mit Max Weber zu reden, ohne Leidenschaft geht's nicht.

FISCHER Ja, und der Verlust an Leidenschaft, ich hab's eben schon gesagt, hängt wohl mit der Entideologisierung zusammen.

STERN Und mit dem Geld. Das Geld ist als Mittel für die Gestaltung von Freiräumen so dominant geworden, dass es vielen fast schon als Lebenszweck erscheint. Die Macht des Geldes steht heute schon in einem ernstzunehmenden Spannungsverhältnis zur Demokratie, und auch deshalb fehlt manch einem vielleicht die Motivation, den politischen Weg einzuschlagen. In Amerika ist es inzwischen zu einem ganz kritischen Punkt geworden, die Rolle des Geldes in US-Wahlkämpfen ist grotesk.

FISCHER Aber das hieße, dass die demokratische Linke besser aufgestellt sein müsste als die demokratische Rechte, und das ist nicht so. Was die jungen Leute in den Start up's umtreibt, ist weniger das Geld als die Lust auf Abenteuer und Erfolg, Politik heute ist ziemlich austauschbar. Das meine ich mit Entideologisierung. Wo finden denn heute die großen Kontroversen statt? Wer schaut sich heute noch Bundestagsdebatten an? In meiner Frankfurter Anarchozeit, wenn Strauß, Wehner, Brandt in den Haushaltsdebatten gesprochen haben, saß man vorm Fernsehen, hatte vorher ein kaltes Bier geholt und genoss das. Auch wenn man mit dem Staat an sich nichts zu tun hatte, die Debatten machten richtigen Spaß.

STERN Von Spaß ist heute leider in der Politik nur noch wenig zu bemerken. Wenn man bedenkt, in was für einer Krise Europa heute steckt, müsste mindestens die gleiche Leidenschaft wie damals spürbar sein. Selbst an Wirklichkeitssinn scheint es zu fehlen. Das liegt möglicherweise auch an den neuen Kommunikationsformen. Jeden Tag wird ein neues Thema hochgekocht. Da ist es sehr schwer, über einen längeren Zeitraum eine ernsthafte Debatte mit politischer Absicht zu führen. Alles wird sofort zerredet und tendiert zu einer ungeheuren Oberflächlichkeit.

FISCHER Sie beschreiben eine Transformation der Kommunikationsmittel. Ob diese Transformation auch eine qualitative Veränderung bedeutet, müssten wir gesondert untersuchen. Technisch begründete Veränderungen gab's ja in der Geschichte der öffentlichen Debatten immer wieder, die Einführung des Rundfunks und dann des Fernsehens, das war ja jeweils eine technische Zäsur. Und jetzt haben wir also die Blogs. Ich meine, wer liest die vielen Blogs, ich nicht. Irgendjemand muss sie ja lesen, aber was diese Leute sonst machen, weiß ich nicht. Und wer schreibt diese vielen Blogs? Mir wäre das viel zu anstrengend.

STERN Vor allem gehen sie an der Öffentlichkeit vorbei, für die öffentliche Debatte sind diese Blogs wohl meistens verloren. Es ist eine virtuelle Welt, daher auch ihre Flüchtigkeit. – Welche Rolle hat in Ihren Augen eigentlich das Internet im Fall Guttenberg gespielt?

FISCHER Aus meiner Sicht ist Guttenberg nicht an den Bloggern gescheitert, sondern am Aufstand der bundesrepublikanischen Meritokratie, an diesen zehntausenden von Doktoren, die sagten, von dir reichem Schnösel lassen wir uns unsere akademische Leistung nicht kaputt machen. Offensichtlich haben Guttenberg und auch die Kanzlerin gedacht, was in Italien geht, geht hier auch. Ich bezweifele, dass so etwas heute in Italien noch ginge, aber in Berlusconis Italien war halt vieles möglich. Als die Universitäten aufstanden, an erster Stelle der Rechtsprofessor Lepsius aus Bayreuth, war es mit Guttenberg eigentlich vorbei. Er hat meiner Meinung nach einen großen Fehler gemacht, als er darauf verwies, es wäre ja alles so schwer gewesen für ihn als jungen Vater. Da sah ich tausende Doktoranden und Doktoren vor mir und hörte ihre Flüche und Verwünschungen, was dieser Pinkel denn eigentlich glaubt, unter solchen Bedingungen wie der hätten wir gern gearbeitet.

STERN Na absolut. Ja, die Entschuldigungen sind oft schlimmer als der Vorfall selbst. Und außerdem ging das an die Glaubwürdigkeit und die Ehre der Wissenschaft.

FISCHER Das ging ans Eingemachte. Wenn ein deutscher Doktor nichts mehr wert ist – und darum ist es gegangen –, dann hätte die Meritokratie eines ihrer wichtigsten Unterscheidungsmerkmale abhaken können, und das ging halt nicht in Deutschland. Deutschland ist letztendlich eine Meritokratie – und das meine ich ausgesprochen positiv: eine Gesellschaft, in der persönliche Leistung und persönlich erworbener Verdienst zählen und wo man sich Leistungsprüfungen stellen muss.

STERN Viele sahen in Guttenberg schon den künftigen Kanzler. Ich habe mich gelegentlich gefragt, ob darin vielleicht auch die Sehnsucht der Deutschen nach einer Führungspersönlichkeit zum Ausdruck kam. Führung im Sinne von Leadership. Ob Guttenberg ein Leader war oder nicht, interessiert mich dabei weniger als die Frage, wie er es geschafft hat, beim Volk als ein solcher zu gelten. Hat er denn wirklich so viel bewirkt?

FISCHER Hat das was mit der «Bild»-Zeitung zu tun?

STERN Ist das eine Frage?

FISCHER Eine sehr naheliegende Vermutung. Wenn ich mir die realen Machtverhältnisse anschaue, dann spielen große Verlagshäuser und ihre politische Orientierung nach wie vor eine entscheidende Rolle – denken Sie an Murdoch. Aber selbst die «Bild»-Zeitung konnte Guttenberg nicht im Amt halten, so weit reichte ihr Einfluss dann doch nicht, aber bei seinem Aufstieg spielte sie durch die positive Darstellung seiner Person eine nicht unerhebliche Rolle. Zudem hatte er ein gewisses Charisma, zumindest relativ im Vergleich mit seinen Konkurrenten.

STERN Ich komme noch einmal zu Ihrer These von der Entideologisierung, die an und für sich in vielerlei Hinsicht einleuchtend ist. In Amerika erleben wir gerade eine Phase der Reideologisierung, und trotzdem finden sich die von Ihnen geschilderten traurigen Beispiele politischen Desinteresses dort genau so, und der Nachwuchs geht oder zumindest ging lieber an die Wall Street als in die Politik.

FISCHER Da haben Sie einen Punkt erwischt, der mich sofort zu kreativem Nachdenken bringt. Vielleicht ist der Begriff Entideologisierung der falsche. Vielleicht ist Entpolitisierung der Politik der richtige Begriff.

STERN Entpolitisierung ist ein viel tiefer gehender Begriff, er umfasst den gesamten Bereich des Politischen. Insofern wäre Entpolitisierung der Bevölkerung noch gefährlicher. Was fehlt, ist das Verständnis für die Möglichkeiten der Politik, beispielsweise Fragen des Wohlstands, der Einkommensverteilung oder überhaupt des sozialen Zusammenhalts der Gesellschaft zu beeinflussen. So weit sind die Menschen mittlerweile von der Politik gelangweilt und entfernt.

FISCHER Ich meine mehr die Entpolitisierung der Politiker selber. Politiker denken heute in egozentrisch karrieristischen Bahnen. Sie verstehen sich nicht mehr als Teil einer gemeinsamen Sache, für die sich zu kämpfen lohnt nach dem Motto: Das ziehen wir jetzt zehn, fünfzehn Jahre durch. Haben wir Erfolg, haben wir Erfolg; haben wir keinen Erfolg, habe ich dennoch für eine gute Sache gekämpft.

STERN Einer Idee dienen und versuchen, sie durchzusetzen.

FISCHER Wie gesagt, dienen ist mir zu altpreußisch, das versteckt mir zu viel an völlig legitimen, notwendigen Antriebskräften, die man kaum als dienende bezeichnen kann und die sicher nicht unter die protestantische Askese fallen. Letztendlich war ein Mann wie Helmut Schmidt bei all seiner Dienstrhetorik ein political animal durch und durch, Punkt.

STERN Es war und ist nicht Rhetorik. Ein political animal kann auch Verantwortung für das Gemeinwohl spüren und ihm dienen. Dienst ist nicht Gehorsam oder nur Gehorsam gegenüber der eigenen inneren Stimme. Diese Haltung, die übrigens auch bei ihm durch ein ethisches Wissen untermauert ist, finde ich vorbildlich, und nicht nur für deutsche Politiker. Das bedeutet nicht, dass ich in allem mit ihm übereinstimme, gerade auch was Menschenrechte in fernen Ländern anbetrifft.

FISCHER Ich bin grundsätzlich eher konservativ, was Dienstvorstellungen und die Ausübung eines öffentlichen Amtes betrifft, damit Sie da keinen falschen Eindruck bekommen. Aber der Begriff des Dienens klingt halt sehr nach altpreußischem Selbstverständnis.

STERN Ich würde eher meinen, dass «Dienst» auch den Gedanken des Berufs einschließt. Ich will nicht mit Ihnen wetteifern, aber was public service anlangt, bin ich mindestens so konservativ wie Sie. Strauß hat vermutlich auch behauptet, er habe Bayern gedient, aber ohne Frage hat er auch sich selber gedient.

FISCHER Ohne jeden Zweifel, aber er hat Bayern wirklich gedient, und wie wir vorhin schon festgestellt haben, wirft das zu Recht die Frage auf, ob Strauß sich nicht um das gesamte Gemeinwesen sehr verdient gemacht hat.

STERN Sie haben diese Frage aufgeworfen. Da Sie offenbar ganz gern auf ihn zurückkommen, möchte ich Sie fragen, ob Sie ihm persönlich begegnet sind.

FISCHER Ich bin ihm ein Mal begegnet und war richtig erschrocken. Damals lebten wir ja alle noch in unseren Feindbildern. Das war in meiner ersten Legislaturperiode im alten deutschen Bundestag in Bonn, Mitte der achtziger Jahre, da bin ich fast mit ihm zusammengeprallt. Die Gänge waren eng, man musste um viele Ecken gehen, und da kam er mir plötzlich entgegen. Mich beeindruckte dieser mächtige Schädel und der relativ dazu doch schmale Körper, das fast Zierliche, das blieb bei mir hängen.

STERN Aber gesprochen haben Sie ihn nicht?

FISCHER Nein, niemals! In Erinnerung ist mir aber ein kurzes Gespräch mit dem alten Alfred Dregger. Wir waren nun wirklich alles andere als Freunde. Er war in seiner letzten Legislaturperiode, ich in meiner ersten, es muss so um diese Jahreszeit gewesen sein. Dregger saß in Malerrobe mit Malerhut und Joppe im Innenhof des alten deutschen Bundestages in Bonn und malte. Ich ging auf ihn zu und sagte zu ihm: «Als wir uns 1983 vorgestellt haben, dachte ich, das ist jetzt die fleischgewordene deutsche Reaktion.» Da lachte er und sagte: «Ja, und ich dachte, das sind die Vertreter der Fünften Kolonne Moskaus.»

STERN Die letzten Ausläufer der ideologischen Konfrontation sozusagen. Aber wenn nicht Dienst – ich kann gut verstehen, was Sie meinen –, was dann? Da komme ich noch mal zurück auf Max Webers «Politik als Beruf». Der Gedanke des Berufs, also das, was man auf Englisch calling nennt, ist ja in der Politik – und nicht nur da – mehr oder weniger verschwunden.

FISCHER Was Max Weber meinte, ist eigentlich Berufung. Der Berufspolitiker ist aber wohl eher das Gegenteil von calling.

STERN Das ist genau das Gegenteil. Calling ist Berufung. Und zur Politik berufen fühlen sich heute wohl nur wenige Politiker.

FISCHER Trotzdem wird Weber zu Tode zitiert. So oft, wie das dicke Brett zitiert wird, so dick kann es gar nicht gewesen sein.

STERN Na, hoffentlich wird er wenigstens gelesen. Die Berufung fehlt auch anderswo. Sie fehlt auch im Universitätsleben, wo sie einmal zu den Voraussetzungen gehörte.

FISCHER Heute wird man Professor, weil man genau weiß, wie die einzelnen Karriereschritte aussehen und wann man dran ist. Aber genauso ist es in der Politik auch; auch hier denken talentierte junge Leute heute nicht anders. Ich habe einmal zu mir selbst gesagt, sie haben unseren Pragmatismus geerbt, aber nicht unsere Leidenschaft. Wer mit 16, 17 in die Jugendorganisation einer Partei eintritt und nach einigen Jahren immer noch dabei ist, weiß, wie es läuft.

STERN Würden Sie das bei den ganz Jungen auch so sehen? Die würden sich wahrscheinlich gegen diese Aussage wehren und sagen, das kann man so nicht stehen lassen, was die beiden älteren Herrschaften da jetzt so formulieren, es gibt kein calling mehr.

FISCHER Ich werde keine Namen nennen. Es gibt talentierte, wirklich sehr talentierte junge Leute, aber was mir aufgefallen ist …

STERN Sie reden von Ihrer eigenen Partei?

FISCHER Ich nenne weder Namen noch Parteien. Aber was mir aufgefallen ist: Dass selbst jemand, der sehr großes Talent hat, heute in Karriereschritten denkt. Wenn ich sage, Mensch, jetzt musst du aber, heißt es nur: Und was bedeutet das dann für mich? Wie ich gerade lerne, ist das offensichtlich in der Wissenschaft auch nicht anders. Also spricht vieles dafür, dass es sich um ein breites gesellschaftliches Phänomen handelt.

STERN Das Sie im Bereich der Politik als Entpolitisierung bezeichnet haben. Da komme ich dann doch noch mal auf das Dienen. Ich verstehe sehr gut, was Ihnen an dem Begriff nicht gefällt, aber gemeint ist ja wohl das Bewusstsein, dass es eine Sache gibt, die wichtiger ist als meine persönlichen Wünsche und Ziele, eine Sache, die sozusagen über mir steht und die ich als Grundlage meines Handelns akzeptiere.

FISCHER Ja, aber die mich auch mitreißt und die andere mitreißt. Bitte, es gibt unterschiedliche Stufen von Politik, ich rede jetzt über die Alphastufe. Letztendlich ist es das Ziel, dorthin zu kommen. Das Ego mag eine Rolle spielen – geschenkt. Aber dorthin zu kommen, auf die höchste Stufe, ist letztendlich das Faszinosum für einen Politiker. Dass du Geschichte im Entstehen mit beeinflussen und gestalten kannst, das ist der eigentliche politische Antrieb.

STERN Da möchte ich hinzufügen, dass es sicher auch viele Politiker gibt, vielleicht sogar eine Mehrheit, die es als kurios empfinden würden, wenn man von ihnen verlangt, sie sollten in ihrem Beruf immer an die Geschichte denken, die sie mitgestalten.

FISCHER Entschuldigung, das meine ich nicht. Wir haben nur acht Bundeskanzler seit 1949, das ist nicht viel. Und wenn sie dahin wollen und reinkommen und dann auch wiedergewählt werden wollen, um nicht nur eine Fußnote in der Geschichte ihres Landes zu bleiben, dann brauchen Sie nicht nur ein gewisses Selbstbewusstsein, sondern Sie müssen irgendwann auch die Frage beantworten, ob der Ertrag den

Aufwand lohnt. Helmut Kohl konnte es sich nicht aussuchen, die Einheit war da, und er musste handeln. Dass er dann den Schritt mit dem Euro gemacht hat, das wird voll bei ihm abgebucht. Dafür bewundere ich ihn. Bei Gerhard Schröder war es auch klar: Er hat mit der Kosovo-Entscheidung und der Irakkrieg-Entscheidung und dann mit Hartz IV seinen Eintrag gemacht. Wenn Angela Merkel übermorgen nicht wiedergewählt wird, was wird dann von ihr bleiben?

STERN Zunächst einmal eine überragende Leistung: Ostdeutsche, Frau, von der Ausbildung her Physikerin, und sie hat sich durchgesetzt – und wie! Aber es ist viel zu früh, Bilanz zu ziehen.

FISCHER Da spricht die Weisheit des Historikers und nicht die kurze Sicht des Politikers im Getümmel! Was bleibt, ist doch diese Frage, die sich automatisch stellt, wenn man oben angekommen ist. Und da kommt man auf der Stelle mit der Pflicht über Kreuz, mit dem, was Sie das Dienen nennen.

STERN Helmut Schmidt würde es übrigens ablehnen, selbst seine Kanzlerschaft auf ihre historische Bedeutung zu überprüfen. Das wäre auch anmaßend. Er würde über seine Rolle in der Geschichte auch nicht gern mit jedermann öffentlich diskutieren.

FISCHER Aber Sie können mir nicht erzählen, dass ein Charakter wie Helmut Schmidt dafür nicht die Zeit hat. Was glauben Sie, wie oft der über seine Rolle in der Geschichte nachgedacht hat! Zumal er sich allen Kanzlern, mit Ausnahme Adenauers, überlegen fühlt. Aber er hatte nun das Glück nicht, oder er hatte das Glück – je nach Betrachtungsweise –, dass er vom wehenden Mantel der Geschichte nicht in dem Maße berührt wurde, wie es bei der Deutschen Einheit oder bei den Ostverträgen oder beim Friedensnobelpreis der Fall war.

STERN Ein Kanzler kann sich nicht das Ziel setzen, Eingang in die Geschichtsbücher zu finden. Das scheint mir ahistorisch gedacht.

FISCHER Na ja, die tun das aber dennoch. Ich hatte ja nun das Privileg, sieben Jahre aus allernächster Nähe einen Kanzler beobachten zu können, und hatte auch die Kapazität frei, mir meine Gedanken jenseits von Gerhard Schröder zu machen, also über die Funktionsmechanismen nachzudenken. Was macht dieses Amt mit einem Menschen? Wenn ich heute wieder in dieser Situation wäre und mich jetzt mit dem Problem Europa befassen müsste, würde ich mit dem Kanzler oder der Kanzlerin nur im Rahmen einer größeren historischen Perspektive debattieren. Du musst schon historisch tief verwurzelt sein und wissen, was du mit Europa meinst und wo Deutschland mit Europa hin soll, damit du im Alltag pragmatische Entscheidungen treffen kannst, oder aber du verhedderst dich.

STERN Da kann ich nur hundertprozentig beipflichten, aber die Entpolitisierung geht zusammen mit einer Enthistorisierung. Die Leute sind an der Geschichte nicht mehr interessiert.

FISCHER Deswegen noch einmal meine Frage, Fritz. Sie sind in Ihrem Leben auf fünf Deutschländer gekommen. Sind wir jetzt am Beginn eines sechsten, eines posteuropäischen Deutschlands oder post-EU? Was wäre die Konsequenz für Deutschland, wenn das europäische Einigungsprojekt scheitern würde? Das Land wäre vermutlich erneut in einer sehr schwierigen Situation. Zu klein für die Welt, zu groß für Europa, daran hat sich seit 1871 nichts geändert.

STERN Der Erfolg der Bundesrepublik ist eng verbunden mit dem Erfolg von Europa, mit der Tatsache, dass es ein Europa gegeben hat und gibt, in das Deutschland eingebunden war und ist. Wenn Europa wegfällt, wüsste ich nicht, wie man Deutschland definieren soll. Ein posteuropäisches Deutschland, wie Sie es eben genannt haben, ist für mich ein absoluter Schreckensgedanke.

FISCHER Wir können es aber nicht ausschließen. Sie kennen das Buch von Stefan Zweig mit dem schönen Titel «Die Welt von gestern». Ich habe es nie in die Hand genommen, es war von gestern. Jetzt lese ich es, und vieles klingt plötzlich furchtbar aktuell. Dass eine Welt verschwinden kann, ist für meine Generation völlig unvorstellbar, aber unsere Eltern und Großeltern haben das zum Teil mehrfach erlebt, auch die Ostdeutschen haben es erlebt und die Osteuropäer. Aber bei uns galt lange Zeit der Satz vom Ende der Geschichte, Fukuyamas Ewigkeitsgarantie. Und plötzlich könnten wir in einer ähnlichen Situation sein wie unsere Eltern. Sie haben die These von den fünf Deutschland formuliert; jetzt müssen Sie mir auch sagen, wie sähe das sechste Deutschland aus?

STERN Da verlangen Sie für den Moment dann doch zu viel. Ich kann mich nur damit entschuldigen, dass ich Historiker bin und in meinem Buch «Fünf Deutschland und ein Leben» von der Vergangenheit rede.

FISCHER Bei genauerem Nachdenken behagt mir die Formulierung vom posteuropäischen Deutschland so wenig wie Ihnen. Das ist eher die intellektuelle Variante von Sarrazin.

STERN Ein solches Deutschland wird es wahrscheinlich gar nicht geben. Eher wird Sachsen mit Tschechien zusammengehen, und Bayern wäre endlich für sich.

FISCHER Nee, nee, mit Österreich zusammen, *die* Strafe muss sein. – Im Ernst, Fritz: Wenn man das 20. Jahrhundert bilanziert, dann haben wir, meine Generation, meine und die folgende, die glückliche Seite erwischt. Aber zu welchem Preis? Am Ende des Jahrhunderts ging alles gut aus: Deutschland ist wiedervereinigt, die Europäer sind reicher denn je, Krieg ist höchstens an der Peripherie und nicht mal dort im Augenblick noch eine Option, der Frieden ist ausgebrochen – nur zu welchem Preis? Welchen Preis hat Europa im 20. Jahrhundert bezahlen müssen, um dorthin zu kommen?

STERN Aber dann kann man gleichzeitig fragen: Welchen Preis müsste Europa bezahlen, wenn es jetzt auseinander fällt? Ich fürchte, genau den gleichen Preis, den es kostete, Europa aufzubauen. Feindseligkeiten, die mit Gewalt ausgetragen werden, sind dann ebenso denkbar wie Bürgerkriege.

FISCHER Die Frage ist doch, was passiert, wenn die europäische Mittelklasse in den Abstiegsstrudel kommt. Innereuropäische Kriege sehe ich nicht. Darüber sprachen wir ja schon, dass die Europäer, zumal die größeren Staaten, dazu nicht mehr in der Lage sind. An der Peripherie, da allerdings kann sich vieles gewaltsam entladen, auch innerhalb einzelner Staaten kann es zu bürgerkriegsähnlichen Zuständen kommen. Wir hatten solche Entwicklungen, wo eine ganze Mittelklasse abgestürzt ist und pauperisiert wurde, in Argentinien und Brasilien.

STERN Ich sehe noch ein anderes Gespenst, das ich als bedrohlich empfinde, seit ich da war, und das ist Singapur. Das Singapur-Modell ist ganz schlicht: Die Wirtschaft floriert unter einem extrem autoritären, repressiven System. Ein solches Modell könnte nach einem Kollaps für manch einen in Europa sehr attraktiv werden.

FISCHER Ich glaube, wenn der Euroraum erst einmal auseinandergebrochen ist, wird der wirtschaftliche Erfolg in Europa gefährdet sein. Es ist heute schon absehbar, dass die Strukturbedingungen dann sehr schlecht sein werden, weil die Vorteile des gemeinsamen Marktes und der gemeinsamen Währung eben doch sehr groß sind. Renationalisierung und Protektionismus würden gewaltige Mengen Sand ins Wirtschaftsgetriebe kippen.

STERN Richtig. Und die Versuchung, dann durch eine sanfte Diktatur, wie das in Singapur genannt wird, nachzuhelfen, wird umso größer sein.

FISCHER Die Welt verändert sich gegenwärtig mit großem Tempo – nicht nur der für uns entscheidende Partner USA, sondern auch China, Brasilien, andere Akteure auf globaler Ebene. Wenn die Europäer die gegenwärtige Krise meistern würden und eines Tages wiederkämen, was ja nicht auszuschließen ist, kämen sie zu völlig anderen Bedingungen wieder, in einer völlig veränderten Welt, das darf man nicht vergessen. Die Frage ist, ob der Westen diese Veränderungen aushält.

STERN Ja, wenn es am Ende überhaupt noch den Westen gibt.

FISCHER Was seit der industriellen Revolution an europäisch-amerikanischer Dominanz galt, geht in unseren Tagen zu Ende. Insofern ist es gerade jetzt eine furchtbar schlechte Idee, sich von der Weltbühne abzumelden. Wir werden jedenfalls sehr starke Nerven brauchen, weil ich glaube, wenn sich noch etwas zum Positiven bewegt, dann erst im allerletzten Augenblick. Das ist die gute Botschaft. Die schlechte Botschaft ist, der allerletzte Augenblick könnte auch zum großen Knall führen, das liegt im Wesen des allerletzten Augenblicks.

STERN Ich glaube nicht, dass man sich von der Weltbühne «abmeldet». Ich sehe jedenfalls keinen Vorhang, wo wir abtreten und eine andere Macht sich «vorstellt». Ansonsten bin ich ein bisschen unglücklich mit dem Verlauf unseres Gesprächs. Reden wir nicht zu sehr über die Zukunft und zu wenig über die Vergangenheit?

FISCHER Mir macht die Zukunft, und zwar die nähere Zukunft, im Moment halt mehr Sorgen als die Vergangenheit.

STERN Da ist was dran. Aber wie die Vergangenheit verstanden wird, ist ja immer noch wichtig. Auch für die Gestaltung der Zukunft. Europa war schließlich einmal eine große Idee.

IV Von 68 zu Rot-Grün

STERN In Vorbereitung auf unsere Gespräche habe ich die beiden Bände Ihrer Erinnerungen gelesen. Und da fiel mir auf, dass Sie sehr häufig die Begriffe Vizekanzler oder stellvertretender Ministerpräsident benutzen, statt Außenminister oder Umweltminister zu schreiben. Das Wort Vize scheint Ihnen sehr wichtig zu sein, manchmal kehren Sie sogar die Reihenfolge um und reden von sich als Vizekanzler und Außenminister.

FISCHER Der Vize ist scheinbar nur ein Nominaltitel, in einem Koalitionssystem dennoch von Bedeutung. Ich schreibe in meinen Erinnerungen zum größten Teil als Außenminister über Außenpolitik. Aber die Steuerungsachse der rot-grünen Koalition waren Schröder und Fischer nicht nur in internationalen Konflikten, sondern auch in allen anderen Regierungsgeschäften, und da war der Vizekanzler gefragt. Was hatte ich nicht alles mit den Sozialreformen, mit der gesamten Innenpolitik, den vielen Koalitionsdifferenzen zu tun. Wenn Sie also wissen wollen, wie wichtig mir diese Position war, kann ich Ihnen gerne antworten: Wichtig wegen der Frage der Augenhöhe, es war keine Prestigefrage für mich. Ich war immer sehr machtbewusst, was meine eigene Person betraf, und diese Haltung gründete auf Erfahrung. Bevor ich also eine Entscheidung traf – und das galt sowohl in der eigenen Partei als auch in der Koalition –, musste für mich völlig klar sein, zu welchen Bedingungen ich das mache. Und für mich war auch klar, dass ich es lassen würde, wenn ich diese Bedingungen nicht bekäme.

STERN So wie Oskar Lafontaine, nur haben Sie mehr Erfolg gehabt.

FISCHER Nein, nein, nein. Ich bin nie davon gelaufen! Und wenn ich die Absicht gehabt hätte, hätte ich es von vornherein gesagt und begründet. Klaus Kinkel und andere wollten die SPD 1998 ja überzeugen, dass ich nicht Außenminister werden könne, so einen Kerl könne man doch nicht zum Außenminister machen, hieß es. Und da habe ich dem damaligen SPD-Parteivorsitzenden Oskar Lafontaine klar gesagt, das könnt ihr machen, Rot-Grün wird es dann dennoch geben, aber mich gibt es dann nicht in der Regierung, das müsst ihr wissen. Das war für mich aus Gründen der Machtbalance nicht verhandelbar. Ich habe vieles ertragen, erduldet und mitgemacht, aber immer zu Bedingungen, die ich für vertretbar hielt. In Bielefeld – das war der Parteitag, auf dem es um den Kosovoeinsatz ging, ziemlich turbulent – war von vornherein völlig klar, im Moment, wo ich die Mehrheit verliere, stehe ich auf, bitte um das Wort, gehe ans Mikrofon und sage, dass ich mit sofortiger Wirkung zurücktrete von allen meinen Ämtern, und dass ich noch einen guten Tag wünsche. Dazu war ich entschlossen, da war ich mit mir im Reinen.

STERN Wie kriegt man ein solches Machtbewusstsein?

FISCHER Ich bin durch eine harte Schule gegangen. Ich glaube, in meiner Generation …

STERN Aber nicht alle lernen aus einer harten Schule.

FISCHER Ja, aber offensichtlich bin ich für die Methode Dr. Eisenbart wirklich geeignet als Schüler – ganz im Gegensatz zu meiner offiziellen Schulzeit. Bei den Grünen habe ich mich durchgesetzt durch Niederlagen, nicht durch Siege. Die schlimmste Zeit war die erste rot-grüne Koalition in Hessen, von 1985 bis 1987, das war furchtbar, in der Zeit bin ich richtig alt geworden. Die Partei war gegen mich – nicht die hessische, aber die Bundespartei –, die Medien waren gegen mich, die SPD war nicht für mich, die Opposition, angeführt von Herrn Kanther, war heftig gegen mich – und ich hatte keine Ahnung vom Regieren, ich hatte keine Ahnung von Umweltpolitik. Der Koalitionsvertrag war ganz schlecht verhandelt, was den Grünen nicht vorzuwerfen ist, es war das erste Mal. Ich hatte kaum Zuständigkeiten, ehrlich gesagt, wusste ich damals gar nicht, was Zuständigkeiten sind. Nach 16 Monaten war es vorbei, Gott sei Dank! Ich war so was von fix und alle, aber es war zugleich die Zeit, in der ich am meisten in meinem Leben gelernt habe.

STERN Am meisten gelernt, okay, das ist eine sehr gute Antwort. Verstehe ich vollkommen.

FISCHER Das Regieren habe ich in diesen 16 Monaten gelernt, indem ich alles falsch gemacht habe, was möglich war.

STERN Und später das Außenministerium, war das nur der Machtbalance geschuldet, wie Sie eben angedeutet haben, oder gab es da einen besonderen Reiz für Sie? Einen Reiz, den ich sehr gut verstehen würde.

FISCHER Es war erst einmal eine innenpolitische Entscheidung. Die Tatsache, dass der überlange Außenminister Genscher als Vizekanzler für die FDP das Auswärtige Amt hatte, machte es eigentlich selbstverständlich, dass wir dasselbe Amt haben mussten, wenn wir eine stabile Koalition mit der SPD wollten. Zudem spielte auch meine Erfahrung mit der ersten rot-grünen Koalition in Hessen mit hinein, dass man trotz der unterschiedlichen Größe der Koalitionäre machtpolitisch gleichgewichtig sein musste. Das hieß für mich, wir Grünen müssen im Innern der Macht präsent sein, sonst wäre es immer wieder darauf hinausgelaufen, Schröder gegen die Grünen, und das hätte nicht lange gehalten. Das Hauptproblem im Herbst 1998 lag in der Außenpolitik, nämlich dass ein Krieg im Kosovo drohte. Davon abgesehen, welches von den klassischen Ressorts hätten wir denn nehmen können? Justiz?

STERN Ich verstehe das alles. Ich frage lediglich, weil mich interessiert, ob das Außenministerium als solches, abgesehen von den aktuellen politischen Fragen damals, einen besonderen Reiz für Sie gehabt hat.

FISCHER Ich schließe daraus, dass Sie in einer solchen Situation, unabhängig von Machtfragen, sich für das Außenministerium entschieden hätten?

STERN Ja.

FISCHER Nein, Fritz, hier will ich Ihnen eine klare Antwort geben, bei mir hat die Machtfrage Priorität gehabt.

STERN Ich habe eben nicht gelernt…

FISCHER Die Essenz der Politik ist die Machtfrage. Und die Essenz des Kanzlers ist die Machtfrage. Punkt. Ich habe nun wirklich aus nächster Nähe analytisch beobachten können, ohne dass das Objekt der Beobachtung das groß mitbekommen hat, wie alle Kraftlinien der politischen Entscheidung – alles, was machtrelevant ist, entwickelt ein eigenes Kräftefeld – durch diesen Menschen hindurchgegangen sind. Und er beurteilt alles unter dem einen Gesichtspunkt: Hält das meine Mehrheit aus, ja oder nein? Ich nehme an, beim amerikanischen Präsidenten ist das noch sehr viel intensiver, weil noch sehr viel mehr Kraftlinien durch ihn hindurchgehen. Machtgerecht zu entscheiden ist die Hauptaufgabe des Regierungschefs. Er ist nicht Referatsleiter und er ist auch nicht Fachminister, sondern er verkörpert die Essenz der demokratisch auf Zeit verliehenen, durch Verfassung und Recht gehegten Macht. Und so ist auch die Verfassung konstruiert, ob bei uns oder in Amerika, dass alle Kraftlinien durch den Mann oder die Frau an der Spitze hindurchgehen, Tag für Tag, 24 Stunden.

STERN Das erinnert mich an das herrliche amerikanische Beispiel von Lincoln, der sein Kabinett gefragt hat: Machen wir dies oder jenes? Das Kabinett hat sich gegen Lincoln entschieden, und Lincoln hat, wenn ich es recht im Kopf habe, gesagt, also die Mehrheit hat entschieden, das heißt meine Ansicht hat sich durchgesetzt.

FISCHER Das nennt man Präsidialkabinett. Als ich Minister in Hessen wurde, dachte ich mir: Fischer, du bist ein ganz schlaues Kerlchen. Du holst dir jetzt die besten Experten, setzt die an einen Tisch und diskutierst mit ihnen alles rauf und runter, so lange bis die Frage geklärt ist. Und dann fragst du die Experten, wie sie es machen würden, und dann gibt es eine Mehrheit unter den Experten, und so machen wir es dann. Gesagt, getan. Wenn ich heute an diese Experten denke – vor allem an den einen, der im südhessischen Dialekt vortrug und einen besonderen Eindruck bei mir hinterlassen hat. «So», sagte ich nach Stunden der Diskussion, «wie machen wir es denn jetzt?» – «Ja, Herr Minister, des müsse schon Sie entscheide, mir könne es so mache, mir könne es auch so mache. Wie mir's mache, des müsse Sie entscheide.» Ich sagte dann: «Nee, nee, nee, so geht das nicht. Ihr seid die Experten.» – «Ja, aber Sie sind der Minister.» Und da begriff ich plötzlich, dass es nur um meinen Kopf geht, und den wollte ich möglichst teuer verkaufen.

STERN Die Diskussion mit den Experten als eine Art Kräftemessen?

FISCHER Nein. Aber wenn Sie zum Beispiel eine Fraktion führen, dann sind alle Abgeordnete aus dem gleichen Recht; da geht's nicht nur um Ihren Kopf, da geht's um viele Köpfe, das ist ein Kollegium. Da müssen Sie auch Autorität entwickeln, aber in einer ganz anderen Form. Wenn Sie in einem Regierungsamt sind, geht es um Ihren Kopf auch dort, wo der Apparat versagt, das ist die Ministerverantwortung. Du bist der Sündenbock, du haftest. Da habe ich viel gelernt in dieser Runde mit den hessischen Umweltexperten und habe mir gesagt, wenn du am Ende entscheiden musst, dann geht's aber auch in deine Richtung.

STERN In Ihren Erinnerungen schildern Sie sehr eindrücklich den 21. April …

FISCHER 1999? Kosovoeinsatz?

STERN Ja, das Treffen im Kanzlerbungalow, Koalitionsrunde …

FISCHER Oh, ja, alles wackelte.

STERN In beiden Parteien wackelte es gehörig. Sie waren da, Otto Schily, der Kanzler natürlich – an die anderen erinnere ich mich jetzt nicht –, und die Stimmung im Land ist klar gegen einen Einsatz: Wir können da nicht mitmachen im Kosovo.

FISCHER Nein, wir waren da bereits mittendrin. Die Bombenkampagne erzielte aber nicht die Wirkung, die man in der NATO erhofft hatte, es existierte kein Plan B und alle kriegten weiche Knie und zitterten.

STERN Ja, das schildern Sie sehr eindrucksvoll, und dann schreiben Sie – den Satz habe ich mir unterstrichen: «In dieser bedrohlichen Situation stand der Bundeskanzler wie ein Fels in der Brandung.» An diesem Abend hätten Sie begriffen, was letztendlich einen Kanzler ausmacht.

FISCHER Ja.

STERN Sie sprachen eben von den Kraftlinien, die durch den Kanzler gehen. Gehen die auch durch einen Minister? Im Grunde ist es ja das gleiche Prinzip nur auf einer anderen Ebene.

FISCHER Das gleiche Prinzip, ja. Es kam da schon auf mich an, aber ich war nicht der, auf den alle geguckt haben, und darüber war ich, ehrlich gesagt, froh. Es gibt eine qualitative Differenz zwischen der Rolle eines Ministers und der des Kanzlers. Er ist das Zentrum. Aber ich war mir auch sicher, wenn ich in dieser Situation wäre …

STERN Dann hätten Sie es auch durchgestanden? Sie hätten auch wie ein Fels gestanden?

FISCHER Ja, sicher, überhaupt keine Frage. Nur war ich nicht in der Situation, und deshalb konnte ich, obwohl ich sehr stark unter Druck war, gut beobachten.

STERN Es kann aber auch Situationen geben, in denen man eine Entscheidung treffen muss, die politisch richtig und notwendig ist, die einen aber die Mehrheit kosten kann.

FISCHER Das gibt's. Gab's auch in meiner Zeit. Schröder war klar, dass die Hartz-IV-Reformen ihn die Mehrheit kosten können, aber uns war auch klar – in dem Fall nicht nur ihm, sondern uns allen –, wenn wir sie nicht machen, dann haben wir garantiert verloren; das Wachstum brach weiter ein, und die Kosten der Arbeitslosigkeit hätten den Haushalt gesprengt. Wir Grünen waren übrigens vor Schröder für solche Reformen, wir hätten sie schon nach der Neuwahl in den Koalitionsverhandlungen 2002 gern gehabt, aber zu diesem Zeitpunkt war er noch nicht dazu bereit. Eichel hat dagegen gekämpft, und wir waren nicht in der Lage, uns durchzusetzen. Als dann im März die Agenda 2010 verkündet wurde, war auch klar, das kann uns die Macht kosten. Und ich behaupte nach wie vor, wenn Schröder nicht die Nerven verloren hätte, dann hätte die Agenda 2010 uns die Macht nicht gekostet. Ich habe ihm immer gesagt: Wenn wir durchhalten und den Wahltag erreichen, dann wirst du noch mal wieder gewählt.

STERN Hatte er denn keine Lust mehr?

FISCHER Nein, das genaue Gegenteil traf zu.

STERN Dann verstehe ich es nicht.

FISCHER Gerhard Schröder konnte vieles sehr gut, er konnte nur nicht defensiv spielen. Ich habe zu ihm gesagt, schau dir Ariel Sharon an.

STERN Jetzt verstehe ich es noch weniger.

FISCHER Sharon war ein Meister des Defensivspiels. Er ging an die

Grundlinie und hat die Gegner mit dem Schlagarm der Macht ermüdet, indem er sie unaufhörlich zugedeckt hat. Ich rede vom Tennis. Von der Grundlinie den anderen so lange laufen lassen, bis er umfällt. Für Gerhard Schröder war es es ein Albtraum, von anderen abhängig zu sein. Die Vorstellung, dass er von der Parteilinken abhängig ist und diese ihn am Ende kippen könnte, war für ihn unerträglich. Dann lieber alles auf eine Karte setzen und noch mal ein Grand Final. Ich habe das für falsch gehalten und halte das immer noch für falsch. Er hätte die Parteilinke einbinden sollen – er hätte nicht alle einbinden können, aber viele –, und er hätte von der Grundlinie spielen sollen gegen die Opposition, die den Bundesrat hatte, aber das wäre alles machbar gewesen. Ich hätte es so gemacht. Als er mit der Neuwahlidee kam, war mir klar, dass die Koalition zu Ende ist.

STERN Aber nicht unbedingt die Kanzlerschaft von Schröder. Schröder hätte auch in einer anderen Koalition den Kanzler stellen können.

FISCHER So ist es. Er sah in Neuwahlen einen Weg zum Koalitionswechsel unter seiner Kanzlerschaft. Was seine Idee war. Ich habe ihm das nicht vorgeworfen.

STERN Aber Sie haben es offen gesagt?

FISCHER Ja, ich habe ihm gesagt, ich verstehe, worauf es hinausläuft, ich kann dir nichts anbieten. Das war an seinem Geburtstag, am Vorabend der Beerdigung von Johannes Paul II. in Rom. Wir waren im Hotel de Russie an der Piazza del Popolo zum Abendessen verabredet, und da habe ich es ihm direkt auf den Kopf zu gesagt: «Ich verstehe das, ich kann dir nichts anbieten.» Sollte ich ihm garantieren, dass wir Grünen die nötigen Prozente aufbieten? «Du willst einen Koalitionswechsel, damit sind wir draußen. Ich nehme dir das nicht übel, deine Interessenlage ist eine andere. Aber lass uns das klar sagen, wie es ist.» Meine Partei hat sehr emotional reagiert, ich nicht, für mich war das eine rationale Veranstaltung.

STERN Das ist die andere Seite der Macht sozusagen, Abschied nehmen zu können, ohne Larmoyanz und ohne …

FISCHER Da es auf Interessen basierte, war es nachvollziehbar.

STERN Sie scheinen klare Schnitte zu lieben. Das bringt mich zurück an den Anfang unseres Gesprächs, als Sie erzählten, dass Sie als junger Mann von einem bestimmten Punkt an keine Autorität mehr ertragen konnten und deshalb von einem Tag auf den anderen Ihre Lehre abgebrochen haben …

FISCHER Ja, das war's dann – diese Haltung habe ich mir schon früh zu eigen gemacht.

STERN Wird der Neuanfang dann leichter?

FISCHER Das weiß ich nicht. Damals war ich erst einmal *on the road*. Ein paar Gelegenheitsjobs, um Geld zu bekommen, und dann los, durch Europa und den Nahen Osten. Dann kam der 2. Juni, und einen Tag oder zwei Tage später war in Stuttgart eine Demo vom SDS, da lief ich zufällig rein. Und das war dann der Anfang …

STERN Entschuldigen Sie, Joschka, Sie müssen mir zugute halten, dass ich kein Alt-68er bin. Was war am 2. Juni?

FISCHER Am 2. Juni 1967 wurde bei einer Demonstration gegen den Besuch des Schahs von Persien in Berlin der Student Benno Ohnesorg von einem Polizisten erschossen.

STERN Okay. Und wie alt waren Sie in diesem Moment?

FISCHER Gerade 19 geworden. Immer noch nicht volljährig, vergessen Sie das nicht.

STERN Gab es deswegen Probleme?

FISCHER Nein. Das Verhältnis zu meinen Eltern hatte sich allerdings völlig verfinstert. Und im November 1966 wurde unsere Familie innerhalb von zehn Tagen dezimiert. Meine zweitälteste Schwester lag mit einer nicht heilbaren Nierenerkrankung im Sterben; mein Vater hat die Nachricht vom Arzt bekommen, weil meine Mutter gerade nicht da war, und das hat ihn so erschüttert, dass er noch zehn Tage vor ihr am Hirnschlag gestorben ist.

STERN Schrecklich. Da waren Sie noch zu Hause, oder waren Sie schon weg?

FISCHER Ich bin zurückgekommen; die Nachricht, dass meine Schwester sterbenskrank ist, erreichte mich in Syrien. Dieser doppelte Tod in der Familie war ein weiterer Grund, die Vergangenheit endgültig hinter mir zu lassen.

STERN Wie kommt ein 18-Jähriger, der eben seine Lehre abgebrochen hat, 1966 nach Syrien? Hatte das mit der PLO zu tun?

FISCHER Ach wo, ich wollte über den Hippie trail nach Indien und Nepal trampen. Völlig unpolitisch. Allerdings, muss ich hinzufügen, waren die intellektuellen Debatten der Neuen Linken Ende der sechziger Jahre sehr viel internationaler als alles, was danach kam. Man fühlte sich da in einer großen, globalen Gemeinschaft, was ja nicht selbstverständlich war. Heute sind wir es gewohnt, in einer globalen Welt zu leben, aber das war damals völlig anders. Man verfolgte sehr genau, was in anderen Ländern vor sich ging, und der eine oder andere reiste auch dorthin – ich gehörte nicht dazu, ich konnte mir das nicht leisten. Aber dass die Linke eine internationale Bewegung war, das spürte man, das machte gewissermaßen ihren Charakter aus. Der Vietnamkrieg spielte dabei natürlich eine Rolle, und nicht zu vergessen auch Prag 1968. Der August 1968 war furchtbar.

STERN Entsetzlich. Mir kamen beim sowjetischen Einmarsch die Tränen. Welche Hoffnungen waren mit Alexander Dubček verbunden! Mir kam es so vor wie der Verrat des Westens. Aber es gab auch die klar ablehnende Haltung der PCI, der Kommunistischen Partei Italiens, die kritischen Artikel von «L'unità» gegen den Einmarsch; mit der Abkehr vom brutalen sowjetischen Machtanspruch wurde im Grunde der Eurokommunismus geboren. Mich hat das damals so leidenschaftlich bewegt, dass Heinrich August Winkler und ich auf dem Internationalen Historikertag 1970 in San Francisco die sowjetischen Teilnehmer mit Listen über die inzwischen inhaftierten tschechischen Historiker und Intellektuellen konfrontiert haben. Wenn ich mich recht erinnere, habe ich auch einige Unterschriften von kommunistischen Historikern aus dem Westen wie Eric Hobsbawm und Albert Soboul zur Unterstützung bekommen. Von Louis Aragon stammte die treffende Formulierung, Prag sei zum «Biafra des Geistes» geworden.

FISCHER Wir hatten die große Hoffnung, dass es doch einen dritten Weg gäbe, raus aus der Blockkonfrontation. Ich erinnere mich gut an Rudi Dutschkes Auftritt in Prag, er fuhr ja im Frühjahr 1968 dorthin. Auch die polnischen Studenten spielten eine große Rolle, aus deren Reihen später Adam Michnik und andere Intellektuelle rund um die Solidarność-Bewegung hervorgingen. Es war also auch hinter dem Eisernen Vorhang einiges los, und deshalb war das Ende von Dubček so deprimierend, denn Prag war das Zentrum.

STERN In der Geschichtswissenschaft gehen die Meinungen auseinander, wie man die Bewegung, die man in Deutschland und anderswo als 68er-Bewegung bezeichnet, einordnen soll. Die einen betonen, dass es sich im Kern um einen Generationenkonflikt gehandelt habe, der in Deutschland sehr stark von der kritischen Auseinandersetzung der jungen Generation mit der nationalsozialistischen Vergangenheit bestimmt wurde. Die anderen – und zu dieser Gruppe zähle ich mich – betonen mehr den internationalen politischen Charakter und sprechen von einer sozialen Bewegung. Ich habe damals einen Artikel geschrieben mit der Überschrift: «The international student movement», das heißt, mir war klar, dass es sich um eine internationale Bewegung handelte. Auf der anderen Seite konnte ich dem Programm des amerikanischen SDS (Port Huron 1962) in vielem zustimmen; das galt für die Betonung der Civil rights und den Abscheu vor dem Rassismus. Ich hatte mich gegen den Vietnamkrieg engagiert und außerdem gegen die Anwerbungsaktivitäten der Armee auf Universitätsgelände protestiert. Auch zu den Verflechtungen der Universität mit Geheimaufträgen verschiedener Regierungs-Agencies hatte ich mich öffentlich kritisch geäußert. Aber die autoritären und brutalen Angriffe der Studenten auf die Universitäten selbst und den Lehrbetrieb empfand ich als gefährlich.

FISCHER Ich meine, beides trifft zu, Generationenkonflikt und internationale Bewegung. Der entscheidende Punkt scheint mir aber ein anderer gewesen zu sein. Der Begriff der Kulturrevolution ist durch die chinesische Kulturrevolution besetzt, und ein anderer adäquater Begriff fällt mir ad hoc dazu nicht ein, aber ich glaube, der entscheidende Punkt war der kulturelle Bruch in der westlichen Massenkultur. Der Vietnamkrieg kam hinzu. In Deutschland, Italien und Japan kam aber noch die Auseinandersetzung mit der Elterngeneration über die Vergangenheit dazu und hat nicht unwesentlich zum Entstehen des linksradikalen Terrorismus in diesen drei Staaten beigetragen; da muss ein Zusammenhang bestehen, weil es diese Form des Terrorismus nur bei den ehemaligen Achsenmächten gegeben hat. Die Franzosen neigen auf der radikalen Linken ja nicht gerade zu einer pazifistischen Haltung, aber es gab dort keine solche Entwicklung.

STERN In Frankreich gab es aber die ganz großen Demonstrationen im Mai 1968.

FISCHER Ja, aber nicht die terroristische Variante.

STERN Es war erstaunlich friedlich, wenn man an die Massen denkt in Paris. Und Paris war ja auch der einzige Ort, wo der revolutionäre Funke für eine kurze Zeit übersprang auf die Arbeiter.

FISCHER Ich glaube, es war im März 1968, da las ich einen langen Artikel in der «Zeit», warum es überall kracht, nur nicht in Frankreich, da gäbe es nämlich den großen General, die Vaterfigur und so weiter. Kaum war die Druckerschwärze getrocknet, ging's los. Natürlich kann man sagen, so viel ist ja 1968 nicht passiert, wenn man es vergleicht mit anderen historischen Zäsuren in der modernen Geschichte. Es war ja nicht eine echte Revolution. Dennoch hat dieses Jahr eine fast magische Kraft behalten, und die Konsequenzen reichen bis heute.

STERN In dem Artikel, den ich eben erwähnte, habe ich gewarnt: «Ihr spielt jemandem wie Nixon in die Hände» …

FISCHER Meinen Sie mit «ihr» die Studenten?

STERN Die Studenten, ja, und ihre Sympathisanten unter den Professoren, die sich endlich wieder «jung» fühlen konnten. Mir war völlig klar, dass das, was da in verschiedenen Städten auf der Straße passierte, für die Rechten ein gefundenes Fressen war und dass der Ruf nach Law and Order laut werden würde. Nixon, den ich schon damals für ein ungeheures Unglück hielt, wurde im Herbst 1968 dann auch gewählt, und ich bin sicher, dass die Studentenbewegung, ohne es zu wollen, zu seinem Sieg beigetragen hat. Obwohl vielleicht einige von den sich selbst stilisierenden Revolutionären an eine politique de guerre dachten: Je schlimmer es wird in der Politik, umso besser für uns. Und was die Langzeitwirkungen angeht: Die Culture Warriors kämpfen heute noch gegen 1968.

FISCHER Richtig. Hier bei uns ist es mittlerweile so, dass das Verlagshaus Springer 1968 zwar mehr und mehr für sich zu vereinnahmen versucht, aber es bleibt da ein Stachel der Provokation. Ich rede hier nicht von dem linksradikalen Terrorismus, das war, in der Sprache von damals, ein Gewalttrip und knüpfte an eine deutsche Tradition an, die alles andere als links war. Was ich meine, ist die Veränderung der Alltagskultur, auch der politischen Kultur. Politik war für uns doch auch sehr viel Kostümfest.

STERN Eben, und ganz besonders an den Universitäten. Raymond Aron schrieb über 1968 als Psychodrama. Es besteht eine merkwürdige Diskrepanz zwischen der eben von Ihnen beschriebenen Geringfügigkeit der Ereignisse selbst, die nichts wirklich Großes bewegt haben, und der unglaublichen Emotion auf der Gegenseite, die bis heute anhält.

FISCHER Halt, halt. Es kommt drauf an, von wo Sie es sehen. In Deutschland fand das alles ja zu großen Teilen 1967 und Anfang 1968 statt. Ich war bis Ostern 1968 in Stuttgart, und das war ein sehr provinzielles Städtchen, um es mal milde zu formulieren.

STERN Was haben Sie gemacht?

FISCHER Na, Revolution.

STERN Also doch.

FISCHER 1967 gab es nicht *eine* Wohngemeinschaft in Stuttgart, ein halbes Jahr später gab es mehr als zwei Hände voll. Das klingt jetzt vielleicht banal, ist es aber nicht, weil sich daran ablesen lässt, wie schnell sich das Alltagsverhalten in dieser Jugendprotestkultur veränderte, und das wiederum hatte unmittelbare Auswirkungen auf die gesamte Gesellschaft. Das können Sie zum Beispiel an der Haartracht der Fußballnationalmannschaft Anfang der siebziger Jahre sehen, eher traditionell orientierte Leute, die plötzlich lange Haare tragen. Selbst Dieter Thomas Heck – das ist der sehr konservative Moderator einer populären Schlagersendung gewesen, die ich selber nie geschaut habe: Neulich sah ich Fotos von ihm und dachte, Mensch, so schnell ging das damals. Ich kann zwar nur für Deutschland sprechen, aber das Deutschland vom Sommer 1968 sah anders aus als das Deutschland vom Sommer 1967.

STERN Da sollte man auch den Wandel im Verhältnis der Geschlechter erwähnen. Der große Knall gegen die bourgeoise Repression inklusive Abschaffung der Büstenhalter war überall laut zu hören. Aber bei uns waren die Hauptrevolutionäre ziemliche Machos. – Wegen Ihrer damaligen Haltung wurden Sie von Ihren politischen Gegnern später heftig attackiert. Ich glaube, gelesen zu haben, dass Sie sogar von der Bundeskanzlerin dafür gerügt wurden.

FISCHER Da war sie aber noch Oppositionsführerin. Es gab eine Fragestunde im Parlament, wo meine Rolle in der Frankfurter Sponti-Szene ausgeleuchtet werden sollte, und in diesem Zusammenhang monierte Frau Merkel vor dem Deutschen Bundestag, dass ich mich «nur für das Steinewerfen» entschuldigt hätte, dass ich aber offenbar noch immer der Meinung sei, die 68er hätten «einen Beitrag zur Befreiung geleistet». Dieser Meinung bin ich tatsächlich noch immer. Im Übrigen haben die Frauen im SDS den Machos dieses Verhalten schnell ausgetrieben, und dann kam die Frauenbewegung!

STERN Wie erklären Sie sich die bis heute anhaltende Emotionalität, sobald das Gespräch auf das Thema 1968 kommt?

FISCHER Frau Merkel kann man das nicht vorwerfen. 1968, das ist für sie, wie wenn man von der erdabgewandten Seite des Mondes spricht. Ich erinnere mich gut an ihre damalige Rede, weil mir auffiel, dass sie den Kampf, der die westdeutsche Demokratie zu dem gemacht hat, was sie heute ist, diesen permanenten Kampf, den man aus der Rückschau sicher etwas distanzierter sehen kann und muss, nicht wirklich kannte. Aber dass es ein Kampf war, der nicht mit meiner Generation begann, sondern zuerst von der Kriegs- und Flakhelfergeneration, den Augsteins, Dahrendorfs, Habermas' und wie sie alle heißen, geführt wurde, dass auch die Beiträge der Großvätergeneration Heuss, Adenauer und so weiter eine zentrale Rolle spielten; dass es ein richtiger Kampf war, in dem es um die Selbstvergewisserung der Deutschen ging und um kleine Fortschritte in der Selbstanerkenntnis unserer Schuld, während ja die große Mehrheit der Meinung war, jetzt ist mal Schluss, andere haben auch Dreck am Stecken – also, dass es ein permanenter Kampf war: die große Debatte um die Aufhebung der Mordverjährung, ein Meilenstein in der Geschichte unserer Demokratie; die langsam wachsende Bedeutung von Ludwigsburg als Zentralstelle zur Verfolgung von Nazi-Verbrechen; das individuelle Engagement von Richtern und Staatsanwälten, von denen viele einen hohen Preis bezahlt haben, weil sie hartnäckig blieben in den großen Prozessen, beginnend mit dem Frankfurter Auschwitz-Prozess; dann die Schlussstrichdebatten, die allesamt gescheitert sind, die große Debatte zwischen Habermas und Nolte, die Historikerkontroverse – all das sagte Frau Merkel nicht viel. In ihrer Vorstellung kommt 1949 mit Adenauer die Demokratie – und dann war das eben so. So war es eben nicht. Die große Leistung der Verfassunggebenden Versammlung und derer, die das als Grundgesetz formuliert haben, will ich damit in keiner Weise schmälern.

STERN Nein, im Gegenteil, man sollte diese Leistung heute mehr anerkennen. Aber der Kampf um die Vergangenheit wird weitergehen, die braune Vergangenheit verjährt nicht. Sie ist auch in Europa präsent, wie wir jetzt wieder bei den Demonstrationen gegen die Brüsseler Sparpolitik erleben, auch wenn das Wissen um jene Zeit verblasst. Einen Namen muss ich aber unbedingt noch hinzufügen: Willy Brandt. Die Liberalisierung der Bundesrepublik ist ohne ihn gar nicht vorstellbar.

FISCHER Und nicht ohne die FDP! Das klingt heute ja fast schon verrückt, wenn man die FDP erwähnt! Aber wir wollen die alte westdeutsche FDP mal nicht vergessen, die ganze Rechtsstaatsreform war im Wesentlichen bei der FDP zu Hause, nicht bei der Sozialdemokratie. Das moderne Strafrecht, der Paragraph 175, all das ist heute fast nicht mehr mit der FDP zu assoziieren, Gerhart Baum einmal ausgenommen. Aber der Rechtsstaatsliberalismus, der stark ausgeprägt war in Figuren wie Karl-Hermann Flach oder auch Werner Maihofer, hat einen nicht unwesentlichen Beitrag geleistet zur inneren Modernisierung der Bundesrepublik. Auf dem Gebiet des Rechts waren die Widerstände gegen die Modernisierung besonders zäh.

STERN Ich verstehe, dass Sie sagen, Sie könnten Frau Merkel keinen Vorwurf machen, weil sie diese ganze Geschichte…

FISCHER Ich saß da und dachte mir: Mädel, wovon redest du jetzt?

STERN Das verstehe ich.

FISCHER Also, Entschuldigung, dass ich das so persönlich sage, aber genauso saß ich da und hab mir das gedacht. Wenn das ein Westdeutscher oder eine Westdeutsche gesagt hätte, dann hätte ich das anders gesehen.

STERN Darauf zielt meine Frage. Die Ablehnung von 68 ist eine fast schon ideologische Haltung, die man in Westdeutschland häufig antrifft. Es ist dieselbe Haltung, die Ihnen auch in der Auseinandersetzung um die Vergangenheit des Auswärtigen Amts begegnete. Wie auch immer Sie diesen Kampf nennen wollen, am Ende geht es um die Deutungshoheit über die Vergangenheit. In diesem Kampf haben Sie in den Augen Ihrer politischen Gegner auf der falschen Seite gestanden, und da genügt es denen nicht, wenn Sie sich dafür entschuldigen, dass Sie eben auch Steine geworfen haben. Im Grunde erwartete man von Ihnen eine Entschuldigung dafür, dass Sie die Bundesrepublik sozusagen unter Generalverdacht gestellt haben. Das steckt da drin.

FISCHER Das mag da drinstecken. Aber ich habe mich ja nicht entschuldigt, weil ich dazu gezwungen wurde, sondern lange vorher. Weil da etwas in mir arbeitete, nämlich diesen wirklich großen Fehler gemacht zu haben, die Bedeutung des Rechts zu unterschätzen. Heute kann ich im Grunde ohne jede Bitterkeit sagen, Ihre Generation, Fritz, hatte einfach Recht, wenn sie gesagt hat: So geht es nicht, die Anwendung von der Gewalt ist ein großer Fehler. Ich bin der Meinung, dass soziale Bewegungen Ausdruck einer sich entwickelnden Demokratie sind, und ich traue ihnen auch ein großes Innovationspotential zu, aber in der Gewaltfrage bin ich später nie mehr opportunistisch gewesen. Das hat mir manchmal sehr viel Ärger eingebracht, aber ich war auf Grund meiner eigenen Erfahrungen der festen Überzeugung, da gibt es eine Grenze, die darf man nicht überschreiten, sonst macht man sich schuldig. Politisch führt Gewalt meistens zum Desaster für eine soziale Bewegung, das kommt hinzu; an der Gewaltfrage sind viele soziale Bewegungen, die für hervorragende Ziele gekämpft haben, gescheitert. Hier geht es nicht um die Frage, ob einer sich entschuldigt oder nicht, sondern hier muss ich zu einem schweren Fehler stehen – und das tue ich. Aber dazu bedurfte es nicht dieser Debatte. Ich kann Ihnen die Artikel zeigen, die ich schon Ende der siebziger Jahre, in der Phase der großen Ernüchterung im Frankfurter «Pflasterstrand» veröffentlicht habe, später bei «rororo aktuell». Da hatte ich auch schon den so genannten Antizionismus im Visier, der sich bei der radikalen deutschen Linken später als Antisemitismus entpuppt hat. Nein, dazu bedurfte es dieser Debatte nicht. Und doch war diese Debatte mehr als legitim. Was glauben Sie, was ich als Oppositionsabgeordneter gemacht hätte, wenn ich einen Außenminister mit einem solchen Bildmaterial gefunden hätte? Also insofern kein Vorwurf an die Opposition und die Medien.

STERN Nur eine Fußnote. Meine große Begeisterung für Solidarność, für die polnischen Dissidenten, für die russischen Dissidenten, für die tschechischen Dissidenten hängt zusammen mit dem Gewaltverzicht. Ihnen allen war bewusst, es muss ohne Gewalt gehen. Das galt übrigens auch in der DDR, die Leipziger Demonstrationen standen unter der Prämisse, keine Gewalt anzuwenden. Am überzeugendsten hat es Havel formuliert in seinem herrlichen Buch «Die Macht der Ohnmächtigen». Aber auch als ich 1979 das erste Mal in Polen war und Michnik und Geremek kennen lernte, war es die Betonung des gewaltlosen Widerstands, die mich sofort für sie einnahm. Diese Dissidenten sind für mich noch immer beispielhaft, und es ist fantastisch, wie sie an ihren Prinzipien festgehalten haben, theoretisch und in der Praxis.

FISCHER Und doch gibt es Grenzen. In einer Diktatur kann es zu Situationen kommen, in denen Gewalt auch legitim sein kann.

STERN Wo verläuft für Sie die Grenze?

FISCHER Das kann ich Ihnen sagen. Die Grenze verläuft für mich da, wo es um die Verteidigung der eigenen Freiheit und des Lebens geht. Wenn Sie diese Linie beachten, dann halten Sie eine Nulllinie. Eine bessere Realität werden Sie mit Gewalt aber nicht erreichen, das sehe ich nicht. Das heißt: Widerstand überall dort, wo es um diese Grundtatsache geht und Freiheit und Leben bedroht sind. Da halte ich Gewalt, wenn es anders nicht mehr geht, für das letzte Mittel. Alles andere muss im Rahmen rechtlicher Verhältnisse geregelt werden.

STERN Man soll das Individuelle nicht zu sehr unterstreichen. Widerstand ist nicht nur dann geboten, wenn meine persönliche Freiheit bedroht ist. Im Widerstand gegen Hitler ging es um das Unrechtsregime schlechthin. Man erinnere sich, welche Überwindung es Menschen wie Bonhoeffer und Dohnanyi gekostet haben muss, den Tyrannenmord zu rechtfertigen. Man muss lange mit sich selber gekämpft haben, bis man zu einem solchen Entschluss gelangt. Davor habe ich ungeheuren Respekt. Er habe den Tod Hitlers gebilligt, sagte Hans Bernd von Haeften, einer der Angeklagten des 20. Juli, vor dem Volksgerichtshof, weil er in Hitler den «großen Vollstrecker des Bösen in der Weltgeschichte» erkannt habe.

FISCHER Ich stimme Ihnen voll zu, es geht mir nicht nur um das individuelle Schicksal. Kann man die syrische Opposition dafür kritisieren, dass sie Gewalt anwendet, angesichts dessen, was vielen Syrern täglich vom Regime widerfährt – natürlich nicht.

STERN Eben.

FISCHER Natürlich nicht. Wenn die Alternative heißt, sich auf Gnade und Ungnade einem Gewaltherrscher auszuliefern oder aber gewaltsam Widerstand zu leisten und auf den Umsturz der Verhältnisse zu dringen, unter solchen Bedingungen, glaube ich, wird jeder Verständnis dafür haben, dass Gewalt angewendet werden muss. Aber in einer Demokratie, in einem Rechtstaat mit verbrieften Grundrechten – nein.

STERN Strukturelle Gewalt, wie das 1968 genannt wurde, wäre also kein ausreichender Legitimationsgrund für Gewaltanwendung?

FISCHER Ich weiß, dass viele es so empfunden haben damals, dass sie sich tatsächlich durch diesen Staat in ihrer Freiheit und auch in ihrem Leben bedroht fühlten. Aber das war Unsinn, sie waren nicht bedroht, ich hab's ja alles erlebt. Natürlich gab es emotionale Situationen, wo du dachtest, jetzt ist es so weit, jetzt klopft der Faschismus an die Tür. Aber ein Stück weit war ja die Strategie der RAF auch darauf angelegt, dem westdeutschen Faschismus sozusagen die Charaktermaske der Demokratie abzureißen. Also teilweise gewollte Provokation: den Faschismus herbeiführen, um ihn dann besiegen zu können. Das war alles furchtbar, und im Kern war es nicht einmal politisch.

STERN War unpolitisch? Das erinnert mich an Habermas' Bemerkung vom linken Faschismus und Dahrendorfs herrliche Antwort auf den Vorwurf Rudi Dutschkes gegen die «Fachidioten der Politik» beim Parteitag der FDP im Januar 1968 in Freiburg, es gebe auch «Fachidioten des Protestes».

FISCHER Nicht unpolitisch, aber im Kern steckte viel existenzielle Gewaltverherrlichung. Dieses ganze Macho-Gehabe – Kriegserklärung mit Daumenabdruck und so, mit 160 km durch Berlin brettern und dann auch noch betrunken sein, sich rausschießen lassen, wo man demnächst ohnehin freigekommen wäre und obendrein Freigang hatte. Faschismus zeichnete sich nicht durch Freigang in Bibliotheken aus.

STERN Das, was damals Faschismuskritik hieß, war keine notwendige Voraussetzung für die politische Mobilisierung, in diesem Punkt stimme ich Ihnen zu. Aber in linken und linksliberalen Kreisen herrschte doch das weit verbreitete Gefühl vor, dass in der Gesellschaft etwas nicht stimmt, dass es liberaler werden muss, freier, dass es in diesem Land zu autoritär, zu eng, zu repressiv ist.

FISCHER Ja, aber dann hätten wir ja alle die sozialliberale Regierung unterstützen müssen. Das haben wir nicht getan.

STERN Im Rückblick schade, dass Sie es nicht getan haben. Aber vielleicht war die SPD zu moderat für Euch. Es gab schon viel Ressentiment bei den Radikalen von 68: eine nicht gerade glückliche Mischung von Überheblichkeit und Minderwertigkeitsgefühlen.

FISCHER Jede soziale Veränderung hat auch ihre negativen Seiten. Dazu gehört der Überschuss, dazu gehört der Irrtum, dazu gehören auch schlimme Auswüchse, ja Verbrechen. Ich möchte diese negativen Folgen nicht rechtfertigen, ich sage nur, man muss damit rechnen. Packen wir es mal von der anderen Seite an. Warum tun sich Revolutionäre so schwer, von der Macht abzutreten, nachdem sie sie erobert haben? Weil sie letztendlich an die persönliche Macht glauben. Nur eine Revolution, die die Kraft hat, neues Recht zu schaffen, ist eine wirkliche Revolution. Wer nur eine neue persönliche Herrschaft errichtet, ist kein Revolutionär. Vergleichen Sie die historische Größe von Nelson Mandela mit Fidel Castro, der ja immer noch an der Macht festhält. Man weiß nicht, ob das Südafrika Mandelas am Ende Erfolg haben wird, aber es war ein Versuch, durch eine Revolution, die in der Schlussphase sogar auf dem Verhandlungswege stattgefunden hat, eine neue Form von Demokratie einzuführen. Dabei hatte der ANC terroristische Mittel alles andere als abgelehnt. Aber Mandela hat sich immer als Protektor der institutionellen Veränderung verstanden und nicht seine Person in den Vordergrund gestellt. Oder schauen Sie sich in den Ländern um, in denen der Kampf gegen die Korruption das politische Hauptthema ist. Korruption ist etwas ganz Schlimmes, also versprechen alle, ich kämpfe gegen die Korruption; in Wirklichkeit versuchen sie nur, ihre Macht zu erhalten. Das können Sie jetzt wieder bei Bossi und seiner Lega Nord sehen. Jahrelang hat er gegen die Korruption gewettert, und jetzt stellt sich heraus, dass er seine halbe Familie versorgt hat. Das ist für mich ein generelles Prinzip auf Grund meiner Lebenserfahrung: Am Ende geht es um mehr Freiheit durch institutionelle Garantien, um mehr Freiheit durch Recht. Also brauchen wir schrittweise Veränderungen für mehr Gerechtigkeit und mehr Freiheit. Alles andere verweht der Wind, oder es kommen gar finstere Interessen zum Vorschein.

STERN Ich komme nochmal auf Havel und den Gedanken der Macht der Machtlosen, der im 21. Jahrhundert immer wichtiger wird. Die Welt rückt enger zusammen …

FISCHER Die Macht der Machtlosen muss zu einem Bestimmungsfaktor im internationalen politischen System werden. Das ist eine Konsequenz der Globalisierung und der gegenseitigen Abhängigkeit.

STERN Die Frage lautet, wie schaffen wir schrittweise mehr Gerechtigkeit ohne Gewaltanwendung. Sie haben Mandela erwähnt. Ich will an Gandhi erinnern, der den gewaltfreien Widerstand als Erster erfolgreich praktiziert hat. Wenn ich allerdings sehe, wie der Westen mit dem Problem der Umverteilung des globalen Wohlstands umgeht, mache ich mir große Sorgen, ob wir die notwendigen Veränderungen ohne Gewalt erreichen können.

FISCHER Der Westen wird versuchen, sich noch ein bisschen Zeit zu kaufen. Aber auf Dauer wird es kein Entrinnen geben vor den Konsequenzen kollabierender Ökosysteme. Wenn so ein Ökosystem mal gekippt ist, trifft es alle.

STERN Es ist doch nicht nur das Ökosystem! Es geht um die Grundeinstellung von Teilen unserer Gesellschaft, um mentale Verirrungen, die allgemeine Verbreitung von Egoismus, Gier und Maßlosigkeit. Die sogenannten Konservativen im heutigen Amerika huldigen einem primitiven Sozialdarwinismus. Glauben Sie, dass das System der G20 noch die richtige Organisationsform zur Lösung der anstehenden Probleme ist?

FISCHER Ja, aber nicht nur die G20. Ich meine, wir werden keine Reform des UN-Sicherheitsrats bekommen, das würde für die Europäer auch sehr bitter werden…

STERN Es wird einmal kommen.

FISCHER Ja, es wird einmal kommen. Und dann werden die Europäer zu hören bekommen, warum habt Ihr eigentlich zwei ständige Sitze? Amerika hat einen, Russland hat einen, China hat einen, warum habt ihr zwei? Weil ihr mal so tolle Kolonialmächte ward? Diese Zeit ist vorbei. Und warum habt ihr vier nichtständige Sicherheitsratsitze, weder Kalifornien noch New York haben einen nichtständigen Sicherheitsratsitz, auch in Russland hat niemand einen nichtständigen Sicherheitsratsitz.

STERN Die Sowjets haben 1944/45 angefangen damit, als sie für die Ukraine und Weißrussland eigene Sitze einforderten. Damit konnten sie sich aber nicht durchsetzen.

FISCHER Ja, aber das wird den Europäern dann nicht helfen, sondern man wird sagen: Ihr habt einen Sitz, und dass ihr euch nicht einigen könnt, ist euer Problem. Euer Sitz bleibt so lange leer, bis ihr euch geeinigt habt, wir machen inzwischen die Reform und nehmen Brasilien und Indien oder auch ein großes afrikanisches Land als ständige Mitglieder auf – das wird eines Tages kommen.

STERN Wahrscheinlich früher, als man heute glaubt.

FISCHER Das wird kommen, und die Europäer werden sich der Realität anpassen müssen. Da sind wir wieder beim Thema Europa. Und da mache ich jetzt einen Schnitt und sage: Wenn sich Europa nicht sputet, bleibt halt nur ein leerer Stuhl.

STERN Wir haben genug leere Stühle gehabt.

V The Beat Generation

FISCHER Wir haben jetzt viel über die 68er geredet, über die Anfänge der Protestbewegung in Amerika haben wir noch gar nicht gesprochen. Das Thema interessiert mich sehr, und meine erste Frage lautet: Wann haben Sie diese Protestbewegung zum ersten Mal wahrgenommen, wann hatten Sie das Gefühl, da ändert sich was, da kommt was Neues auf uns zu?

STERN Ich weiß nicht, ob ich Ihnen ein genaues Datum nennen kann. Aber ich kann Ihnen von einem Telefongespräch im Frühjahr 1967 berichten. Die Rockefeller Foundation hatte mich angerufen und gebeten, ihnen bei der Vorbereitung einer Konferenz in Bellagio über die Krise der Geschichtsschreibung zu helfen und ihnen zu sagen, wen sie einladen sollten. Ich habe ihnen ein paar Namen genannt und dann gesagt: Bei allem Respekt für die Rockefeller Foundation, ein Wochenende in Bellagio! Erstens glaube ich nicht, dass es im Moment eine Krise der Geschichtsschreibung gibt, und zweitens, wenn es sie gibt, könnt ihr sie nicht an einem Wochenende am Comer See lösen. Wenn ihr was wirklich Wichtiges tun wollt, dann kümmert euch um die internationalen Studentenunruhen. Die waren völlig fassungslos, was blödelt der da hin?

FISCHER Wo hat es angefangen?

STERN Es fing an in Berkeley, aber mir war klar, dass das weitergeht. Ein Jahr später hat mich die Rockefeller Foundation wieder angerufen und gesagt: Hören Sie, wir müssen unbedingt eine Konferenz über die internationalen Studentenproteste machen, und Sie sollen sie leiten. Das war an und für sich eine tolle Sache, und ich fing auch gleich mit den Vorbereitungen an. Also, ich habe sehr früh gespürt, dass die Studentenbewegung wichtig war, und ich hatte auch viel Verständnis für das, was die Studenten forderten. Für mich war es in erster Linie eine Bewegung gegen die Bourgeoisie, und das war mir sympathisch. Als dann die Gewalt angewandt wurde, habe ich mich dagegen gewehrt.

FISCHER Gewaltanwendung auch in Amerika? In welcher Form?

STERN Die Besetzung von Gebäuden der Universität – eine Universität nach der andern, ein Gebäude nach dem anderen – erfolgte natürlich mit Gewalt, Gewalt auch in dem Sinne, dass andere ausgesperrt wurden, Boykott der Vorlesungen und dergleichen.

FISCHER Später dann die Weathermen. – Sie sagen, dass Sie Verständnis für die Forderungen der Studenten hatten. War denn das Verhältnis zwischen Professoren und Studenten ähnlich autoritär wie hier in Deutschland?

STERN Nein, überhaupt nicht. Jedenfalls habe ich es so nicht erlebt, weder als Student noch als Lehrer. Da möchte ich Ihnen schnell eine kleine Anekdote erzählen. Anfang der neunziger Jahre, bei einem Empfang an der Universität, kam ich furchtbar spät rein; es war ein kleiner Kreis um den neuen Rektor oder Vizerektor, und in dem kleinen Kreis stand ein sehr groß gewachsener Mann. Wir haben uns die Hand gegeben, uns vorgestellt – und da war es einer der Wortführer von damals, einer von denen, die 1968 auf die Barrikaden gegangen waren. Wir wussten beide sofort, wo der andere hingehörte, und da sagte ich zu ihm: «Und was machen Sie jetzt?» – «Ja, ich bin jetzt Lehrer an der Filmschule der Universität.» Da rutschte es mir raus: «Dann hat sich die Rettung der Universität doch gelohnt.» Und dann haben wir uns umarmt. Das wäre in Europa wahrscheinlich nicht möglich, eine solche ehrliche Versöhnung. Also, die Beziehungen zu meinen Studenten waren immer gut, sogar sehr gut, auch wenn es sich um Rebellen handelte. Ärger hatte ich nur mit den Leuten von der Fakultät, die plötzlich ihre Jugend neu entdeckten und meinten, die Gewalt hinnehmen zu müssen.

FISCHER Was meinen Sie, wenn Sie sagen, Sie haben früh gespürt, dass da was ist mit der Studentenbewegung? Woran würden Sie das Antibürgerliche inhaltlich festmachen?

STERN Ich spürte bei den Studenten eine tiefe Unzufriedenheit mit der bürgerlichen, materialistischen Welt. Da habe ich manches wiedererkannt von früheren Bewegungen, mit denen ich mich als Historiker beschäftigt hatte, da war mir vieles vertraut. Aber entscheidend war der Vietnamkrieg: Ich war früh ein engagierter öffentlicher Gegner dieses Krieges.

FISCHER Ich sagte ja bereits, dass für mich das Jahr 1968 einen Zeitenbruch darstellt, eine Wende, wo sich die Alltagskultur zu verändern begann, wo man Autorität in Frage gestellt hat. Hinzu kamen in jedem Land unterschiedliche nationale Ursachen und Ausdrucksformen. Die Zustände an den amerikanischen Universitäten kann ich nicht beurteilen. Aber Sie sagen ja selbst, dass es da bei weitem nicht so schlimm war wie an der deutschen Ordinarienuniversität.

STERN Bei weitem nicht.

FISCHER Hinzu kam hierzulande die historische Aufladung durch das feine Schweigen über die eigene Vergangenheit. Ich erinnere mich an Lehrer, bei denen man nur das entsprechende Stichwort aufzurufen brauchte, um sie zum Ausflippen zu bringen. Was lag näher, als anzunehmen, dass es an der Universität und mit den Staatsautoritäten ähnlich war? Die Konfrontation in diesem Zeitenbruch entschied sich an der Kulturfrage, wie lang dürfen die Haare sein? Das ist heute kein Thema mehr, aber damals schlug dir Hass entgegen, wenn die Haare einen halben Zentimeter zu lang waren. Für das Mehrheitsdenken in Deutschland war eben die Kommiss-Frisur das Maß aller Dinge. Wenn die ältere Generation in Deutschland reagierte, dann reagierte sie in der ihr vertrauten Art und Weise, und die war durch die deutsche Geschichte nun einmal klar definiert.

STERN Von heute aus könnte man fast sagen, die Elterngeneration konnte einem leid tun.

FISCHER Ja, das gilt auch gegenüber den Großvätern. Manchmal denke ich mir: Mein Gott, waren wir gnadenlos. Da spielte natürlich auch Selbstgerechtigkeit rein. Und im Hintergrund tobte eine Art kalter Bürgerkrieg zwischen den beiden deutschen Staaten, eingebettet in den globalen Kalten Krieg. Selbst der Umgang mit der jüngeren deutschen Geschichte – wie diese feine diplomatische Formel lautet – war geprägt durch die Interessengegensätze im großen Kalten wie im kleinen, nämlich innerdeutschen Kalten Krieg.

STERN Geh' doch nach drüben, lautete das Standardargument gegen die Linken.

FISCHER Das war die mildeste Form. Es gab drei Steigerungsstufen, die mildeste war: «Geh nach drüben.» Die mittlere Form war: «Ab ins Arbeitslager», und die schärfste Form war: «Ihr gehört alle vergast». Mit solchen Sprüchen wurdest du andauernd konfrontiert, wenn du bei Demos warst oder in Diskussionen …

STERN Das haben Sie so gehört?

FISCHER Nicht nur ich und nicht nur einmal. Das wurde einem von Männlein und Weiblein mit hassverzerrtem Gesicht entgegengeschleudert. Ich habe als Antwort die Formel entwickelt, ja, schon recht, die Besten sind im Felde geblieben, da ist was Wahres dran. Das hat nicht selten knapp an einer tätlichen Auseinandersetzung vorbeigeführt. Die Erfahrung von Gewalt ist im Übrigen nicht zu unterschätzen. Ostern 1968 wurden meine damalige Ehefrau und ich richtig durchgeprügelt – ich wusste bis zu diesem Tag gar nicht, wie das geht mit der Gewalt. Das war am Ostermontag, vier Tage nach dem Mordanschlag auf Rudi Dutschke. Wir saßen da friedlich in Frankfurt an der Galluswarte und blockierten die Springer-Produktionsstätten in der Societäts-Druckerei in der Frankenallee. Plötzlich kam von vorne und von hinten Polizei, und wir waren eingekesselt. Meine damalige Frau erlitt einen richtigen emotionalen Schock. Als ein Berittener mit einem langen Knüppel direkt auf sie zu ritt, riss ich sie zu Boden, und dann fielen sie über mich her. Ich sah gut aus hinterher, und auch das war ein psychischer Schock.

STERN Das war sicher prägend. Ich nehme an, von diesem Tag stammen auch die Fotos vom Steinewerfer.

FISCHER Nein, nein, die inkriminierten Bilder wurden später aufgenommen, zu einem Zeitpunkt, wo ich meine Angst überwunden hatte und zum ersten Mal einem Polizisten alleine entgegengerannt bin. Dass die anderen hinterherkamen, war nicht vorgesehen. Ich suchte die Eins-zu-eins-Situation, um meine Angst zu überwinden, denn seit Ostermontag hatte ich panische Angstzustände bei Demonstrationen, sobald es anfing konfrontativ zu werden. Immer wieder dachte ich darüber nach, wie kannst du es umdrehen, wie schaffst du es, da rauszukommen. Wenn ich meine damaligen Vorstellungen von Gewalt heute überdenke, muss ich sagen, es fehlte der ganzen Bewegung ein wesentliches Unterscheidungskriterium: Man wollte für mehr Gerechtigkeit kämpfen, hatte aber keinen Sinn für Recht. Wenn ich an 1968 noch etwas kritisiere, dann dieses grauenhafte Kauderwelsch, da wurde viel rhetorisches Stroh gedroschen, die Reden von Dutschke oder Hans-Jürgen Krahl kann man heute kaum noch verstehen. Den entscheidenden Punkt aber mussten sie sich von Jürgen Habermas erklären lassen. Damals war ich schockiert, als er das Wort vom Linksfaschismus in die Welt setzte. Aber genau hier liegt die entscheidende Differenz: in der Verpflichtung auf das Recht und auf die Verbesserung der Institutionen, nicht im Austausch der Personen an der Spitze.

STERN Das ist eine interessante Unterscheidung zwischen Recht und

Gerechtigkeit. Sie wollten Gerechtigkeit und haben vergessen, dass es um Recht geht, verstehe ich Sie da richtig?

FISCHER Ja, völlig, den Unterschied habe ich damals überhaupt nicht verstanden.

STERN Sie wissen, dass dieser Gegensatz nach der Wende vielfach zu hören war? Millionen Ostdeutsche wollten Gerechtigkeit, und stattdessen haben sie Recht bekommen.

FISCHER Gott sei Dank.

STERN Die Beteiligten, allen voran die Opfer der Stasi-Willkür, haben das wahrscheinlich anders gesehen.

FISCHER Das habe ich bei Wolf Biermann nie verstanden. Wir Deutschen sind komische Zeitgenossen, was Revolutionen angeht. Wir tun uns auf merkwürdige Art und Weise schwer damit, für uns muss von vornherein alles prinzipiell geordnet sein. Ich meine, nach einer Revolution gibt es drei Tage der Gesetzlosigkeit, wo auch Dinge geschehen, die alles andere als gerecht sind, wo Abrechnungen vorgenommen werden, auch persönliche Abrechnungen, aber dann endet das, und ein neues Recht setzt sich durch. Im November 1989, als die drei Tage da waren, konnte man Sprüche hören wie «Stasi in die Produktion», aber es passierte gar nichts, es wurde keine wirklich revolutionäre Justiz geübt, worüber ich sehr froh bin. Nach ein paar Monaten, als die drei Tage längst um waren, hieß es dann plötzlich: Wo bleibt die Abrechnung? Das ist etwas, was ich nicht verstehe. Revolutionäre Veränderungen müssen in ein neues Recht führen, und Gerechtigkeit ohne Recht gibt's nicht. Für die Abrechnung bleiben nur die drei Tage oder ein rechtsstaatliches Gerichtsverfahren.

STERN Glauben Sie, dass die Bundesrepublik Deutschland heute anders aussehen würde, wenn es im November 1989 diese drei Tage gegeben hätte oder auch meinetwegen im Januar 1990?

FISCHER Nein, und wie gesagt, ich bin heilfroh, dass es diese drei Tage nicht gegeben hat. Später hat man dann die Prozesse im Rahmen des bundesrepublikanischen Rechtssystems gemacht, aber auch da habe ich meine Zweifel. Das große Verbrechen waren nicht nur die Schüsse an der Mauer, sondern ein ganzes Volk einzusperren mit der Konsequenz, dass dann auch geschossen wurde. Aber das passte natürlich nicht ins deutsche Strafrecht, die Frage nach der politischen Verantwortung ist da nicht wirklich vorgesehen. Aber das ist doch der eigentliche Punkt, um den es ging.

STERN Es ging in den so genannten Mauerschützenprozessen aber auch immer um den Einzelnen, den so genannten Täter, der sich brutal benommen hat.

FISCHER Das ist der Tatbestand, der im Strafrecht vorgesehen ist. Aber die Beraubung von Grundrechten wurde nicht verhandelt, dafür mussten sich die Krenz und Honecker und all die anderen nicht verantworten. 17 Millionen Menschen in der DDR wurden ja spätestens 1961 wesentlicher Grundrechte beraubt, das darf man nicht vergessen.

STERN Nicht schon früher? Ich will aber hinzufügen, dass 1933 die Deutschen schon einmal ihrer Grundrechte beraubt wurden und dass sie es hingenommen haben.

FISCHER Gewollt, nicht hingenommen. Also, viele haben es gewollt.

STERN Nein, man muss einen Unterschied machen zwischen denen, die es gewollt haben, und denen, die es hingenommen haben.

FISCHER Viele haben es gewollt und fanden es eigentlich gut, dass hart durchgegriffen wurde.

STERN Aber lieber Joschka, es gab die Kommunisten, es gab die SPD.

FISCHER Ja, ich stimme Ihnen ja zu, wir sind da nicht auseinander.

STERN Ich komme mal zurück auf unser Thema. Die Studentenbewegung in Amerika fängt an – wenn man das so sagen kann – mit einem Aufruf, der sich «Port Huron Statement» nannte. Initiiert wurde der Aufruf von der Students for a Democratic Society, dem amerikanischen SDS. Das war 1962, und da spielten Gerechtigkeit und Rassengleichheit eine ganz große Rolle. Das Streben nach mehr sozialer Gerechtigkeit nahm damals seinen Anfang: links, nicht linksradikal, aber linksbewusst und vor allem freiheitsbewegt. Das änderte sich dann in den Jahren bis 1968, und zwar an den Universitäten selber, und am Ende war das Wort von Habermas vom Linksfaschismus absolut angebracht – auch ich habe das damals für richtig befunden.

FISCHER Auf der anderen Seite gab es die Schüsse in Kent State …

STERN Das war 1971.

FISCHER Und bei uns die Schüsse auf Benno Ohnesorg. Inzwischen haben wir in einem erschütternden Maße alles bestätigt bekommen, was wir damals an Vorurteilen hatten, weil rausgekommen ist, dass der Polizist gezielt geschossen hatte, ohne Grund.

STERN Und dass im Hintergrund die Stasi wirkte.

FISCHER Wobei für mich interessant wäre zu erfahren, warum ein Stasimann so akzeptiert wird und sich so wohl fühlt in der Westberliner Polizei. Auf jeden Fall hat er gezielt erschossen, aber das führt leider nicht mehr zu strafrechtlichen Konsequenzen. Ein Dreivierteljahr später hat dann der Anschlag auf Rudi Dutschke die Gewaltschranke gewaltig nach unten gedrückt. Man fühlte sich irgendwie an die Endphase von Weimar erinnert und fürchtete, dass die Linken wieder zur Schlachtbank geführt werden sollten – und da war die Reaktion natürlich: nee, Freunde.

STERN Ich glaube, das ist ein gutes Beispiel für überzogene Furcht. Die Situation ist aber mit Weimar nicht vergleichbar gewesen. «Weimar» gehört zu jenen Schlagwörtern, die häufig missbraucht werden, um Politik in extremis zu beschreiben. Es ging damals direkt gegen den Springer-Konzern, wenn ich das richtig in Erinnerung habe, und ich frage mich – oder besser, ich frage Sie –, ob man wirklich sagen kann, dass die Springer-Presse für die Eskalation mitverantwortlich war. Würden Sie das heute noch so sehen?

FISCHER Tja, ich möchte da jetzt keinen neuen Streit beginnen, aber ich habe meine Position kaum zu ändern in diesem Punkt. Wer die damalige Kampfpublizistik vor allen Dingen in «Bild» und «BZ» in Erinnerung hat, der weiß, warum das Ziel Springer war.

STERN Eine vergleichbare Presse gab es in den USA in dieser Zeit nicht, jedenfalls nicht in dem Maße. Aber die grundsätzlich antiautoritäre Einstellung, von der Sie sprachen, war natürlich auch da, und die führte, sobald sie auf etwas Widerstand stieß, schnell zur Eskalation.

FISCHER Aber wenn Sie sagen, die Universitäten waren viel weniger autoritär als in Deutschland, an welchen Autoritäten hat sich die Studentenbewegung dann abgearbeitet?

STERN An der Universität selber, das war ja genau das, was mich so empörte und was mich dann auf die Gegenseite gebracht hat. Die Universität war immerhin eine liberale Bastion in einem konservativen, nach rechts tendierenden und durch den Vietnamkrieg geprägten Milieu. Dass man ausgerechnet die Universität zu zerstören versuchte, wollte mir nicht in den Kopf, aber das war im Grunde das Ziel der Radikalen. Ende April 1968 kam es in Columbia zu einem großen Streik, dem sich meine Fakultät zum Teil anschloss. Bei einer Diskussion bin ich spontan aufgestanden und habe gesagt: Es geht nicht, dass die Fakultät in einen Streik gegen die eigene Universität eintritt, das geht mir zu weit. Und die Gewalt gefällt mir auch nicht, sagte ich. Ich hätte in meinem Leben schon einmal junge Idealisten gesehen, die Gewalt angewandt haben, aber es hat mir damals nicht gefallen, und es gefällt mir heute auch nicht, und ich würde auch nicht die Entschuldigung gelten lassen, das seien doch Idealisten. Es war wirklich ein großer Aufruhr innerhalb der Universität, die Polizei schritt ein, und mehrere hundert Personen wurden festgenommen. Am 2. Mai erschien mein Freund Allen Ginsberg, der viele Jahre nicht an der Universität gewesen war – er hatte gar nichts mehr mit der Universität zu tun –, aber jetzt war er da, und er hielt eine Rede. Am Schluss ging es um den Präsidenten der Universität, Grayson Kirk, und Ginsberg sagte: «I think Kirk should probably go.» – Kirk muss wahrscheinlich gehen. Das Wort «probably» war den Revolutionären völlig unbekannt, viele murrten, dass Ginsberg sich so human ausgedrückt hatte, statt zu sagen: Er muss gehen, er muss heute noch gehen, wir müssen ihn bestrafen.

FISCHER Weg mit dem Kerl!

STERN Weg mit dem Kerl, ja. Hinterher bin ich mit Ginsberg in mein Büro, und da haben wir uns lang unterhalten – Mai 1968.

FISCHER Woher kannten Sie ihn?

STERN Wir haben uns im Sommer 1943 kennengelernt, als wir uns an der Universität einschreiben mussten. Es war eine lange Reihe von Leuten, und er stand vor mir. Unter dem Arm hielt er eine linke Zeitung, die es nicht lang gegeben hat, die hieß «P. M.», also eine Zeitung für nachmittags. Ich fand sie etwas teuer, 15 Cent statt 10 Cent, wie die meisten Zeitungen, und da sagte ich zu Ginsberg: «Hör mal, wenn du fertig bist mit der Zeitung, dann gib sie mir doch». Dann haben wir uns sehr schnell befreundet, und ich habe viel von ihm gelernt. Er war sehr interessiert an meiner Herkunft und an unserem Familienleben und hat dann auch meine Eltern kennengelernt. Ich weiß noch, dass ich ganz verblüfft war, als er hinterher in großer Offenheit sagte: «Eigentlich ist Deine Mutter eindrucksvoller als Dein Vater». Wir saßen zusammen im Debattierclub unseres Colleges, und eines Tages mussten wir gegen die Militärakademie in West Point antreten: Columbia gegen West Point, und die beiden Vertreter von Columbia hießen Ginsberg und Stern. Wir hatten viel Spaß.

FISCHER Und wer waren die beiden von West Point?

STERN Das weiß ich leider nicht mehr. Es waren jedenfalls gute Kadetten, und in der Debatte ging es um die Frage, ob Armeen abgeschafft werden sollen und stattdessen eine internationale Schutztruppe aufgebaut werden soll. Ginsberg und ich waren für eine internationale Schutztruppe. Ob wir den Wettstreit gewonnen haben, weiß ich nicht mehr, ich weiß nur, dass es mit Ginsberg sehr nett war. Als wir mit dem Zug da rauf fuhren und er auf die Berge sah, sagte er: «Das ist doch herrlich, genau wie weibliche Brüste.»

FISCHER Da sprach schon der künftige Dichter.

STERN Ja, absolut. Als wir später hoch über dem Hudson standen, sagte er «Tintern Abbey» von Wordsworth auf, ein herrliches Gedicht, das ich früher auch mal auswendig konnte. Aber Ginsberg war auch politisch sehr interessiert, er hat mich über vieles belehrt, und er war derjenige, der mich zu Lionel Trilling geschickt hat, der dann ein großer Mentor von mir wurde. Leider wurde Ginsberg immer radikaler, er fing mit Drogen an und mit gestohlenen Sachen, die er für andere aufhob, und mehrmals musste ich ihm aus Schwierigkeiten helfen. Soll ich noch eine Geschichte erzählen?

FISCHER Ich höre fasziniert zu. Aber dass er gestohlen hat …

STERN Das hat er leider. Ich glaube allerdings, zu sozialen Zwecken, vielleicht auch aus Ideologie.

FISCHER Na ja, angesichts der gegenwärtigen Urheberrechtsdebatte, was technisch möglich ist, müssen wir rechtlich angleichen, ist der Fall Ginsberg vielleicht interessant. Aber erzählen Sie.

STERN Nun, irgendwann war halt der Punkt erreicht, wo die Leute in der Verwaltung beschlossen, Ginsberg, der schon immer ein bisschen aufmüpfig gewesen ist, rauszuschmeißen. Da bin ich zum Dekan gegangen und habe mich für Ginsberg eingesetzt. «Er ist ein hochintelligenter und in vieler Hinsicht ein sanfter und anständiger Mensch, man kann ihn nicht einfach rausschmeißen.» – «Sie wissen ja gar nicht, was er gemacht hat.» Der Dekan machte die Schublade seines altmodischen Schreibtischs auf, holte zwei Kärtchen heraus, reichte sie mir und sagte: «Das hat er ans Fenster seines College-Zimmers geschrieben.» Auf dem einen Kärtchen stand: «Butler has no balls» – Butler war der Präsident der Universität – und auf dem zweiten: «Fuck the Jews.» Da habe ich gelacht. Und da hätte der Dekan mich beinahe rausgeworfen, so wütend war er. Ich fand es einfach lächerlich, dass solche Provokationen ernsthaft ein Grund für die Relegation sein sollten. Ginsberg wurde nicht von der Universität verwiesen.

FISCHER Von welcher Zeit sprechen wir jetzt? Sie haben gesagt, Sie hätten sich 1943 kennengelernt. Dann ist das alles noch in der Zeit 1943 und folgende, also noch weit von der Beat Generation entfernt?

STERN Das wird so 1945 oder 1946 gewesen sein.

FISCHER Zwei bis drei Jahre, bevor ich auf die Welt kam.

STERN Ginsberg ging dann nach Kalifornien. Wir fingen an, in verschiedenen Welten zu leben, und gingen getrennte Wege. Bevor er ging, hatte ich durch ihn noch Jack Kerouac kennen gelernt.

FISCHER Die Anfänge der Beat Generation reichen so weit zurück? Wann ist «On the Road» geschrieben worden? 1957, schätze ich mal.

STERN In dem Jahr wurde es veröffentlicht, geschrieben wurde es aber früher. Die Anfänge der Beat-Bewegung reichen tatsächlich in die vierziger Jahre zurück, und das Zentrum war Columbia. Mit Lucien Carr, der damals die zentrale Figur war, saß ich in einem Seminar über Jean-Jacques Rousseau. Eines Tages – das muss im Sommer 1944 gewesen sein – auf dem Weg zum Seminar, schlage ich die Zeitung auf, und da steht auf der ersten Seite: «Columbia-Student wegen Mord verhaftet!» Carr, der ein sehr gut aussehender junger Mann war, war mit seinem deutlich älteren homosexuellen Freund David Kammerer nachts im

Riverside Park gewesen, wo Kammerer anscheinend angefangen hat, ihm Avancen zu machen oder mehr als Avancen, und da hat er ein Messer genommen und ihn ermordet.

FISCHER Und Ginsberg?

STERN Ich bin nicht sicher, wie weit er in die Geschichte involviert war. Als er nach Kalifornien ging, haben wir uns mehr oder weniger aus den Augen verloren, aber in den sechziger Jahren kam er dann öfters zu mir nach Hause. Die Begegnung mit ihm im Mai 1968 war für mich wichtig, weil ich mich in der Universität einerseits zwar als Gegner des Vietnamkriegs profiliert hatte, andererseits aber auch in Aufrufen vor jeglicher Gewalt gewarnt hatte, und das machte mich bei vielen Studenten verdächtig. Dann kam Ginsberg und hielt seine Rede. Anschließend saßen wir in meinem Büro und gingen dann gemeinsam runter – er musste zur U-Bahn, ich ging nach Hause –, und wie er es oft getan hatte, legte er mir dabei den Arm um die Schulter. Das war für viele Studenten, die das gesehen haben, dieser Semi-Faschist Stern zusammen mit dem berühmten Allen Ginsberg Arm in Arm …

FISCHER Der ja wild aussah damals.

STERN Nicht so wild wie später. Aber trotzdem für jeden erkennbar. Kollegen und Studenten waren ziemlich verblüfft, um es milde auszudrücken, und ich bin überzeugt, dass Ginsberg mir bewusst den Arm um die Schulter legte, dass er Solidarität bekunden wollte. Er war von einer großen, großen Menschlichkeit, das muss ich sagen.

FISCHER Sie waren doch sehr gegensätzlich, Allen und Sie. Auf der einen Seite der – gestatten Sie mir, dass ich das sage – sehr deutsche …

STERN Nein, nein, das interessiert mich.

FISCHER Sehr deutsch wirkende Historiker.

STERN Nein, ich war Student.

FISCHER Ja, Student, aber dennoch, ich meine, Sie gingen ja in eine völlig andere Richtung als Allen, der doch mehr als Dichter auf einer emotionalen Weltsicht unterwegs war.

STERN Joschka, können junge Historiker nicht auch poetische Träume haben? Und könnte es nicht sein, dass er sich für mich interessierte, für meine Geschichte, für meine Familie. Ich glaube, wir entwickelten uns erst später gegensätzlich. 1943, als wir uns kennen lernten, waren wir in dem Sinne noch unreif, zu unreif, um gegensätzlich zu sein.

FISCHER Young Firebrands.

STERN Ja.

FISCHER Bleiben wir mal eben bei diesem Jahr 1943. Das war ja das Jahr der großen Wende des Krieges, und zwar an beiden Kriegsschauplätzen, sowohl dem europäischen als auch dem pazifischen. Wie war das für Sie als junger Amerikaner mit starken europäischen Wurzeln, im letzten Augenblick aus Deutschland entkommen? Wie müssen wir uns den Studenten Fritz Stern vorstellen, der sich gerade an der Universität einschreibt, wie hat er die Nachrichten aus Europa aufgenommen, und zwar nicht nur intellektuell, sondern emotional? Wie haben diese Nachrichten seinen Alltag in New York berührt? Es ging ja um verdammt viel.

STERN Es ging um verdammt viel, um alles, und das war mir vom ersten Augenblick an klar. Wir sind im Oktober 1938 in New York angekommen, im November kam der deutsche Pogrom, und im Januar 1939 hatte ich bereits ein Erlebnis – ich war zwölf Jahre alt –, das mich furchtbar aufwühlte. Ich wusste durch die Lektüre der Zeitungen zwar ungefähr, was los ist, aber erst im Januar begriff ich das Ausmaß der Gräuel. Der Mieter, der in Breslau unter uns gewohnt hatte, ein Patient meines Vaters, besuchte uns in unserer kleinen Wohnung in Queens. Er hatte ganz kurz geschorene Haare und erzählte nur wenig, aber der kurze Bericht über seine Haft in Buchenwald machte mir alles völlig präsent. Am Tag, an dem Paris fiel, habe ich – ich würde das Wort sonst nicht benutzen – die Schule geschwänzt, ich konnte einfach nicht zur Schule gehen am Nachmittag.

FISCHER So sehr hat Sie das erschüttert?

STERN Ja, erschüttert. Ich muss dazu sagen, dass ich eine besondere Beziehung zu Paris hatte, Paris war ein Teil meiner Emigrationsgeschichte. Mein Vater hat bereits im späten Frühjahr 1933 die Notwendigkeit einer Auswanderung gesehen und ging nach Paris, um nach einer Anstellung in einer Klinik Ausschau zu halten. Meine Eltern holten mich damals nach Paris, und dort habe ich mit kindlichem Enthusiasmus den französischen Traum in mich aufgesogen, die Revolution und Napoleon, und mein Vater hat Heine vorgelesen. Später habe ich in New York Geld gesammelt für Flüchtlinge, die vor Franco aus Spanien nach Frankreich hatten fliehen können. Bei jeder Nachricht aus Europa hat man mitgezittert. Ich erinnere mich besonders gut an den Herbst 1942, El Alamein, an Stalingrad, Winter 1942/43, und an den Sturz Mussolinis im Sommer 1943.

FISCHER Wann hatten Sie zum ersten Mal den Eindruck, dass die Deutschen den Krieg verlieren werden?

STERN Ich sah die Gefahr, aber irgendwie habe ich nie an einen deutschen Sieg geglaubt. Bestärkt wurde man durch die Großen, Churchill und Roosevelt. Dann kam Stalingrad. Von da ab zeichnete sich die Niederlage der Nazis ab. Die Nazis oder die Deutschen – ich kann nicht behaupten, dass ich damals einen Unterschied gemacht habe zwischen beiden.

FISCHER Das war auch schwer.

STERN Ja, es war ein langsamer Prozess. Erst Mitte der fünfziger Jahre fing ich an, einen Unterschied zwischen Deutschen und Nazis zu machen. Geholfen hat mir dabei, dass ich als Kind in meinem Elternhaus einige sozialdemokratische Landtagsabgeordnete kennengelernt hatte wie Ernst Hamburger oder Hermann Lüdemann. Ich erinnerte mich an die Kämpfe gegen die Nationalsozialisten vor 1933, ich habe ja die Straßenschlachten noch gesehen. Sogar das andere Deutschland, das dann verlorene Deutschland hatte ich miterlebt, und auch das war eine ungeheuer wichtige Jugenderinnerung. Die Gedenkfeier zum zehnten Jahrestag des Attentats habe ich schon erwähnt.

FISCHER Haben Sie den 20. Juli 1944 in Amerika eigentlich wahrgenommen?

STERN Nein. Ich meine, ich habe darüber in Zeitungen gelesen, aber da hieß es nur, dass sich die Nazis jetzt gegenseitig abschlachten, von einem wirklichen Widerstand war da nicht die Rede. Später wurde der 20. Juli für mich ganz wichtig, lebenswichtig, aber nicht am 21. Juli 1944.

FISCHER Lebenswichtig – können Sie das auf einen Begriff bringen, warum der Widerstand für Sie so wichtig wurde?

STERN Wahrscheinlich aus der Sehnsucht – ich sage das jetzt in Ihrer Gegenwart, Joschka, mit Scheu – wahrscheinlich aus der Sehnsucht, selber mal im Widerstand zu sein, selber mal zeigen zu können, dass man sich für etwas einsetzt, egal, was es kostet. Dieses Ideal geht zurück auf Geschichten aus meiner Kindheit, als ich im Zusammenhang mit Hermann Lüdemann und Ernst Eckstein zum ersten Mal von Folter hörte. Ich weiß nicht, ob Ihnen Eckstein ein Begriff ist. Willy Brandt war ganz empört, als ich ihn in den sechziger Jahren einmal fragte, ob ihm der Name Eckstein etwas sagt. «Ob der mir was sagt? Für einen Fond für Untergrundzwecke haben wir Geld gesammelt, und der Fond trug Ecksteins Namen. Eckstein war Führer der SAP in Breslau.» Die Sozialistische Arbeiterpartei Deutschlands stand links von der SPD, rechts von der KPD, und im Mai 1933 wurde Eckstein mehr oder weniger ermordet, also festgenommen, und dann in der Haft…

FISCHER In Dürrgoy wurden viele zu Tode geprügelt.

STERN Ja. Schon 1932 hatte man eine Bombe in sein Haus geworfen. Für ein Kind war es schrecklich, solche Geschichten zu hören. Aber gerade diese Geschichten waren es, die mich früh politisiert haben. Ich kannte viele Altersgenossen, auch später in der Emigration, die das alles viel weniger mitgenommen hat.

FISCHER Fritz, gestatten Sie mir hier einen Schwenk in die Gegenwart. Es gibt in Deutschland ein tiefsitzendes Gefühl: Das muss man doch jetzt mal sagen dürfen.

STERN Das ist ein schrecklicher Satz.

FISCHER Als wenn dir irgendjemand das verbieten würde! Da wir in Deutschland sind, folgt die Weinerlichkeit gleich hinterher: Man darf bestimmte Dinge nicht sagen, weil man dann öffentlich attackiert wird. Vieles, was dann vorgetragen wird, ist in der Sache von wenig bis keiner Kenntnis getrübt. Aber natürlich haftet jeder für das, was er sagt, das gilt vor allem unter erwachsenen Leuten.

STERN Deswegen habe ich in meinem Interview in der «Frankfurter Allgemeinen Zeitung» über Günter Grass auch gesagt: «der Nicht-Erwachsene».

FISCHER Eines ist offensichtlich, die Vergangenheit beschäftigt ihn unglaublich, sonst hätte er das Gedicht nicht geschrieben.

STERN Das so genannte Gedicht. Was man ihm meines Erachtens wirklich vorwerfen muss, ist, dass er über seine eigene Vergangenheit so lang geschwiegen hat. Wenn er sich als Moralist aufführt und als Gewissen der Nation, dann kann er nicht über seine eigene …

FISCHER Dabei hätte er das ohne weiteres machen können. Ich habe die Details nicht im Kopf, aber er gehörte offensichtlich zum «letzten Kanonenfutter», war 16, als er da in Uniform gesteckt wurde. Die Jungs waren durch die HJ und die ganze Propaganda, durch Eltern, Schule und so weiter natürlich voll auf die Nazi-Ideologie ausgerichtet, und er hätte jederzeit sagen können: «Das war ich, aber daraus habe ich gelernt. Das passiert mir nie wieder. Und deswegen bin ich für das Nie-wieder.» Das hätte jeder verstanden.

STERN Und warum hat er Ihrer Meinung nach so lange geschwiegen?

FISCHER Ich weiß es nicht.

STERN Von mir aus hätte er noch länger schweigen können.

FISCHER Was treibt ihn zu so komischen Gedichten?

STERN Mich hat das Ganze an die Walser-Debatte erinnert. Der war zwar nicht in der SS – jedenfalls wissen wir davon nichts –, aber er war offenbar von dem gleichen Bedürfnis getrieben, Zeugnis abzulegen, Zeugnis von dem enormen Druck der Geschichte, der angeblich auf dieser Generation lastet. So jedenfalls scheinen sie das zu sehen. Dann zündeln sie ein bisschen: Jetzt muss mal Schluss sein mit diesen ewigen Schuldzuweisungen, und hinterher sind sie dann falsch verstanden worden.

FISCHER Du entkommst der Geschichte deines Landes nicht! In dem Moment, wo du dich als Deutscher definierst, bist du Teil der deutschen Geschichte. Die ganzen Schlussstrichdebatten endeten ja auch immer auf dieselbe Art und Weise, nämlich krachend gegen die Wand.

STERN Ohne Schlussstrich.

FISCHER Ja, ohne Schlussstrich. Es gibt keinen Schlussstrich. Es ist erst zu Ende, wenn es zu Ende ist. Und dass die Bundesrepublik Deutschland international so respektiert wird, hängt eben damit zusammen, dass sie sich ihrer Geschichte uneingeschränkt gestellt hat, mit allen Schmerzen, Widersprüchen, mit allem Ach und Weh, mit allem, was dazugehört – aber uneingeschränkt.

STERN Etwas langsam zunächst, dann aber besser als andere. Deswegen war die Walser-Rede so ein Rückfall.

FISCHER Ich habe das für einen ziemlichen Quatsch gehalten, aber ich habe nichts anderes erwartet, das war ja der Walser, der gerade erst die Nation wieder entdeckt hatte und Ähnliches mehr – und da bin ich grundsätzlich misstrauisch. Begriffe wie Auschwitz und Keule – ich meine, Auschwitz ist mehr als eine Keule, etwas völlig anderes.

STERN Weiß Gott!

FISCHER Und die Vorstellung, wir müssten da was fürs Ausland tun – «Ausland» in den beliebten Anführungszeichen –, das ist auch so ein gängiges deutsches Klischee. Völliger Blödsinn, wir tun es für uns.

STERN Er wollte, glaube ich, darauf hinaus, zu sagen: Wir tun es, weil man es von uns erwartet. Ich möchte aber selber bestimmen, wann und bei welcher Gelegenheit ich mich erinnere.

FISCHER Ja, soll er doch, wer schreibt ihm denn was vor? Wir sind ja nicht in der Kirche. Selbst in der Kirche musst du nicht beten oder mitbeten, du kannst da auch einfach nur rumstehen; du solltest vielleicht nicht gerade rauchen, trinken oder sonst etwas, das gebietet die Rücksichtnahme und der Anstand vor dem Glauben der anderen, aber ansonsten zwingt dich selbst in einer Kirche keiner. Und was die Schuldfrage angeht: Wer das nicht will, lässt es eben. Wir sind ein freies Land, keiner wird gezwungen, sich damit auseinanderzusetzen. Nein, ich halte das alles für vorgeschoben. Da musste einer seelisch Dampf ablassen, aus irgendwelchen Gründen, die ich nicht kenne.

STERN Ich muss sagen, was ich von ihm kannte, ging ja schon in diese Richtung, deshalb hat mich die Rede nicht wirklich überrascht. Ich habe irgendwie verstanden, was er wollte, auch wenn er es schrecklich ausgedrückt hat. Aber seine Behauptung, die Deutschen hätten das Verlangen, mit diesem Thema endlich in Ruhe gelassen zu werden, das sehe ich nicht.

FISCHER Ich glaube, seine Botschaft war nicht: Lasst uns endlich damit in Ruhe. Sondern er stellte die Frage dialektisch: Können wir uns selbst damit in Ruhe lassen? Die Deutschen würden aber einen Riesenfehler machen, wenn sie nicht akzeptierten, dass dies ihre Geschichte ist. Es ist nicht die ganze deutsche Geschichte – es wäre albern, das zu behaupten –, aber die ganze deutsche Geschichte geht durch dieses Brennglas hindurch.

STERN Das ist absolut richtig. Die NS-Zeit kam nicht rein zufällig, und sie kann auch nicht durch Versailles und Weltwirtschaftskrise vollständig erklärt werden.

FISCHER Das ist für mich der entscheidende Punkt. Und dabei geht es um uns, vor allen Dingen um die Nachgeborenen. Wir werden uns das immer wieder neu aneignen müssen. Aber niemand wird zu irgendetwas gezwungen. Du kannst als Deutscher dein Leben leben, ohne dass du zu irgendeinem Gedächtnis gezwungen wirst.

STERN Ein Tabu gibt es: den Holocaust zu leugnen.

FISCHER Das ist kein Tabu, sondern eine Straftat. Und dann kommen periodisch immer wieder Leute und tönen: Das wird man doch mal sagen dürfen.

STERN In ihren Augen bezeugt es einen gewissen Mut, zu sagen: Ich breche ein Tabu.

FISCHER Es gibt kein Tabu. Das ist bloße Attitüde. Die NPD macht das tagtäglich. Neun zugewanderte Mitbürger und eine Polizistin mussten dafür ihr Leben lassen, und ihre neonazistischen Mörder konnten jahrelang unerkannt weiter morden. Vielleicht die schwerste Niederlage für die deutsche Demokratie. Es ist zum Schämen! Diese rhetorische Figur, das wird man ja noch mal sagen dürfen, gab es in meiner Jugend übrigens nicht. Noch in den sechziger und siebziger Jahren haben die meisten so geredet, wie sie es gelernt hatten und wie es auch ihrer Überzeugung entsprach: Es war nicht alles schlecht, Hitler hat die Arbeitslosigkeit beseitigt, er hat die Autobahn gebaut und was weiß ich.

STERN Ich erinnere mich an den Bundestagspräsidenten Jenninger …

FISCHER Also, wenn heute ein Politiker sagen würde, das Debakel mit Schönefeld, das wäre beim Bau von Tempelhof nicht passiert, würde er ein echtes Problem bekommen. Noch jedes Mal, wenn in der Politik einer meinte, auf die Nazis oder den «Führer» rekurrieren zu müssen, ist das schiefgegangen, in der Regel war das die Abkürzung zum Rücktritt.

STERN Und das ist verständlich.

FISCHER Obwohl der Text der Rede von Jenninger ganz ordentlich war. Das sage nicht ich, das hat Ignatz Bubis gesagt, der damalige Vorsitzende des Zentralrats der Juden in Deutschland, nachdem er die Rede gelesen hatte. Er wundere sich über die Reaktion. Aber in Deutschland konnten Sie als führender Repräsentant von Parlament und Staat schon scheitern, wenn Sie nicht in der Lage waren, Anführungszeichen richtig zu intonieren. Jenninger hat es gut gemeint, war aber nicht in der Lage, einen so schwierigen Text adäquat vorzulesen. Hinzu kam, dass diese Schauspielerin, die bei der Übertragung der Rede immer wieder im Fernsehen eingeblendet wurde, Kopfschmerzen hatte und sich die ganze Zeit den Kopf hielt; das sah aus wie die blanke Erschütterung – dabei hatte sie nur Kopfschmerzen. Das kam sozusagen bildverstärkend hinzu, und dann war's um den armen Jenninger geschehen.

STERN Ich habe sowohl in der Walser-Rede als auch insbesondere in dem Grass-Gedicht etwas gelesen, was ich als Trotzhaltung bezeichnen möchte, eine Trotzhaltung wie ein dickköpfiges Kind.

FISCHER Ja, aber die Herren sind keine Kinder mehr.

STERN Trotz, das muss ich sagen, ist unter den Deutschen weit verbreitet.

FISCHER Das ist ja auch okay in einer freien Gesellschaft. Was ich nur nicht verstehe, ist die weinerliche Reaktion auf die Kritik.

STERN Sie wollen ihre These bestätigt finden, nach dem Motto: Man darf's noch nicht einmal sagen.

FISCHER Erinnern Sie sich, Fritz, an einen FDP-Politiker namens Möllemann? Der hat im Wahlkampf 2002 versucht, am rechten Rand zu zündeln. Und das hat sowohl in der CSU als auch in der CDU Begehrlichkeiten geweckt, nach der Devise: Na, was die können, das können wir auch. Und das muss ich sowohl Angela Merkel als auch Edmund Stoiber hoch anrechnen, dass sie eine solche Infamie nicht zugelassen haben. Diese Haltung muss man nachdrücklich bestärken. Denn bei solchen Fragen darf man nicht in kleiner Münze denken, da muss man wissen, dass es auch moralische Grundsätze in der Politik geben muss, jedenfalls wenn man in Deutschland Politik macht.

STERN Dieser Konsens ist in der politischen Klasse in Deutschland nach meiner Erfahrung durchaus vorhanden. Gott sei Dank!

FISCHER Ja. Einzelne versuchen halt immer wieder, den Konsens zu erschüttern. Wobei Möllemann, wie ich glaube, aus Kalkül handelte, indem er das Thema für seine 18-Prozent-Strategie instrumentalisierte. Ich Narr dachte immer, dass mit diesen Mätzchen, die dann auch Herr Westerwelle machte ... Nein, nein, dahinter steckte die Überlegung – vor allen Dingen nach dem Erfolg von Pim Fortuyn in den Niederlanden –, dass es da ein Wählerpotential in der Größenordnung von 15 bis 20 Prozent gibt, von dem man Teile mit einer subkutan antisemitischen, in dem Fall offen antiisraelischen Position gewinnen kann. Aber das wirkt nicht mehr im Volk.

STERN Das sehe ich genau so. Es gibt starke Gegentendenzen. Die fehlten früher. Rechtsradikalismus stößt heute auf Gegenkräfte, auf überzeugte Republikaner, und genau die gab es zu wenig in Weimar.

VI Israel

STERN Jetzt kommen wir zu einem wirklich heiklen Thema, Joschka, und zwar nicht nur heikel in Deutschland, sondern auch heikel in den Vereinigten Staaten. Wir wollen von Israel reden. Da geht es nicht nur um die Vergangenheit, sondern vor allem auch um die aktuelle Lage. Man kann verstehen, dass viele Politiker sich bei diesem Thema lieber bedeckt halten. Das ist zwar immer noch besser als die losen Reden mancher amerikanischen Draufgänger. Trotzdem trägt das Schweigen nicht viel zum Verständnis der Probleme bei.

FISCHER Was sollen die Politiker denn Ihrer Meinung nach machen?

STERN Die Traumata und die Neurosen sind ungeheuer, da ist viel Fingerspitzengefühl nötig. Trotzdem kann man die realen Probleme nicht nur von dieser Warte aus betrachten. Ich bin der Meinung, dass deutsche Politiker, die in der Verantwortung stehen, versuchen sollten, den Israelis einmal die grundsätzliche Position Deutschlands klarzumachen: Auf der einen Seite wisst ihr, dass wir unsere Schuld klar dargestellt haben und uns dieser Schuld dauerhaft bewusst sind. Auf der anderen Seite sind wir diejenigen in Europa, die euch am meisten geholfen haben …

FISCHER Helfen.

STERN Und helfen, ja. Kann es nicht auch hilfreich für euch sein, wenn ihr offen mit uns redet? Und kommt uns nicht immer mit dem alten Argument, gerade ihr Deutschen dürft uns da nicht reinreden. Bevor wir zu pauschal werden, sollten wir berücksichtigen, dass es in Israel sehr viele verschiedene Meinungen gibt, während sich die politische Klasse in Deutschland scheut, Kritik zu üben. Das führt aber nicht selten dazu, dass in Deutschland statt Kritik verkappte Ressentiments hochkommen.

FISCHER Aber Fritz, erstens wird Kritik geübt, und zweitens hat auch Israel eine Opposition, und zwar eine sehr lebendige. Wenn sich ein Regierungsmitglied oder ein Regierungschef eine deutsche Position zu eigen machen würde, gäbe es genügend Oppositionelle von rechts bis links, die sagen, ah, jetzt haben wir dich Schlawiner, du willst also hier vor den Deutschen auf die Knie gehen …

STERN Ich sage ja nicht auf die Knie gehen. Das ist alles so übertrieben.

FISCHER Ja, Fritz, aber eine deutsche Intervention würde sofort innenpolitisch umgemünzt werden. In der Demokratie ist das legitim. Ich sage ja nicht, dass es schön ist.

STERN In einer Demokratie ist Kritik am Staat geradezu notwendig, Demokratie lebt ja von der ständigen Auseinandersetzung. Und da ist Israel gar nicht so rückständig.

FISCHER Israel ist eine überaus lebendige Demokratie, aber jetzt versetzen Sie sich mal in die Situation eines Israeli. Und dann steht ein Deutscher vor Ihnen, gar ein Regierungsvertreter, und hebt den Zeigefinger. Dann gehen die Rollos runter, und das war's.

STERN Verdammt noch mal, muss es ein öffentlicher Zeigefinger sein?

FISCHER Ich kann mit meinen israelischen Freunden über alles sprechen, aber ich werde mir sehr genau überlegen, was ich in der Öffentlichkeit sage und wie ich in der Öffentlichkeit spreche, weil ausgerechnet von einem Deutschen …

STERN Das verstehe ich vollkommen. Aber trotzdem: Darf man sich unter dem Druck der Öffentlichkeit so verbiegen?

FISCHER Wenn ich mir vorstelle, ich wäre Israeli, und dann käme ein Deutscher, und ich hätte sogar das Gefühl, der hat so Unrecht gar nicht, aber ausgerechnet von denen … Wir Deutschen sind diejenigen, die am wenigsten dazu taugen, Israel öffentlich zu kritisieren. Wozu wir sehr taugen, ist, offene Ohren zu finden, wenn wir unsere Grenzen akzeptieren und wenn wir unerschütterlich in unserer Freundschaft sind. Dann kann man auch Einfluss auszuüben versuchen, ohne dass man die Kritik jedes Mal an die große Glocke hängt. Alles andere geht schief, für alles andere taugen wir nun einmal nicht. Ist das so schwer zu verstehen? Zudem ist Kritik an Israel auch für uns selbst psychologisch hoch aufgeladen. Wir müssen uns nur klarmachen, dass es unser psychologisches Problem mit uns selbst ist und dass es meistens gar nicht um Israel geht. Wenn Grass meint, er müsse den Israelis die Leviten lesen, dann geht es um Grass, und wenn Walser einen freieren Umgang mit dem Holocaust fordert, dann geht es um Walser – nicht um die Israelis. Und das spüren die übrigens sehr genau. Man macht Außenpolitik nicht entlang von kollektiven Entlastungsbedürfnissen, ich zumindest habe das nicht gemacht, und ich rate davon ab, das zu tun. Kollektive Entlastungsbedürfnisse der Deutschen müssen die Deutschen mit sich selber abhandeln.

STERN Vor diesem Hintergrund, den Sie eben sehr gut geschildert haben, und bei der jetzigen Lage, in der sich Israel und der gesamte Nahe Osten befinden, gehört es da nicht auch zu den Pflichten eines treuen Freundes, friedlich und behutsam seine Stimme zu erheben?

FISCHER Doch. Als Angela Merkel sich öffentlich gegen die Siedlungspolitik ausgesprochen hat, auch gegenüber Netanjahu, und aus dem Kanzleramt durchgesickert ist, was Inhalt des Gespräches war, hat das gewirkt. Ich werfe der Bundesregierung ja vieles vor, aber in diesem

Punkt verteidige ich die Kanzlerin. Man kann ihr zweierlei nicht absprechen, dass sie versucht, den deutschen Einfluss zu nutzen, und dass es die richtige Form ist, wie sie es macht.

STERN Ja. Aber mit welchem Erfolg?

FISCHER Das weiß ich nicht, aber eines weiß ich. Jedes andere Vorgehen würde zum völligen Misserfolg und zu einer Belastung unserer Beziehungen führen. Wir Deutschen sind die besten Garanten für Israel. Das weiß man in Jerusalem, das ist oft erprobt und oft bewiesen worden, und daraus kann man dann die richtige Politik ableiten. Wenn man zu etwas nichts sagt, heißt das ja noch nicht, dass man es deswegen toll findet oder dass man es unterstützt.

STERN Entschuldigen Sie, aber der beste Garant für Israel ist nicht Deutschland, sondern Amerika. So wird es auch in Israel gesehen. Das ist bei den jetzigen Streitigkeiten keine beneidenswerte Situation. Unterstützung für die Verteidigung und das Existenzrecht Israels, das ist selbstverständlich. Aber das sollte doch niemanden daran hindern, auf der anderen Seite klarzustellen, dass man sich um die Demokratie in Israel sorgt, dass man Diskriminierung, Verachtung und Vertreibung nicht nur aus moralischen Gründen verurteilt, sondern dass die israelische Regierung mit ihrer Politik gegenüber den Palästinensern die eigene Demokratie beschädigt.

FISCHER Sie haben recht, ich hätte «in Europa» hinzufügen müssen. Ich habe die Erfahrung gemacht, dass man als Deutscher in Israel sehr willkommen ist, wenn man bestimmte Dinge beherzigt, über die wir eben gesprochen haben. Und ich habe den Eindruck, daran hält sich auch die jetzige Bundesregierung, vor allen Dingen das Kanzleramt.

STERN Das weiß ich, und das weiß ich auch zu schätzen. Natürlich ist vieles eine Frage der Diplomatie. Sie reden von der Öffentlichkeit, Sie reden von der Tatsache, dass man den Israelis keine Leviten lesen darf als Deutscher – das sei kontraproduktiv. In Israel gibt es aber nicht nur Diskussionen über die Tagespolitik, sondern auch eine vehemente

Opposition gegen die ständige Überbewertung des Militärischen durch die jetzige Regierung. Man tut Israel unrecht, wenn man nur auf die Regierung schaut. Was ist zum Beispiel mit den Argumenten ehemaliger Kommandeure der israelischen Armee, die vor Präventivschlägen gegen den Iran warnen? Die innere Situation in Israel ist so komplex und so angespannt, das muss man sich nicht nur vergegenwärtigen, das muss man dem Land auch zugute halten.

FISCHER Israel befindet sich de facto im permanenten Kriegszustand. Ich bekam einmal von einer protestantischen Pastorin eine wunderschöne Führung durch Jerusalem, das Jerusalem des Urchristentums. Sie hatte Armverletzungen, und bei einer längeren Busfahrt zwischen zwei Besichtigungsstätten sagte sie mir, dass sie bei einem der ersten schweren Bombenattentate auf dem Markt in Jerusalem, ich glaube 1993, unter den Opfern war. Ich habe Jerusalem erlebt auf dem Höhepunkt der Terroroffensive, da waren wir mit einer Regierungsdelegation im King David Hotel fast ganz allein. Um halb acht Uhr abends waren die Straßen leer. Wir saßen noch mit Journalisten auf der wunderbaren Veranda vis-à-vis der Altstadt, und da hörtest du das tack, tack, tack, tack von Maschinengewehren und das Gewummere von Granatwerfern aus Richtung Bethlehem. Damals haben Eltern ihren Kindern nicht mehr erlaubt, in die Disco zu gehen. Im Sommer 2001 habe ich das Massaker am Dolphinarium, einer Diskothek am Strand von Tel Aviv, fast direkt mitbekommen; den Geruch von Blut am nächsten Tag werde ich nie vergessen. Wer das noch nicht erlebt hat, Anschläge mit so vielen Opfern, kann es nicht nachvollziehen. Was glauben Sie, was bei uns los wäre, wenn wir de facto mit der Bedrohung konfrontiert wären, dass man uns auslöschen will? Und das vor dem Hintergrund – das kommt ja noch hinzu! –, es wurde schon einmal versucht. Die Geschichte der Shoah ist bei all diesen Anschlägen präsent. Mir ist das klar geworden, als ich zum ersten Mal als Außenminister mit Bosniern zu tun hatte. Da stellte ich eine ähnliche Reaktion fest, wie ich sie bei israelischen Verantwortlichen finde. Ab einem bestimmten Punkt in der Debatte gucken die dich an, gucken durch dich hindurch, sagen ja, ja, und was du in ihren Augen liest, ist unmissverständlich: Du kannst uns erzählen, was du willst, du magst Recht haben, aber wir werden es kein zweites Mal zulassen, dass man unser Volk umbringt. Das habe ich in Israel so erlebt, und das habe ich bei den muslimischen Bosniern so erlebt.

STERN Für Israel ist die Shoah die Urkatastrophe, aber sie sollte uns ewige Mahnung sein und nicht Richtschnur für die Tagespolitik. Es gibt ein sehr umstrittenes Buch von einem ehemaligen israelischen Richter namens Burg, «The Holocaust is over», der die Position vertritt, dass der Holocaust nicht politisch instrumentalisiert werden soll. Joschka, ich will nicht missverstanden werden, ich kenne den Holocaust, aber kann man wirklich aus einem unsagbaren Verbrechen Leitsätze für Politik in ganz anderen Situationen gewinnen? Wird Israel damit nicht auch zum Opfer seiner eigenen Ängste? Aus solcher Sicht kommt auch der Schwur «Wir können uns nur auf uns selbst verlassen». Ist das wirklich die Lehre der israelischen Geschichte? Andererseits ist das Misstrauen Israels im Hinblick auf seine großmächtigen Feinde nachvollziehbar. – Ich frage mich, wenn es so ungeheuer schwer ist für Deutsche, Ratschläge zur Vernunft zu geben, ob es vielleicht auf europäischer Ebene leichter möglich wäre?

FISCHER Nein. Auf europäischer Ebene wäre es meiner Meinung nach noch sehr viel schwieriger, als es für uns Deutsche schon ist. Du musst die Lage kennen, du musst die Menschen kennen, und je mehr Israelis das Gefühl haben, der ist uns emotional zugetan, der versucht ernsthaft, uns zu verstehen, oder gar, der versteht uns, desto mehr ist möglich, auch und gerade für einen Deutschen. Wobei ich immer abraten würde, alles an die große Glocke zu hängen. Aber wenn du es tust, dann muss es gut überlegt sein, und dann hat es auch Wirkung. Also, je enger die Freundschaft, desto mehr Möglichkeiten. Das erfordert ein hohes Maß an Sensibilität und darf um Gottes willen nicht aufgeladen werden durch deutsche Identitätswünsche nach dem Motto «das muss man jetzt mal sagen dürfen». Da kann ich nur wiederholen: Außenpolitik nach Volkes Stimmung, das geht schief. Das Volk erwartet übrigens auch nicht, dass diejenigen, die es in die Regierung gewählt hat, nach Volkes Stimmung Außenpolitik machen, sondern das Volk erwartet, dass sie klug genug sind, zu wissen, was zu tun ist.

STERN Sie sagten vorhin, dass Kritik an Israel wegen der dortigen Innenpolitik so schwierig sei. Wenn Sie jetzt sagen, eine Regierung dürfe sich in der Außenpolitik nicht nach der Volksstimmung richten – und ich denke, das gilt in Israel genau so wie in Europa –, dann sehe ich da einen gewissen Widerspruch.

FISCHER Ben-Gurion hat das gemacht. Er hat, als er mit Adenauer die Beziehung eröffnete, nicht sehr viel auf die Stimmung in Israel gegeben, er hat sich einfach durchgesetzt.

STERN Ja.

FISCHER Aber das war David Ben-Gurion. Der Pater Patriae. Das war eine andere Gewichtsklasse, und die Lage damals war auch eine andere …

STERN Man braucht einen Ben-Gurion – oder einen de Gaulle.

FISCHER Rabin hätte es sein können.

STERN Ja, der war sehr nahe dran.

FISCHER Ich habe mit Scharon oft geredet. Ich habe ihn nicht überzeugt. Ich habe gesagt, Sie müssen jetzt den gleichen Mut haben, den General de Gaulle in Algerien hatte. Ich bin nach wie vor der Meinung, Scharon hätte nicht im Likud die Befragung machen sollen, sondern hätte den Mut haben müssen, als Premierminister eine Volksbefragung durchzuführen. Seine Reaktion war immer die gleiche: «You are a nice guy but you don't live here».

STERN Es geht nicht um nice guys und auch nicht um den Wohnsitz. Es geht darum, in einer verdammt schwierigen Situation auf wohlwollende und erfahrene Menschen zu hören, in Israel und außerhalb, die

die Sorge um Israel teilen und trotzdem – oder gerade deswegen – Kritik an der Regierung üben. Hört auch mal auf die Stimme von Leuten, die nicht hier leben, hätte ich Scharon geantwortet, das ist auch wichtig.

FISCHER Dann hätte er Sie angeguckt und hätte gesagt: Was weißt du schon von Arabern. Dream on. Den Blick habe ich oft genug gesehen. Ich hatte zu ihm eine sehr gute Beziehung, das hätte ich mir nie gedacht. Als ich ihn das erste Mal traf …

STERN Ist es nicht erstaunlich, dass Sie sich gerade mit ihm gut verstanden? Es muss da irgendeinen Schlüssel geben, dass man zu Leuten, die politisch eher im anderen Lager stehen, oft erstaunlich schnell Zugang findet. Was gab den Ausschlag im Fall Ihrer Beziehung zu Scharon?

FISCHER Das kann ich Ihnen sagen: Offenheit und Verlässlichkeit. Ariel Scharon hat nie ein Wort gebrochen, das er mir gegeben hat, nie.

STERN Und waren das wichtige Fragen?

FISCHER Das waren wichtige Fragen. Wenn er sagte, das machen wir, dann stand er dazu, selbst wenn es ihn sehr geschmerzt hat.

STERN Aber das ist doch ein Beispiel für das, was ich immerfort sage. Es müsste doch möglich sein, wenn das Grundvertrauen da ist …

FISCHER Es ist möglich …

STERN Und warum wird es dann nicht genützt?

FISCHER Fritz, es wurde doch versucht, auf der Grundlage der Politik, die wir für richtig befunden haben, das Maximum zu bewirken. Insofern ist das jetzt eine Debatte, die etwas über Kreuz ist. Sie verlangen mehr Druck auf Israel, damit die eine vernünftigere Politik machen. Hier bei uns kommt permanent die deutsche Identitätsfrage dazwischen, warum dürfen wir denen nicht endlich mal sagen, wie wir das wirklich sehen. Diese beiden Punkte muss man sehr klar auseinanderhalten.

STERN Ist ein nüchterner Blick nicht Vorbedingung für vernünftige Politik, bei aller Diplomatie und bei aller Zurückhaltung? Ob man auf Dauer gegen die Volksstimmung Politik machen kann, ist eine andere Frage.

FISCHER In einer so zentralen nationalen Frage, bei der es um die Identität von uns Nachkriegsdeutschen geht, muss man immer wieder versuchen, Stimmung in vernünftige Argumente zu transformieren. Und sehr vieles ist Stimmung. Wenn zum Beispiel diese Bilder im Fernsehen auftauchen – also Steine gegen Panzer –, dann hat der Panzer in der öffentlichen Meinung von vornherein verloren. Das ist die alte Geschichte von David und Goliath. Goliath ist der Panzer, und David ist der mit dem Stein.

STERN Ja, die Israelis waren David 1948 und vielleicht noch 1967, aber man kann nicht ewig David spielen und den Goliath an die Wand malen. Ganz bestimmt nicht, wenn man über sehr viel mehr verfügt als über Steine.

FISCHER Ich rede vom jetzigen Konflikt. Und davon, dass die Bilder oft lügen, dass sie zumindest nicht die Realität so widergeben, wie sie wirklich ist. Manche Aufnahmen sind auch gestellt, weil das Fernsehen nach solchen Bildern verlangt. Ich will hier keine Zweifel an meiner Haltung zu den Palästinensern aufkommen lassen, ich habe mich immer für die legitimen Interessen der Palästinenser und für ihren Wunsch nach einem eigenen demokratischen Staat eingesetzt, weil ich glaube, dass das im Interesse beider Völker liegt. Sie haben hier einen überzeugten Zweistaatler vor sich, der allerdings fürchtet, dass das historische Fenster dafür bald geschlossen ist.

STERN Ich bin auch ein Zweistaatler. Aber leider sind die Zweistaatler in Israel und in den meisten arabischen Ländern nicht an der Regierung. Wir sollten uns erinnern: Sowohl im Sechs-Tage-Krieg 1967 als auch sechs Jahr später im Jom-Kippur-Krieg genoss Israel weltweit immense Sympathie, in Deutschland dürfte die Zustimmung damals bei annähernd hundert Prozent gelegen haben. Das ist jetzt vierzig Jahre her. Seither hat die Sympathie für Israel kontinuierlich abgenommen. Warum? Da spielen die Siedlungspolitik und der kompromisslose Umgang mit den Palästinensern, denen man jede Hoffnung nimmt, dass es irgendwann zu einer Lösung kommen könnte, eine ganz große Rolle. Und am Rande gefragt: Die Araber innerhalb Israels, werden die denn eigentlich demokratisch behandelt? Joschka, ich will nicht missverstanden werden. Ich selber war ganz begeistert von der Gründung des Staates, erstaunt über die großen Leistungen der Israelis beim Aufbau des Staates, enttäuscht, wie Likud-Regierungen so viel verspielt haben. Aber auch: die Lage Israels umgeben von mehr oder weniger radikalen Feinden ist jetzt ungemein schwierig.

FISCHER Sie treffen den Punkt. Die Israelis sind der Ansicht, die Palästinenser behandeln sich untereinander um vieles schlimmer, als sie das tun. Sie gehen lieber zu einem israelischen Gericht, wenn sie eine Appellation haben, als zu einem palästinensischen Gericht. Man will als Palästinenser auch nicht in eine palästinensische Haftzelle geraten, schon gar nicht, wenn man der falschen Seite angehört. Dennoch – ohne eine Zweistaatenlösung werden die Demokratie und der Rechtsstaat schweren Schaden nehmen.

STERN Aber, Joschka, würden Sie bestreiten, dass viele in Israel die Palästinenser lieber weiter rauswerfen und den Staat bis zur Grenze am Jordan erweitern würden?

FISCHER Es gibt auf der israelischen Rechten sicher den Traum, eines Tages sind die alle in Jordanien, Jordanien wird der Palästinenserstaat. Diese Option ist aber seit den achtziger Jahren, als Jordanien die Westbank aufgegeben hat, eine pure Illusion. Aber genauso träumen einflussreiche Gruppen bei den Palästinensern, dass sie eines Tages die Israelis so weit haben, dass sie gehen. Sie kämpfen um ganz Palästina, auch um Jaffa und Haifa.

STERN Ja, aus Haifa rauswerfen.

FISCHER Ich glaube nicht, dass sie noch so irrealistisch sind und an ein Rauswerfen glauben. Israel ist militärisch einfach zu stark. Es geht eher um eine Abnutzungsstrategie mit dem Ziel, dass die Israelis irgendwann erschöpft die Segel streichen und gehen.

STERN Ja. Übrigens ist es nicht völlig irrelevant zu sagen, dass ein Teil der Elite von Israel jetzt schon auswandert oder zumindest einen zweiten Pass haben will, um jederzeit rauszukommen.

FISCHER Der Kern des Problems ist es, dass auf beiden Seiten relevante Gruppen den Frieden blockieren. Das muss keine Mehrheit sein; schauen Sie sich die Provisional IRA in Nordirland an, eine relativ kleine Gruppe, oder die ETA, eine noch kleinere Gruppe. Aber wenn die Ängste und Traumata einer Nation in einer solchen sehr aktiven Minderheit gleichsam fokussiert werden, dann kann das auch eine mehrheitsfähige Lösung zum Entgleisen bringen. Ich bin überzeugt, dass die Mehrheit der Israelis eine Zwei-Staaten-Lösung möchte, aber genauso fürchtet sich die Mehrheit der Israelis vor einer Wiederkehr des Terrors, den sie auf keinen Fall will.

STERN Das ist richtig. Und deshalb sollte man versuchen, die Israelis mit vernünftigen Argumenten zu unterstützen.

FISCHER Ich sehe im Moment, ehrlich gesagt, außer Management des Konflikts keine wirklich ernsthafte Option. Ich glaube, dass selbst eine linke, von Meretz gestellte Regierung in diesen Fragen, die wir gerade diskutieren, gar nicht sehr anders handeln könnte. Auf der anderen Seite sieht es genauso aus, und auf beiden Seiten heißt es, wir waren uns doch schon einmal so nahe, aber dann ging es nicht weiter. Je näher man sich kam, je mehr man den trennenden Graben verengte, desto mehr ging der Druck in die Tiefe, der Graben wurde immer schmaler und zugleich immer tiefer. Beide Seiten wissen heute doch ganz genau, wie ein Friedensvertrag aussehen müsste, damit er für beide Seiten in den Details noch akzeptabel wäre, aber die

Kluft ist dennoch sehr tief. Letztendlich ist der Druck nur verformt worden.

STERN Mit Sadat hat es doch auch geklappt ...

FISCHER Das war Staat gegen Staat. Israel hatte erstens keine wirklichen Gebietsansprüche an Ägypten und zweitens jedes Interesse daran, mit Ägypten einen Ausgleich zu finden. Von Ägypten ging die entscheidende strategische Bedrohung auf der staatlichen Ebene aus, und um diese Hauptbedrohung zu neutralisieren, war Israel zu vielem bereit. Sadat hat dafür allerdings mit seinem Leben bezahlt.

STERN Rabin später auch.

FISCHER Ja, das muss man ehrlicherweise sagen. Aber mit den Palästinensern ist die Lage halt völlig anders. Zwei Völker kämpfen um dieselben Quadratmeter Land, das zudem historisch und religiös symbolisch hoch aufgeladen ist. Und wie mein Freund Jossi Beilin, der für die Regierung Rabin in Oslo verhandelte, zu Recht sagte: Beide haben zu hundert Prozent Recht und zu hundert Prozent Unrecht, das macht die Tragödie aus. Keiner von beiden denkt im Moment daran, einen historischen Kompromiss anzustreben.

STERN Ich glaube, Sie haben mich vorhin etwas missverstanden in der Frage des deutschen Drucks auf Israel. Ich möchte dazu gern zwei Bemerkungen machen. Zum einen soll der nichtöffentliche Druck, so wie Sie ihn ausgeübt haben, aufrechterhalten werden, und zwar sowohl auf diplomatischem Weg als auch privat. Was Sie von Scharon berichtet haben, dass er sich an ein Ihnen gegebenes Wort immer gehalten hat, ist ermutigend. Zum anderen scheint klar, dass es im Augenblick keinen Zweck hat, bei den Israelis auf eine Zwei-Staaten-Politik zu drängen, da gebe ich Ihnen hundertprozentig Recht. Dennoch halte ich es für dringend geboten, den Israelis immer wieder zu sagen, dass sie weitere Verluste an Sympathie und Anteilnahme in Europa und auch in Deutschland riskieren und dass ihnen das schadet.

FISCHER Dazu zwei Antworten. Erstens ist mein Eindruck, dass die Kanzlerin genau das getan hat …

STERN Erfolglos. Aber nicht ihre Schuld.

FISCHER Ja sicher, Erfolg ist nie garantiert. Und meine zweite Antwort ist eine rhetorische Frage: Was tun eigentlich die Amerikaner?

STERN Für die Amerikaner ist das Israel-Problem noch schlimmer, noch schwieriger wegen der Innenpolitik. Die Obama-Opposition wird jede falsche Bewegung sofort ausnutzen.

FISCHER Meine Rede, Fritz: Es ist die Innenpolitik.

STERN Aber natürlich ist Ihre Frage völlig berechtigt, und ich fürchte, ich kann Ihnen nur antworten, die Amerikaner tun wenig.

FISCHER Nun, sie mögen sich nicht besonders, Obama und Netanjahu.

STERN Das ist gar keine Frage. Wie sich Netanjahu in New York gegenüber dem amerikanischen Präsidenten benommen hat, ist meines Erachtens unverzeihlich. Und wie er sich in den letzten Wochen in den amerikanischen Wahlkampf eingemischt hat, ist schamlos.

FISCHER Das entscheidende Versäumnis liegt meiner Meinung nach gut zehn Jahre zurück. George W. Bush hat nach dem 11. September eine riesige Chance im Nahostkonflikt vertan. Er hätte Scharon und Arafat nach Washington einladen sollen ins Weiße Haus – ohne Berater – und hätte denen sagen sollen, hört zu, entweder einigt ihr euch jetzt, oder ich erzwinge eine Einigung. Denn ab sofort geht es nicht mehr nur um euch beide, um Israel und Palästina, sondern um die nationale Sicherheit der Vereinigten Staaten von Amerika. Und was ich jetzt erwarte, ist, dass wir gemeinsam eine Lösung finden, damit wir Amerikaner uns anschließend auf das Wesentliche konzentrieren können, nämlich auf die Abwehr des terroristischen Radikalismus, der für den 11. September verantwortlich ist.

STERN Bush wollte das nicht. Wahrscheinlich fehlten ihm die nötigen Instinkte. Ich glaube, Sie überschätzen seine außenpolitischen Kompetenzen.

FISCHER Vermutlich. Aber das war eines dieser historischen Fenster, wo übergeordnete Interessen der globalen Supermacht USA mit völlig legitimen, nicht an den Haaren herbeigezogenen Gründen hätten durchgesetzt werden können. Völlig legitim, das hätte den Unterschied gemacht zu dem, was stattdessen kam. Eine Einigung im Nahostkonflikt hätte Auswirkungen gehabt auf den gesamten Nahen Osten. An Bushs Stelle hätte ich gesagt: Amerika steht für Demokratie und die legitimen Rechte aller Völker im Nahen Osten, das haben wir bewiesen durch die Lösung des Nahostkonflikts. Dann wäre ihm Saddam wie eine reife Frucht von selbst eines frühen Tages in den Schoß gefallen. Aber offenbar konnte sich niemand in Washington eine kluge amerikanische Strategie vorstellen, die die gesamte Region verändert hätte. Die Lösung des Nahostkonflikts war der Schlüssel. Und der amerikanische Präsident wäre in der damaligen Situation innen- wie außenpolitisch politisch in einer so starken Position gewesen, dass er sich davor hätte nicht fürchten müssen, das ist meine Meinung.

STERN Es war ihm fremd, so etwas zu machen. Innenpolitisch war es enorm schwierig. Außerdem braucht man dazu eine gewisse Vorstellungskraft, und unter seinen Beratern war, vorsichtig ausgedrückt, keiner, der ihn in dieser Richtung ermutigt hätte.

FISCHER Die konnte man vergessen.

STERN Und ob!

FISCHER Wenn ich mir in meinem Terminkalender die ersten Tage nach dem 11. September anschaue, ist klar, dass der Nahostkonflikt für mich von Anfang an die zentrale Rolle spielte. Mit Arafat, mit Peres, mit Scharon, mit Nabil Schaath, dem palästinensischen Minister, mit Jossi Beilin, ich weiß nicht, mit wem alles ich damals telefoniert habe, um sie davon zu überzeugen, dass das jetzt die Chance zur Lösung ist. Aber bei den Amerikanern, da hätte ich auch die Wand ansprechen können.

STERN Für die Amerikaner war al-Qaida für den 11. September verantwortlich, und dieses Problem hatte mit Israel und den Palästinensern nichts zu tun.

FISCHER Richtig. Al-Qaida hatte mit dem Nahostkonflikt wirklich nichts zu tun, das war eher ein saudischer Revolutionsexport.

STERN Al-Qaida war die Gegnerschaft gegen die Säkularisierung. – Trotzdem wurde damals eine große Chance vertan, da stimme ich vollkommen mit Ihnen überein. Denn auch wenn der 11. September und der Nahostkonflikt ursächlich nichts miteinander zu tun hatten, hat sich die Situation für Israel seither dramatisch verändert. Seit einigen Jahren reden wir, wenn wir über Israel reden, nicht mehr über den Konflikt zwischen Israel und den Palästinensern, sondern über Israel als Teil eines gesamtregionalen Konflikts. Ich sehe das Problem in erster Linie aus der amerikanischen Perspektive. Natürlich gibt es verschiedene Israels, und leider ist das gute Israel, wenn ich so sagen darf, seit Rabins Ermordung 1995 auf dem Rückzug. Den wachsenden Einfluss des jetzigen Israels auf die amerikanische Politik sehe ich mit umso größerer Sorge. Man macht sich in Europa kaum eine Vorstellung, mit welch brutalen politischen Mitteln und mit wie viel Geld angebliche Freunde Israels versuchen, die amerikanische Politik zu beeinflussen. Die enge Verbindung zwischen dem Rechtsradikalismus in Amerika und der jetzigen israelischen Regierung von Netanjahu ist erschreckend. In Wirklichkeit sind die Neokonservativen nicht die Freunde, fürchte ich, sondern eher die Totengräber von Israel.

FISCHER Sie haben die Veränderungen in der gesamten Region angesprochen. Darauf will ich gern eingehen. Der Nahostkonflikt steht nicht mehr im Zentrum, sondern das Zentrum ist Richtung Persischen Golf gewandert. Heute überlagert der Hegemonialkonflikt mit dem Iran alles andere. Hinzu kam mit der Arabellion eine völlig neue Situation in wichtigen Anrainerstaaten des Mittelmeers. Daraus ergibt sich die Frage nach der Zuordnung des Nahostkonfliktes. Ich sehe nicht, dass es im Konflikt zwischen Israel und den Palästinensern, Israel und den Arabern, kurzfristig zu einer Lösung kommt.

STERN Sie wird immer unwahrscheinlicher.

FISCHER Ich würde sogar so weit gehen, zu behaupten, dass eine Zwei-Staaten-Lösung kaum noch möglich ist, wahrscheinlich ist sie schon gescheitert. Wenn eine Zwei-Staaten-Lösung nicht mehr möglich ist, bedeutet das letztendlich einen binationalen Staat Israel. Das habe ich, wie ich meine, schon Anfang der neunziger Jahre zu Netanjahu gesagt, als ich ihn zum ersten Mal traf – er war Oppositionsführer des Likud, ich war damals als Landesminister zum ersten Mal in Israel. Netanjahu sprach über Judäa und Samaria, also die Westbank, und meinte, das alles sei nicht rückgängig zu machen. Nachdem ich ihm länger zugehört hatte, habe ich zu ihm gesagt, Herr Abgeordneter, was ich gerade gehört habe, bedeutet, dass Sie einen binationalen Staat für Israel wollen. Das hat er zwar abgestritten, aber in der Konsequenz heißt es das. Ob ein binationaler Staat für Israel gut ist, das wage ich jedoch zu bezweifeln …

STERN Das ist bestimmt nicht gut für Israel.

FISCHER Man darf allerdings nicht nur die israelische Rechte verantwortlich machen, man muss auch die andere Seite sehen. Die israelische Linke ist ja nicht an ihrer eigenen Unfähigkeit gescheitert. Sondern sie hat gesagt, die Rechte hat eine klare Position, nämlich durch Gebietsgewinne die Sicherheit zu verbessern, historische Ansprüche durchzusetzen und ansonsten die Strategie des Iron Wall zu verfolgen, wie es Jabotinsky, der Führer der zionistischen Revisionisten, lange vor der Staatsgründung formuliert hat. Die israelische Linke hat gesagt, nein, wir werden mit den Palästinensern verhandeln, und dann werden wir uns einigen. Es hat die israelische Linke zerstört, dass es dazu nicht gekommen ist. Man muss also auch den palästinensischen Anteil an dieser tragischen Geschichte sehen. Faktisch hat die israelische Linke mit dem Scheitern der Verhandlungsstrategie keine Alternative mehr zur Rechten, und das macht sie so schwach.

STERN Das ist ganz richtig. Ich habe mich mit den frühen Kämpfen innerhalb des Zionismus beschäftigt. Da gab es den erbitterten Kampf zwischen dem anglophilen Chaim Weizmann und den Revisionisten und den schon damals existierenden Terroristen um Jabotinsky.

FISCHER Jedes Mal, wenn die israelische Linke, ob unter Rabin oder später unter Peres oder Barak, versucht hat, einen Schritt in Richtung Palästinenser zu machen, sind sie letztendlich am Terror gescheitert. Es war ja einfach, israelische Wahlergebnisse zu beeinflussen, denn auf eine Bombe in einem Busbahnhof oder in einem Bus reagierte die israelische Öffentlichkeit so, wie es absehbar war, indem sie weiter nach rechts rückte. Das darf man bei der ganzen Sache nicht vergessen.

STERN Völlig richtig. Trotzdem ist es besser, Gesprächsbereitschaft zu signalisieren und Gespräche nicht in geradezu demonstrativer Weise auszuschließen. Das tut Netanjahu.

FISCHER Als Netanjahu zum zweiten Mal gewählt wurde, war mir klar, dass für ihn die Koalition Priorität haben wird und nicht der Friedensprozess. Seine erste Amtszeit als Premierminister ist gescheitert – das vergessen die meisten –, weil er 1998 durch die direkten Verhandlungen in Wye River Plantation, Maryland, einen Vertrag mit den Palästinensern geschlossen hat. Das hat Scharon damals genutzt, um ihm zuerst den Parteivorsitz im Likud und dann auch das Amt des Premierministers zu nehmen. Aus meiner Sicht war deshalb klar, dass Netanjahu beim zweiten Mal denselben «Fehler» unter keinen Umständen wiederholen wird.

STERN Durch den Koalitionsbeitritt von Kadima hat er eigentlich eine große Koalition, jedenfalls ist er in einer komfortableren Situation als in einer Koalition mit den Ultrarechten. Aber auch diese Koalition ist inzwischen gescheitert.

FISCHER Jedenfalls wird er keine ernsthaften Verhandlungen mit den Palästinensern beginnen. Dazu ist auch die Situation auf der anderen Seite im Moment viel zu unsicher. Die Palästinenser befinden sich in einem kalten Bürgerkrieg, gespalten zwischen Hamas und Fatah. Die Hamas steht unter dem Druck, vom bewaffneten Kampf weg und hin zu einer gewaltfreien Politik zu kommen, weil die Wahlerfolge der Muslimbrüder in Ägypten und Tunesien eine solche Strategie nahelegen. Im Übrigen wird die Hamas, wenn sie weiter auf den Iran setzt, große Probleme bekommen; sie muss wieder in die sunnitische Mehrheit zurückfinden. All das zeigt, dass die Arabellion für Hamas alles andere als einfach ist. Die Fatah hat ein Riesenproblem mit Korruption, ihre Vertreter wirken abgehoben, nicht wirklich verankert in der Bevölkerung, gehören zum untergehenden Lager der arabischen Nationalisten. Die Faktoren in diesem Konflikt sind also gegenwärtig sehr statisch: Israel wird sich nicht wirklich bewegen, die beiden Palästinenserseiten sind mit sich beschäftigt, und viel Druck aus Amerika wird auch nicht kommen.

STERN Kann nicht kommen, auch wegen des Drucks innerhalb Amerikas.

FISCHER Also, Fritz, die These, dass die Demokraten groß Rücksicht nehmen müssten auf AIPAC (American Israel Public Affairs Committee), die teile ich nicht. Die Mehrheit, ich glaube, 70 oder 80 Prozent der jüdischen Wählerschaft, wählt demokratisch. Und zwar nicht wegen der Israel-Politik der Demokraten, sondern weil ihre ganze Wahlorientierung seit Generationen überwiegend liberal ist. Und daran wird auch AIPAC nichts ändern. Aber natürlich verfügen die großen jüdischen Organisationen in Washington über einen erheblichen Einfluss.

STERN Und zwar einen sehr fatalen Einfluss. Ich glaube nicht, dass es noch eine so eindeutig liberale Orientierung bei den jüdischen Wählern in Amerika gibt. Und es gibt natürlich die Multimillionäre wie Adelson und die Koch-Brüder, die enorme Summen gegen Obama reinwerfen. Was Geld im amerikanischen Wahlkampf anlangt, ist der jüdische Einfluss freilich nur *ein* Faktor in einer unheilvollen Geschichte.

FISCHER Jein. Man muss in Rechnung stellen, dass hinter allem nicht nur eine tiefe Sorge um die Zukunft Israels steckt, sondern auch das Trauma der vierziger Jahre. Die Repräsentanten der großen jüdischen Verbände, die von der Shoa wussten, haben vom Präsidenten verlangt, dass die Züge in die Vernichtungslager bombardiert werden. Die offizielle Position des Weißen Hauses war, das Beste, was wir tun können, ist, den Krieg so schnell wie möglich zu beenden, und das Hinterland im Osten ist nicht von kriegsstrategischer Bedeutung. Dieses Trauma, so ist mein Eindruck aus Diskussionen mit führenden Repräsentanten großer amerikanischer jüdischer Organisationen, sitzt sehr, sehr tief. Und da beginnt dann der Streit, was heute das Richtige ist.

STERN Da muss ich, glaube ich, eine Kleinigkeit korrigieren, denn das Trauma sitzt eigentlich viel tiefer. Die großen jüdischen Organisationen haben nämlich erst einmal gar nicht an die Shoah geglaubt, als sie die ersten Nachrichten erhielten. Dann haben sie wenig unternommen und waren sehr zögernd. Den Druck, die Züge zu bombardieren, gab es erst relativ spät. Die Passivität von damals, die in gewisser Weise sogar verständlich war, wird von den jüdischen Organisationen in Amerika heute also eher als eine schwere Hypothek gesehen.

FISCHER Da sind wir gar nicht auseinander. Denn unter dem Strich heißt das für die jüdischen Organisationen in Amerika: In eine solche Situation der Schwäche, wenn es um Israel geht, wollen wir nie wieder kommen.

STERN Okay. In dem, was Sie über den gegenwärtigen Zustand des Nahostkonflikts gesagt haben, pflichte ich Ihnen im Prinzip bei. Die Gefahr, auf die ich noch einmal hinweisen möchte, ist die, dass Israel durch seine Siedlungspolitik die Sache täglich schlimmer macht und dadurch auch seine eigene Demokratie gefährdet. Gegen eine Siedlungspolitik, die durch entsprechende Gesetzesänderungen forciert wird, sind auch die Gerichte machtlos, und das führt dazu, dass die

Demokratie in Israel schrittweise unterhöhlt wird. Leider ist die Zustimmung zu Methoden, die weder legal noch human sind, innerhalb Israels anscheinend sehr groß. Das ist bedrückend.

FISCHER Ja, ich glaube, die Siedlungspolitik ist ein ganz großer Fehler und erschüttert die Legitimation von Israel auch international. Die internationalen Bedingungen verändern sich ja nicht zu Gunsten Israels. Wenn wir über die globalen Veränderungen sprechen, sehen wir eher eine relative Schwächung der USA im Verhältnis zu aufsteigenden neuen Mächten, die über eine andere Interessenlage und andere Bindungen verfügen und daher auch eine andere Politik verfolgen werden. Aus meiner Sicht wäre es daher das oberste Interesse Israels, möglichst schnell zu festen Grenzen zu kommen, und das heißt, zu klären, wo endet Israel und wo beginnt Palästina, wo beginnen die anderen Nachbarstaaten.

STERN Mit jedem Tag, an dem sich in dieser Frage nichts tut, wird die Lage in Israel schlimmer. Ich frage mich manchmal, ob das, was da durch die Siedlungspolitik an Fakten geschaffen wurde, überhaupt noch reversibel ist. Sie sagten ja eben selber, dass die Zwei-Staaten-Lösung möglicherweise schon gescheitert ist.

FISCHER Es wird immer unwahrscheinlicher, das ist der Punkt.

STERN Sie haben Recht, dass man auf die Araber einwirken muss, aber diejenigen, die im Augenblick die Lage verschlimmern, sind diejenigen, die die Siedler zu immer neuen Projekten ermutigen.

FISCHER Wie gesagt, Fritz, ich kenne einfach beide Seiten zu gut, und ich sehe keine Friedensbereitschaft auf beiden Seiten. Das ist der eigentliche Punkt. Ich kann mich nur wiederholen: Beide Seiten wissen, wie ein Frieden aussieht, die Experten können ein solches Papier innerhalb von 24 Stunden produzieren, aber auf beiden Seiten gibt es die Bereitschaft nicht.

STERN Aber ich rede hier vom Status quo, so wie er jetzt existiert. Und der wird immer weiter unterminiert, indem brutale Veränderungen durchgeführt werden, die außerdem noch die eigene Demokratie gefährden.

FISCHER Wenn Israel am Status quo festhält, was es tut, ist das Risiko, dass die Legitimationsgrundlagen und damit auch die Machtgrundlagen erodieren, sehr, sehr groß. Das macht auch den tiefen Pessimismus vieler meiner jüdischen Freunde aus, die das ähnlich sehen. Wir haben in dieser Diskussion viel «hätte», «würde», «könnte». Aber Eines ist auch klar: Mit einem Staat Israel hätte es die Shoah in dieser Form und in diesem Ausmaß nicht gegeben. Wenn es Israel schon gegeben hätte in der ersten Hälfte der vierziger Jahre, wäre die europäische Judenheit nicht in dieser tragischen Einsamkeit ihren Mördern ausgeliefert worden, wie das der Fall war. Ich glaube, dass ein Staat Israel, der eine solche Bedrohung auf eine große jüdische Minderheit hätte zukommen sehen, alles in Bewegung gesetzt hätte …

STERN Das ist nun wirklich hypothetisch. Ich kann Ihnen auch Stimmen zitieren aus dem damaligen Mandatsgebiet Palästina, die gesagt haben, wenn die Juden nicht nach Palästina kommen, dann ist es uns egal, was in Europa mit ihnen passiert.

FISCHER Lassen Sie uns über die dynamischen Faktoren reden, darüber, wie wieder Bewegung in diese Sache kommen kann. Was ich im Nahostkonflikt gelernt habe, ist, dass du nie weißt, was hinter der nächsten Ecke kommt. Da kann ein Krieg lauern oder eine ernsthafte Friedensinitiative. Also es ist ein unheiliges Heiliges Land, in dem immer alles möglich ist. Die dynamischen Faktoren im Moment liegen in der arabischen Veränderung. Wie auch immer dieser historische Prozess ausgehen wird, eines kann bereits heute festgestellt werden: Der Geist der Arabellion ist nicht mehr in die Flasche zurückzubringen, und selbst wenn es autoritäre oder semiautoritäre Regime geben wird, werden sie niemals mehr wie das Regime von Mubarak oder Ben Ali unabhängig von der Mehrheitsmeinung der Bevölkerung möglich sein, sondern auf diese Rücksicht nehmen müssen. Zum andern hat der demokratische Input über einen friedlichen

Massenprotest seine Wirksamkeit gezeigt, auch das würde ich nicht unterschätzen. Die arabische Welt hat sich auf den Weg ins 21. Jahrhundert gemacht, auch das ist nicht mehr zu bremsen. Die Arabellion ist ein dynamischer Faktor, den man gar nicht hoch genug veranschlagen kann für eine sich verändernde Region, in der Israel im Moment relativ wenig oder kaum Bewegung zeigt, sondern sehr statisch die Dinge beobachtet. Ob das klug ist, da darf man mehr als ein Fragezeichen setzen. Der zweite dynamische Faktor ist Iran, der Kampf um den Golf und der Kampf um die regionale Hegemonie. Und da ist jetzt ein dritter Faktor aufgetaucht, nämlich die sunnitische Türkei unter Erdogan. Das heißt, die Region wird zunehmend strukturiert und dominiert werden durch diesen neuen regionalen Zentralkonflikt – das würde ich nicht unterschätzen. Die Türkei wird der dynamische Faktor auf sunnitischer Seite werden. Der Hegemonialkonflikt zwischen Türkei und Iran (oder Persien, wenn man es so nennen will) wird die Zukunft bestimmen. Die Regierung Obama legt heute schon mehr Wert auf die Beziehungen zur Türkei als zur EU, wenn es um diese Region geht, Washington sieht in der Türkei den großen Spieler in der Region und nicht Europa.

STERN Das Verhältnis zur Türkei ist für Israel zweifellos wichtig. Seit der Militäraktion gegen türkische Hilfsschiffe für Gaza ist es nicht unbedingt besser geworden.

FISCHER Das Schiff war nur der Anlass. Die Türkei hat sich damals im Rahmen ihrer neoosmanischen Außenpolitik für ein Bündnis mit der arabischen Welt und gegen Israel entschieden. Im Grunde genommen hat Erdogan einen klassischen Wechsel der Allianzen vorgenommen, und dazu wäre es auch ohne diesen Zwischenfall gekommen.

STERN Sie sprechen hier von den dynamischen Faktoren im Nahen Osten, von verschiedenen Konfliktherden, von Ordnungsmächten und wechselnden Allianzen und lassen die unmittelbar drohende Gefahr beiseite: die nukleare Aufrüstung des Iran und die Möglichkeit, dass Israel präventiv dagegen vorgehen wird.

FISCHER In dieser Region gibt es fast nur nicht auflösbare Widersprüche. Was den Iran betrifft, gibt es realistischerweise nur schlechte Lösungen. Ich habe überhaupt keinen Zweifel, dass es das eigentliche Ziel der Iraner ist, Nuklearmacht zu werden. Ich habe mit ihnen verhandelt. Der Nahe Osten würde in einen nuklearen Rüstungswettlauf geraten, und dadurch würde sich die Sicherheitslage Europas fundamental verändern. Eine Nuklearmacht Iran hätte weitgehende, auch globale Auswirkungen. Und es würde den Atomwaffensperrvertrag endgültig zum Einsturz bringen, denn wenn der Iran damit durchkäme, wäre klar, dass auch kleine und mittlere Mächte nuklear aufrüsten, und das würde eine andere Welt bedeuten.

STERN Ich glaube nicht, dass mit militärischen Mitteln, sprich Luftangriffen, der Iran auf die Dauer daran gehindert werden kann, Nuklearmacht zu werden. Aber Netanjahu mag einen Versuch machen, in dem Glauben, dass es mehr als ein Versuch ist.

FISCHER Es wird keine einsame Entscheidung von Benjamin Netanjahu sein. Im israelischen Kabinett sitzen mehrere ehemalige Generalstabschefs der israelischen Armee; deren Unterstützung, vor allem die von Ehud Barak, wird er brauchen. Das Worst-Case-Szenario, das aber durchaus realistisch ist, wäre, dass der Iran angegriffen wird, daraufhin eine nur schwer kontrollierbare militärische Eskalation im Nahen Osten stattfindet und der Iran, voll legitimiert als angegriffenes Opfer, eine Abkürzung zur eigenen Nuklearwaffe findet.

STERN Aber was ist das für eine Abkürzung? Wie soll das gehen? Ich meine, wenn sie einen kürzeren Weg wüssten, würden sie ihn doch jetzt schon gehen.

FISCHER Nein. Denn wenn sie gezwungen werden, diesen Weg zu wählen, dann würde man sehr schnell erkennen, was sie bereits haben und wie weit sie tatsächlich sind. Es kann also sehr gut sein, dass man am Ende Chaos plus Nuklearmacht hat.

STERN Wie sähe denn das Chaos aus?

FISCHER Nun, der Iran wird versuchen zurückzuschlagen, wenn er angegriffen wird. Es wird keine nukleare Konfrontation geben, sondern der Iran wird vor allen Dingen asymmetrisch zurückschlagen. Aber das ist alles Spekulation, die ich gar nicht weiter ausmalen möchte. Ich will nur festhalten, dass ich bezweifle, dass es eine ernsthafte militärische Option gibt. Insofern ist das, was die Mächte gegenwärtig tun, sehr vernünftig. Die Sanktionen, vor allen Dingen die Maßnahmen, die dazu dienen, den Iran von den internationalen Zahlungsmechanismen zu isolieren, sind sehr wirksam. Allerdings reichen diese Sanktionen nicht aus, wenn die Führung entschlossen ist, die Nuklearwaffe zu entwickeln, sie tatsächlich daran zu hindern.

STERN Der ehemalige Chef des Mossad und der ehemalige Chef des Shin Beth sind beide gegen eine Militäraktion.

FISCHER Und das wiegt schwer, weil die beiden sich genau auskennen. Auf der anderen Seite werden Netanjahu und Barak sicher nicht die beiden sein wollen, von denen es am Ende heißt, dass sie nichts gemacht haben und dass sie schuldig sind vor der Geschichte Israels und des jüdischen Volkes. Die werden nicht da sitzen und nichts tun.

STERN Aber ist es eine einseitige israelische Entscheidung?

FISCHER Da kann ich nur spekulieren. Ich kann mir eigentlich nur schwer vorstellen, dass die Israelis ohne amerikanische Rückversicherung handeln werden und können.

STERN Da stimme ich Ihnen zu. Und ich glaube nicht, dass es zu einer amerikanischen Deckung unter dem jetzigen Präsidenten kommt. – Das bringt mich zu einer Frage, die ich längst loswerden wollte und die an den Anfang unseres Gesprächs über Israel zurückführt. Im Sommer 2000 wäre niemand auf die Idee gekommen, sich in die Verhandlungen zwischen Palästinensern und Israelis einzumischen, das war bei Clinton in Camp David sozusagen in guten Händen. Nur drei Jahre später starten dann unter Ihrer Führung die Europäer eine Initiative. Sie fliegen nach Teheran …

FISCHER Auf die Idee käme heute niemand mehr, so etwas mit der Bundesregierung zu machen.

STERN Und plötzlich steht der deutsche Außenminister im Nahen Osten im Mittelpunkt von Friedensgesprächen. Manche sahen das damals kritisch: Was hat denn der Fischer jetzt da unten verloren, da kann er sich doch nur die Finger verbrennen als Deutscher.

FISCHER Überhaupt nicht. Dahinter stand eine sehr rationale Überlegung: Wir wollten nicht noch einmal in eine Situation wie im Irak laufen. Deshalb haben wir gemeinsam mit den Briten und Franzosen gesagt, lasst uns mal explorieren, ob es Sinn machen könnte, mit den Iranern zu verhandeln, und dabei stellten wir fest, dass es eine iranische Bereitschaft gab, einen Verhandlungsprozess zu organisieren.

STERN Darauf wollte ich hinaus: Wenn schon die Amerikaner nichts tun und die Israelis nichts tun – in beiden Fällen liegt es an der Innenpolitik, wie wir festgestellt haben –, dann müssten eigentlich dank ihrer guten Beziehungen nach beiden Seiten die Deutschen und ihre europäischen Freunde noch einmal aktiv werden. Das ist, was ich vermisse.

FISCHER Die damalige Regierung Schröder hat eine ambitionierte Außenpolitik betrieben, und wir waren bereit, uns im Kreis unserer Bündnispartner zu engagieren. Wir galten – und gelten noch immer, nach den USA – als engster Verbündeter Israels in der Welt, und wir hatten damals unsere beiden wichtigsten europäischen Partner an unserer Seite, Großbritannien und Frankreich. Ganz klar, ich würde es heute noch mal so machen.

STERN Ja, aber davon sind wir heute weit entfernt.

FISCHER Aber das liegt ausschließlich an uns selbst, an den Deutschen. Die Libyenentscheidung war eine fatale Fehlentscheidung, das muss man einfach sehen. Es hat doch da niemand von Deutschland Großes erwartet; wir waren im Rahmen einer NATO-Mission sogar präsent vor Ort mit Schiffen, da hätte man sagen können, okay, das ist unser Beitrag. Stattdessen eine so fatale Fehlentscheidung. Heute wundert man sich ja fast schon, dass die Deutschen bei den Fünf-plus-eins-Gesprächen mit dabei sind – warum die Deutschen, fragen viele, keiner versteht es mehr.

STERN Ja, eine Fehlentscheidung, aus der man hätte lernen können. Das Beispiel Syrien ist aber alles andere als ermutigend.

FISCHER Syrien ist Teil der Gleichung, weil dort die Türkei als direkter Nachbar betroffen ist. Die Türkei ist die einzige Macht, die etwas machen kann, wenn man in Richtung militärischer Intervention denkt. Und die auch etwas machen muss, wenn es zu einer nachhaltigen Destabilisierung der Sicherheitslage für die Türkei kommt. Die Türken haben dort sehr starke Interessen. Aber Syrien ist natürlich auch für den Iran von ganz entscheidender Bedeutung. Sollte Syrien für den Iran verloren gehen, wäre der Iran isoliert, dann hätte er bis auf die Hisbollah im Libanon und den Irak alle arabischen Bündnispartner verloren. Und die Hisbollah im Libanon wäre ebenfalls isoliert, weil der ganze Nachschub durch Syrien geht.

STERN Die Wahrscheinlichkeit, dass Amerika, nach Irak und Afghanistan, noch einmal interveniert, ist nicht sehr groß, obwohl bekannte Neokonservative immer noch dafür plädieren.

FISCHER Eine Intervention in Syrien birgt sehr große Risiken, für alle, auch für die Türkei. Deswegen glaube ich nicht an eine schnelle Entscheidung. Allerdings bergen die syrischen Chemiewaffen ein sehr großes Risiko. Damit kann man einen großen Nahostkrieg beginnen oder eine Intervention erzwingen. Sollte die Gefahr bestehen, dass diese Waffen eingesetzt werden oder in die falschen Hände geraten, müssten die USA sofort militärisch eingreifen. Übrigens ein weiteres Beispiel dafür, wie unverzichtbar die Vereinigten Staaten sind.

STERN Sind die Beziehungen der Vereinigten Staaten zur Türkei wirklich so gut, wie Sie sagen? Ich habe da meine Zweifel.

FISCHER Sehr gut. Ich kann nur noch einmal betonen: Die Türkei ist für die amerikanische Diplomatie, fürs State Department und das Weiße Haus der entscheidende Faktor in der gesamten Region bis hin in die kaspische Region.

STERN Aber dann gibt es einen Widerspruch zu der proisraelischen Politik der USA, weil Israel und die Türkei sich entfremdet haben. – Wie sehen Sie die Rolle Russlands in der Region?

FISCHER Russland agiert so, wie es agiert, weil es in Syrien einen seiner letzten Einflussfaktoren in der Region sieht. Ich denke, die Russen kalkulieren wie üblich falsch. Am Ende werden sie die Letzten sein, die mit den Bad Guys noch Händchen halten, und dann werden sie den Assad-Clan doch irgendwann irgendwie aus dem Lande expedieren müssen, es wäre ja nicht das erste Mal. Wir hatten im Kreis der Außenminister den Kollegen Iwanow, den ich sehr schätze. Als er sich mal wieder beschwerte, dass immer er es sei, der die «Bösen» außer Landes bringen müsse, sagte Colin Powell: Igor, Du musst Dir einfach andere Freunde suchen. Warum suchst Du dir immer solche Typen aus? (Oh, Igor, you have to look for another kind of friends. Why do you choose these guys as friends?) Also ich glaube, in Syrien verkalkulieren sich die Russen wieder. Weil sie nach wie vor meinen, sie wären die Macht, die sie mal waren, die sie aber nicht mehr sind.

STERN Wo liegt der entscheidende Unterschied zu Tunesien und Libyen?

FISCHER Erstens ist die syrische Armee nicht die libysche Armee. Syrien war Frontstaat seit der Gründung Israels, seit 1948. Syrien war an allen Nahostkriegen beteiligt. Wir reden über eine hoch gerüstete Armee, eine Armee, die gegen die amerikanische Armee und gegen die israelische sicher keine Chance hätte, die aber doch ein ganz anderes Potenzial hat als die Truppen Gaddafis. Und zweitens ist das Umfeld ein völlig anderes. Niemand denkt wirklich an eine direkte Intervention im Nahostkonflikt. Es ist halt ein Unterschied, ob du auf einen Baum steigst, auf dem bestimmt kein Hornissennest ist, oder ob du auf einen Ast kletterst, wo du das Hornissennest bereits brummen hörst.

STERN Ein schönes Bild, lieber Joschka. Der Unterschied will mir trotzdem nicht ganz einleuchten.

FISCHER Wie so oft spielen gerade in humanitären Fragen viele Abwägungen eine Rolle. Und natürlich zählt dazu auch die Frage, welchen Preis bezahlen wir und wie kommen wir da wieder raus. Welche Konsequenzen wird das haben?

STERN Das würde im Klartext bedeuten, dass man in Libyen intervenierte, weil man etwas tun konnte, und in Syrien vorsichtig sein muss, weil der Preis zu hoch ist.

FISCHER Aber das war doch während des gesamten Kalten Krieges so. Keiner wäre auf die Idee gekommen, 1956 in Ungarn oder 1968 in der Tschechoslowakei einzugreifen. Und heute kommt keiner auf die Idee, bewaffnet in Nordkorea, der schlimmsten Menschenrechtsverletzungsdiktatur, einzugreifen, weil jeder weiß, was das hieße. Aber das macht weder das Prinzip noch die Abwägung hinfällig oder überflüssig. Wir können nicht überall, wir wollen auch nicht überall.

STERN Aber wenn die Machtfrage letztendlich darüber entscheidet, wo ich eingreifen und wo ich nicht eingreifen kann, dann wäre eine Intervention keine Frage der ethischen Abwägung, sondern eine Machtfrage nach dem Grundsatz: Wir intervenieren, wo wir können, und wo wir es nicht können, dort intervenieren wir nicht.

FISCHER Unter Machtfrage assoziiert man in Deutschland allzu schnell niedrige politische und ökonomische Interessen. Aber die Überlegung, dass eine Intervention zum Beispiel in Nordkorea einen großen Krieg auf der koreanischen Halbinsel und eine Konfrontation mit China auslösen könnte, ist doch eine zwingende Überlegung, die jede Regierung anstellen muss. Dasselbe gilt an anderer Stelle.

STERN Gilt es für Syrien?

FISCHER Ich habe ja einige Gründe genannt, weshalb ein Eingreifen in Syrien sehr schwierig ist: die Stärke der syrischen Armee, der Nahostkonflikt, die drohende Konfrontation mit Iran, die Hisbollah. Und ich wiederhole meine Überzeugung, ohne die Türkei geht da auf Dauer gar nichts. Wenn die Türken der Meinung sind, dass ein Destabilisierungseffekt auf sie überzugreifen droht und damit massive nationale Sicherheitsinteressen gefährdet werden, dann würden sie sich weder durch Russland noch durch Amerika groß beeindrucken lassen.

VII Die Zukunft des Westens

STERN Wir benutzen in unserem Gespräch immer wieder den Begriff «der Westen». Dabei bin ich mir gar nicht sicher, ob es den Westen überhaupt noch gibt, jedenfalls gibt in dem Sinne, in dem wir früher davon gesprochen haben. Auch «die Attraktivität des Westens», von der wir immerzu meinen, sie sei verlockend für die ganze Welt, hat, glaube ich, ein wenig nachgelassen. In dem freiheitlichen Lebensstil, den der Westen als Versprechen in sich trägt, steckt zwar immer auch das Verlangen nach Freiheit. Aber der Pursuit of Happiness wird heute doch sehr individualistisch aufgefasst, für viele besteht Freiheit heute in erster Linie im unbegrenzten Konsum, Konsum ist gewissermaßen die negative Variante der Freiheit.

FISCHER Fritz, ich würde es mal so sagen: Putin, wenn er so weitermacht, wird den Westen am Leben erhalten.

STERN Das kann ich nicht unterzeichnen, dass Putin den Westen am Leben erhält.

FISCHER Dialektisch, ironisch.

STERN Ich habe das genau verstanden, Joschka. Aber es hängt von der Definition ab, davon, was wir mit dem Westen meinen. Wenn wir mit dem Westen wirklich die liberale Demokratie meinen, dann hängt es einzig von uns selber ab, ob wir sie halten können.

FISCHER Ich hoffe.

STERN Ich hoffe auch, aber es ist eine große Herausforderung, gerade auch für die Vereinigten Staaten, die früher als das Muster einer liberalen Demokratie galten und immer wieder versucht haben, zu sein. Heute sehe ich die liberale Demokratie in den Vereinigten Staaten – nicht nur dort, aber vor allem dort – von innen bedroht. Jedenfalls sollte man nicht so tun, als ob der Westen heute noch die Ausstrahlung hat, die er nach 1945 hatte. Dabei hat Russland als Gegenpol natürlich eine ganz große Rolle gespielt, und im Grunde war es nicht sehr nett von der Sowjetunion …

FISCHER Man könnte fast sagen, das Perfideste, was dem Kommunismus gelungen ist, war abzutreten.

STERN Ja, genau.

FISCHER Die Ordnung des Kalten Krieges hatte viele Risiken, die, Gott sei Dank, nie aktualisiert wurden, und es gab viele Regionen, die dafür einen sehr hohen Preis bezahlt haben, wie Osteuropa. Aber für den Westen hatte die bipolare Ordnung etwas sehr Selbstvergewisserndes.

STERN Sie hat das Prestige des Westens untermauert.

FISCHER Und sie hat selbst Republikaner teilweise mit dem New Deal versöhnt, wo es um die Frage der nationalen Sicherheit ging.

STERN Nicht versöhnt, der Kampf wurde nur vertagt. – Es gab eben dort das Böse, und wir hier waren die Guten. Wir waren in gewissem Sinne im Wettbewerb, das konnte man in Berlin ja direkt beobachten. Chruschtschow prahlte «I will bury you», aber dazu kam es nicht. Wir mussten uns anstrengen und sind aus dem Konkurrenzkampf als eine Art Sieger hervorgegangen. Doch seit 1989 haben wir so viel verspielt.

FISCHER Auch ein Stück Selbstdisziplinierung wurde durch die Rivalität geschaffen.

STERN Ja. Aber das alles beruhte natürlich auch darauf, dass es der einen Seite materiell ziemlich schlecht ging und der anderen Seite materiell ziemlich gut. Die Freiheit des Westens beruhte letzten Endes auf dem materiellen Wohlstand, der in Deutschland indirekt auch dadurch zum Ausdruck kam, dass alle Ansprüche an den Sozialstaat befriedigt werden konnten. Freiheit plus Wohlstand plus soziale Sicherheit, diese Kombination ist gewissermaßen das goldene Dreieck des westlichen Lebensmodells: Du kannst Bürger sein und du kannst dich in einer relativen materiellen Sicherheit bewegen. Der Reiz dieses Modells mag noch immer weltweit attraktiv sein, aber er hat deutlich nachgelassen. Auch in unseren beiden Ländern wackelt es sehr. Die wirtschaftliche, aber sagen wir es ruhig: auch die geistige Krise ist überall zu spüren, besonders in den USA.

FISCHER Ich habe neulich einen Artikel über asiatische Werte geschrieben, weil mich die Frage interessierte, worüber reden wir da eigentlich? Wenn man den Westen als eine Verbindung von normativen Grundwerten, institutionellen Regelungen und gesellschaftlicher, politischer und wirtschaftlicher Sicherheit definiert, dann stellt man fest, dass der Erfolg Chinas genau darin besteht, zu sagen, wir verwestlichen uns. So lautete seinerzeit die Ansage von Deng Xiaoping. Die vier Modernisierungen in Landwirtschaft, Industrie, Militär und Forschung/Technologie sind eigentlich ein Verwestlichungsprogramm, das die Chinesen mit großem Erfolg umsetzen und durchsetzen. Wie der chinesische Beitrag zum universellen Kanon der Menschenrechte aussehen wird, das werden wir erst wissen, wenn die fünfte Modernisierung, die demokratische, stattfinden wird. Ich gehe davon aus, dass diese uralte Zivilisation einiges beizutragen hat, wenn die fünfte Modernisierung stattfindet. Wenn man dagegen mal abklopft, was an asiatischen Werten etwa in Singapur und Malaysia entwickelt wurde, dann kommen eigentlich nur autoritäre bis semiautoritäre Strukturen heraus mit dem Mantra «Ist bei uns so üblich» und mit deutlich antiwestlichem Ton. Dort betonen sie gern, dass sie anders sind als wir und dass sie auch anders sein wollen, gerade dann, wenn sie uns kopieren.

STERN Nach dem Motto: Wir übernehmen gern euren Kapitalismus, und zwar in der korruptesten und radikalsten Form, aber mit euren politischen und menschenrechtlichen Traditionen können wir nichts anfangen. Ich war 1977 in Singapur; seitdem habe ich oft davor gewarnt, Singapur zum Vorbild zu nehmen. Für viele ist das allerdings verlockend – wirtschaftlicher Fortschritt und zugleich absolute Repression. Gibt es irgendein Anzeichen geistiger Modernisierung?

FISCHER Aber Fritz, das meine ich. Was bliebe denn vom Westen, wenn die politischen und sozialen Werte in Frage gestellt würden. Um es zuzuspitzen: Die USA ohne die Freiheit, was wäre das denn?

STERN Ein schrecklicher Gedanke. Das wären nicht mehr die USA. Aber ich kann Ihnen versichern, dass es viele Amerikaner gibt, die sich heute schon fragen, gibt es diese USA eigentlich noch. Das Land ist gespalten und in Gefahr, noch weiter gespalten zu werden. Das kann man nicht so einfach hinnehmen. Zwei fatale Entwicklungen gehen dabei Hand in Hand: eine Entpolitisierung des öffentlichen Lebens und ein neues Religionsbewusstsein. Überall ist die Religion in Form eines neuen christlichen Fundamentalismus im Vormarsch, die Kreationisten mit ihrem Ressentiment gegen die moderne Wissenschaft bestimmen inzwischen weite Teile des öffentlichen Diskurses. Dieser Gefahr muss man ins Auge sehen.

FISCHER Waren die USA nicht immer schon eine aus sehr disparaten Teilen zusammengesetzte Gesellschaft?

STERN Aber nicht notwendigerweise feindliche Teile.

FISCHER In bestimmten Bundesstaaten mag es ja antiwissenschaftliche Lehrpläne und so weiter geben, aber auf der einen Seite gibt es Silicon Valley mit den beiden wissenschaftlichen Großinstitutionen Stanford und Berkeley, es gibt die Ivy League. Und auf der anderen Seite darf man auch nicht vergessen: Das Land der Freiheit war bis in die sechziger Jahre des 20. Jahrhunderts zugleich das Land der striktesten Rassentrennung.

STERN Die Widersprüche waren immer da. Aber jetzt sind die Gegensätze stärker, schärfer und vor allem finanziell besser unterfüttert. Was in Amerika stattfindet, ist eine massive, korrupt finanzierte Propaganda, die das Land nach rechts treibt. Es besteht eine wirkliche Gefahr, dass die demokratischen Strukturen auf diese Weise dauerhaft beschädigt werden.

FISCHER Was mich skeptisch stimmt, ist die Tatsache, dass Sie nicht der Einzige in Ihrer Generation sind, der so empfindet. Vor allem unter den jüdischen Immigranten aus Europa ...

STERN Die das wahrscheinlich schärfer sehen. Aber nicht nur sie, Joschka. Ich würde Sie gern nach New York einladen und mit Uramerikanern zusammenbringen, die mit Immigranten überhaupt nichts zu tun haben und die genauso reden wie ich. Ich hoffe, Sie missverstehen mich nicht, ich gehöre nicht zu den Kulturpessimisten, für die früher sowieso alles besser war. Meine Furcht basiert auf der Hoffnung, auf dem Imperativ der Aufklärung: Hört zu, man muss die Freiheit verteidigen. Dazu muss man sich der Wirklichkeit stellen, und die Wirklichkeit ist zum Teil erschreckend.

FISCHER Ich verweise nochmal auf China: Kapitalismus ohne Demokratie ist auf Dauer keine Option. Man kann nicht eine starke Mittelklasse entwickeln und der dann erzählen: Ihr dürft alles, nur bei der Politik habt ihr die Schnauze zu halten.

STERN Deswegen habe ich gesagt, das Beispiel Singapur ist für mich erschreckend. Ich bin nicht sicher, ob wir wirklich gewappnet sind gegen eine neue autoritäre Versuchung.

FISCHER Singapur ist ein Stadtstaat und wird eigentlich wie ein Unternehmen geführt, das muss man klipp und klar sehen, und die Ruhe kann dort auch erkauft werden. Das ist in einem größeren Flächenstaat schon nicht mehr so einfach.

STERN Die Ruhe wird nicht nur erkauft, sondern auch erpresst.

FISCHER Auch erpresst. Aber es gibt in Singapur nicht nur Peitsche, sondern auch reichlich Zuckerbrot, das darf man nicht vergessen. Grundsätzlich gebe ich Ihnen recht: Demokratie ohne Demokraten funktioniert nicht. Wenn Sie keine Demokraten haben, sondern nur Feinde der Demokratie …

STERN Das brauchen keine erklärten Feinde zu sein. Apathische Nichtbürger, Bürger, die den Sinn für das, was den Bürger ausmacht, verloren haben, sind auch Feinde der Demokratie.

FISCHER Wenn Sie bedenken, wie lange es gedauert hat von der ersten deutschen demokratischen Revolution 1848 über das Kaiserreich, den gescheiterten Versuch von Weimar, Nazidiktatur, totale Niederlage und Neuanfang bis zur Gründung der Bundesrepublik – das sind gut hundert Jahre. Eigentlich, muss man sagen, hat es bis in die achtziger Jahre gedauert, bis die westdeutsche Demokratie stabil ausgestaltet war, und dann ging es mit der Wiedervereinigung nochmals los, also das ist eine verdammt lange Zeit. Dieser lange Prozess spricht dafür, dass es in China auch noch einige Zeit dauern wird. Damit hier kein Missverständnis aufkommt: Die Kommunistische Partei hat noch lange sich nicht in Richtung Demokratie verabschiedet. Aber der Widerspruch zwischen einer täglich wachsenden chinesischen Mittelklasse und dem politischen System wird immer größer, und der Krebsschaden ist die Korruption, was zu sehr viel sozialer Unruhe führt.

STERN Und vergessen Sie nicht das Unrecht, das täglich Millionen widerfährt. Das große Problem für China ist das Fehlen eines Rechtssystems. Die Korruption ist im Übrigen auch bei uns nicht zu unterschätzen, Amerika steht hier vielleicht sogar an der Spitze. Aber immerhin haben wir einen alles in allem funktionierenden Rechtsstaat.

FISCHER Da will ich Ihnen mal eine putzige Geschichte erzählen, wie autoritär regierte oder diktatorisch regierte Öl- und Gasstaaten plötzlich zu schätzen wissen, was Rechtsstaat heißt, weil sie die Erfahrung machen, dass in Staaten des «gelenkten Rechts» – um es mal milde zu formulieren –, in Staaten, wo die Macht alles dominiert, Verträge nicht viel wert sind. Wenn die Staatsmacht über ein Projekt den Daumen senkt, dann war's das, und dann kann man klagen, so viel man will, aber man bekommt nicht Recht. Wenn man aber einen Vertrag auf Zürich oder Genf oder London unterzeichnet, dann gelten die Verträge, und die werden auch durchgesetzt. Deshalb entdecken solche autoritären Regime plötzlich – leider ohne Konsequenzen daraus für sich selbst zu ziehen –, dass es sehr viel attraktiver ist, Geschäfte mit Unternehmen zu machen, die Verträge auf rechtsstaatlicher Grundlage schließen.

STERN Mein Eindruck ist, dass die Bedeutung des Rechts nicht nur weltweit zunehmend anerkannt und geschätzt wird, sondern dass wir selber sogar einsehen müssen: Das Recht kommt noch vor der Demokratie. Was man als Erstes braucht, ist ein Rechtssystem.

FISCHER Das sagt auch unser Grundgesetz sehr klar, dass es einen unveräußerlichen Kernbestand von Grundrechten gibt, und an erster Stelle steht die Menschenwürde. Dieser Grundrechtekatalog des Grundgesetzes, Artikel 1 bis 19, ist unveräußerlich, das heißt, er ist Mehrheitsentscheidungen nicht zugänglich, eigentlich ein genialer Ansatz.

STERN Ein genialer Ansatz und historisch bedingt. Man kam dazu nach den Katastrophen.

FISCHER Deswegen haben wir heute eine Verfassung, die das absolute humane Minimum an die erste Stelle rückt: «Die Würde des Menschen ist unantastbar.» Das ist die Konsequenz aus unserer Geschichte.

STERN Der parlamentarische Rat hat Unglaubliches geleistet.

FISCHER Ja, leider hat es lange gedauert, bis diese Weisheit über die Deutschen kam.

STERN Man hat's endlich verstanden. Übrigens glaube ich, dass es zum Teil aus den Erfahrungen des deutschen Widerstands kommt, dass die

Frage der Würde im Grundgesetz eine so entscheidende Rolle spielte. Der Unrechtstaat hat ja die Würde des Menschen systematisch verletzt.

FISCHER Es gab sie nicht.

STERN Es gab sie nicht. Und deshalb bin ich mir nicht so sicher von wegen einer schrittweisen Übernahme westlicher Werte durch autoritäre Regime, nach dem Grundsatz: Dies passt uns, und jenes passt uns nicht, dieses übernehmen wir, und jenes nicht. Der westliche Wertekanon ist gewissermaßen unteilbar, und das Ganze steht und fällt mit der Achtung der Menschenwürde, die das Fundament bildet.

FISCHER Ich stimme Ihnen zu: Es gibt keine selektive Modernisierung. Im Bolschewismus hat das auch nur eine Zeit lang funktioniert – Kommunismus ist Sowjetmacht plus Elektrizität –, und es ging von Anfang an nur mit Terror. Die Mao-Dynastie, sprich die Kommunistische Partei Chinas, wird vor denselben Problemen stehen. Deshalb bin ich, wenn Sie wollen, ein Kulturoptimist: Wenn man anfängt, die Modernisierung technisch, wissenschaftlich, in der Landwirtschaft, in der Volkswirtschaft zu betreiben, wenn die sozialen Strukturen transformiert werden in Richtung einer modernen Mittelschicht, dann ist es nur eine Frage der Zeit, bis auch demokratische Reformen unausweichlich werden.

STERN Ich wünschte, ich könnte das unterschreiben, kann ich aber nicht. Die Sowjetunion hatte immerhin 75 Jahre Bestand.

FISCHER Ich sehe das von einem anderen Hintergrund, nämlich vor dem Hintergrund der stattfindenden Globalisierung. Früher gab es den Kampf der Ideologien; weite Teile der Bevölkerungen spielten in der Politik überhaupt keine Rolle, die wurden gar nicht gefragt, sondern denen wurde gesagt, wo es lang ging, oder sie waren schlicht Opfer. Die Welt ist allein durch die globale Kommunikation eine völlig andere geworden, dieselben Träume werden jetzt auch in der ärmsten Hütte geträumt. Sieben Milliarden Menschen wollen denselben Lebensstandard erreichen und werden davon nicht mehr abzuhalten sein. In China kann die Regierung vieles, aber sie kann das Steuer nicht mehr grundsätzlich herumreißen, da wäre sie innerhalb von Stunden Geschichte. Und auch beim arabischen Frühling spielt der Wunsch nach einem höheren Lebensstandard eine starke Rolle. Das alles sind Faktoren, die uns in eine bestimmte Richtung treiben. Aus meiner Sicht wird man nirgendwo ein erfolgreiches Wirtschafts- und Sozialmodell entwickeln können, das auf Dauer die politische Freiheit und das Recht ausklammert. Wie gesagt, schon aus ökonomischen Gründen …

STERN Das ist begrenztes Recht, Wirtschaftsrecht, internationales Handelsrecht und dergleichen. Aber dass sich das irgendwann gleichsam von selbst auch erstreckt auf das politische Recht, das sehe ich nicht.

FISCHER Noch ist es in China so, dass die Kommunistische Partei die Kontrolle über die Gerichte hat, die Richter sind Parteifunktionäre, nicht unabhängige Richter. Im Moment, wo die Partei den Anspruch aufgeben muss, das Recht zu kontrollieren, akzeptiert sie die Gewalteneilung. In dem Moment aber ziehen sie einen entscheidenden Stein aus dem Fundament der Einparteienherrschaft.

STERN Diese Zwangsläufigkeit der Entwicklung von der wirtschaftlichen und technischen Modernisierung hin zur Demokratisierung von Staat und Gesellschaft sehe ich leider nicht. Vielleicht wäre ich weniger pessimistisch, wenn mir die gegenwärtige Entwicklung in Amerika nicht so viel Sorgen bereitete. Ich beobachte doch, wie die Gegner der liberalen Demokratie und des Wohlfahrtsstaates in den USA stark zunehmen, gefördert von Reichtum und allgemeiner Verdummung. Das war ja der Ausgangspunkt unseres Gesprächs: Dass das westliche Modell an Faszination verloren hat. Vielleicht hat es sogar für immer ausgedient, jedenfalls als Leuchtfeuer für die übrige Welt.

FISCHER Aber wenn man die amerikanische Geschichte studiert, stellt man schnell fest, dass es in Amerika schon immer verschiedene Phasen gegeben hat. In den Jahrzehnten zwischen dem Ende des Bürgerkriegs und dem Beginn des Ersten Weltkriegs war die direkte Einflussnahme des Big Business auf politische Entscheidungen eher die Regel als die Ausnahme, zumindest in den großen Städten, wenn ich etwa an Chicago und New York denke. Auch die Beziehungen zwischen Arbeitern und Kapital waren sehr gewalttätig und wurden oft mit massiver Gewalt ausgetragen.

STERN In der Tat war während des so genannten Gilded Age die Wirtschaft in Amerika sehr stark und dominant, es herrschten Korruption und Armut, das Land war nach außen vollkommen abgeschottet. Aber gleichzeitig kamen Millionen von Auswanderern ins Land, die nur ein Ziel hatten: die Freiheit.

FISCHER Und den Wohlstand, Fritz. Wir sind hierher gekommen, nicht weil wir einen mächtigen Staat wollen, sondern wir sind hierher gekommen, weil wir unser eigenes Glück anstreben. Das ging doch Hand in Hand. Kann man es nicht auch so sehen, dass Amerika sich jetzt wieder mehr auf sich selbst besinnt, zu seinen Eigenheiten zurückfindet? Die Mentalität der Amerikaner ist doch immer noch eher isolationistisch.

STERN Dem würde ich heute nicht mehr widersprechen. Die weltweite Verantwortungsübernahme nach 1945 wurde von einer Mehrheit getragen – einschließlich des Business Interest. Jetzt droht die ungeheure Macht des Geldes in Amerika direkt in die Politik einzugreifen. Im November 2004, bei der Wiederwahl von Bush, habe ich die amerikanische Gesellschaft eine «Christianized Plutocracy» genannt: das Religiöse und das angeblich Christliche Hand in Hand mit der Plutokratie, der brutalen Dominanz des Geldes. Es ist erschreckend. Da hilft der ganze Max Weber nichts. Im jetzigen Zustand ersteht der Sozialdarwinismus wieder: Die Armen sind doch eigentlich selbst verantwortlich für ihr Schicksal.

FISCHER Ich weiß nicht, ob die These von Weber historisch überhaupt haltbar ist. Den Kapitalismus haben ja nicht die Calvinisten erfunden, sondern der Kapitalismus wurde in Italien erfunden und entwickelt, in den kaufmännischen Milieus von Genua, Venedig, Florenz, und die waren alle durch und durch katholisch. Man kann wirklich nicht sagen, nur die Protestanten kriegen den Kapitalismus hin.

STERN Die These wackelt auch in der Forschung, da haben Sie vollkommen recht.

FISCHER Es gab keine kälteren Kaufleute als die Genuesen oder die Venezianer. Die hatten genauso wenig Skrupel, einen ganzen Kreuzzug zu organisieren und für ihre kommerziellen Interessen Richtung Konstantinopel umzuleiten, wie die protestantischen Sklavenhändler in Liverpool mit dem transatlantischen Sklavenhandel Skrupel hatten.

STERN Ich will darauf hinweisen, dass «christianized» nicht dasselbe meint wie christlich. «Christianized» bedeutet schon eine Abwertung im Sinne von christlich verbrämt – man gibt sich christlich. In Wirklichkeit wird dieser positive Zug am Christentum, die Verpflichtung, Wohlstand und Reichtum mit sozialem Engagement zu verbinden, in der heutigen Finanzwelt eigentlich abgelehnt.

FISCHER Ist es wirklich so, dass die Reichen früher sozialer dachten und mehr auch am Gemeinwohl orientiert waren? Das ist so eine Vorstellung, dass zum Beispiel die so genannte Gründergeneration zwar auch viel Geld verdienen wollte, dass ihr aber irgendwo eine moralische Sicherung eingebaut war und man wusste, wenn es zu sehr gegen das Gemeinwohl geht, dann gibt es ein Problem. Hat sich da wirklich etwas geändert oder war das eben doch schon immer so?

STERN Ich kann das nur für die USA beurteilen. Was jetzt vor sich geht, ist schlimmer, auch vielschichtiger als alles früher: nicht grundsätzlich, aber graduell. Vor allem durch die Möglichkeit, die Politik durch Geld direkt zu steuern.

FISCHER Aber war diese Gelegenheit für die Vanderbilts und wie sie alle hießen geringer?

STERN Die konnten mehr oder weniger tun, was sie wollten, und hatten den Staat nicht nötig, und wenn sie ihn nötig hatten, haben sie ihn eingebunden, ganz richtig. Aber der Gedanke, dass man sein Geld in die politische Arena schmeißt, nur um den Präsidenten zu stürzen – was viele Millionäre in Amerika jetzt mit Obama tun –, das hat eine neue Qualität. Und das verbunden mit einem fundamentalistischen Christentum – das sind Zusammenhänge, die in Europa überhaupt nicht gesehen werden. Und deshalb würde ich darüber gern noch ein bisschen mit Ihnen reden.

FISCHER Also, Fritz, dann fange ich mal ganz fundamental an. Asien ist der Kontinent der Spiritualität, Europa der Kontinent der Geschichte und Amerika der Kontinent des Marktes. Ich rede hier selbstverständlich von Nordamerika. Dieser Markt ist so groß, dass er die übrige Welt nicht nötig hat, und das ist wiederum die Grundlage des amerikanischen Isolationismus. Ich möchte meine Geschäfte machen und mich um mich selbst kümmern; ich bin in Amerika, weil ich mit dem Rest der Welt eigentlich nichts zu tun haben will.

STERN Also das ist, glaube ich, etwas zu einfach. Spätestens seit dem Ende des Zweiten Weltkrieges richten sich die amerikanischen Business-Interessen auch auf andere Kontinente, zunächst auf Europa und jetzt verstärkt auf Asien. Der Rückzug auf eine isolationistische Politik würde da sehr schwierig werden. Aber noch einmal: In Amerika ist viel Reichtum in Händen von Leuten, die diesen Reichtum benutzen, um direkt in die Politik einzugreifen, und das gab es in dieser Form bisher nicht.

FISCHER Sie denken an Leute wie die Koch Brothers?

STERN Zum Beispiel. Aber auch an Sheldon Adelson, den Casinotycoon aus Las Vegas, und vor allem an die sogenannten Super-PACs, die mit der fatalen Entscheidung des Supreme Court, dass Unternehmen ihr Geld genau so für politische Zwecke einsetzen dürfen wie Einzelpersonen, ihren politischen Einfluss enorm ausweiten können.

FISCHER Die Koch Brothers machen ihr Investment vorwiegend im Energiebereich und mit Rohstoffen, sind massiv gegen jegliche Form von Energiesteuern und Umweltgesetzgebung. Sie kämpfen für drastische Steuersenkungen und tun sich, um ihre Interessen durchzusetzen, mit den Evangelikalen zusammen.

STERN Mit ihrer fast demonstrativen Abwendung vom Staat stellen sie alles in Frage, was in Amerika durch den Staat aufgebaut wurde und noch immer vom Staat unterhalten wird.

FISCHER Man darf nicht vergessen, Amerika ist ein Sozialstaat, auch wenn der Amerikaner …

STERN Auch wenn der Amerikaner ihn nicht will. Bei den Republikanern ist der Sozialstaat, wie er in Europa besteht, geradezu verpönt – und natürlich völlig verkannt.

FISCHER Trotzdem. Aus der Sicht eines Alteuropäers hat diese Form des amerikanischen Selbstbewusstseins auch etwas Faszinierendes. Ich erinnere mich an eine Diskussion mit republikanischen Business-Vertretern, und einer von denen hat mir das genau erklärt. Demnach überlässt Amerika die Fabrikation und Produktion China und anderen Schwellenländern und schafft sein eigenes Zentrum in der verteidigungsrelevanten Industrie, ansonsten konzentriert man sich auf die Software-Produktion inklusive Hollywood und auf die Finanzindustrie mit der globalen Finanzzentrale New York. Die USA haben nach wie vor gewaltige und teilweise sehr gute Produktionskapazitäten, aber anders als wir hier in Kontinentaleuropa versuchen sie gar nicht, Industriearbeitsplätze um jeden Preis zu halten, sondern setzen weitgehend auf Export von Industriearbeitsplätzen und konzentrieren sich stattdessen auf Silicon Valley und die Finanzen. Im Gefolge der Finanzkrise scheint sich diese Haltung jetzt wieder in Richtung Reindustrialisierung zu ändern, angetrieben von den großen nichtkonventionellen Energiereserven der USA, die mehr und mehr erschlossen werden.

STERN Die ganze Sache hat aber auch etwas Utopisches. Die Tea Party spielt ja gern mit Erinnerungen an die Zeit der amerikanischen Revolution; aber der Glaube, dass man zurück könnte, von einem hochindustrialisierten Land mit Forschung und Wissenschaft zu einem Staat, der eine zweihundertjährige Entwicklung rückgängig macht und den Rest privatisiert, dieser Glaube ist ein gefährlicher Anachronismus.

FISCHER Lassen Sie mich unser Thema mal von einer anderen Seite angehen. Wir haben ausführlich über die historischen Bestimmungsfaktoren der frühen Bundesrepublik gesprochen und waren gemeinsam der Überzeugung, dass der Umgang mit dem historischen Erbe bestimmend war für das Entstehen des neuen Gemeinwesens. Heute würde diese Gründungsgeschichte anders verlaufen, heute ist es die Ökonomie und nicht mehr die Geschichte, die Ideologie produziert. Die Ökonomie ist zum entscheidenden Faktor geworden.

STERN Generell stimme ich Ihnen zu. Aber auch wenn das Bewusstsein, dass die Ökonomie der entscheidende Punkt ist, vielleicht nicht immer so ausgeprägt war, so würde doch niemand bestreiten, dass die Ökonomie immer eine große Rolle gespielt hat und die wirtschaftlichen Auf- und Abschwünge von großer Bedeutung waren für die politischen Entscheidungen. Und wo ist überhaupt die Ideologie? Im Nationalismus? Und bei uns in aufgewärmtem Neoliberalismus à la Hayek.

FISCHER Es gibt keinen Markt – korrigieren Sie mich, Fritz –, historisch gesehen, der ohne Staat entsteht. Denn der Markt ist ja nicht ein staatsfreier Raum, sondern er ist ein durch die politische Macht mit bestimmten Regeln ausgestatteter, befriedeter Raum, in dem dann der Wettbewerb stattfinden kann. Historisch sind so die Marktplätze entstanden, indem ein befriedeter Raum entstand, der durch eine politische Macht organisiert und garantiert wurde. Der Marktplatz war nichts, was Kapitalisten oder Kaufleute entwickelt haben, sondern es war eine politische Entscheidung, solche Plätze einzurichten.

STERN Ich glaube, es war mehr eine Mischung, eine Mischung aus politischen und wirtschaftlichen Interessen. Aber zu glauben, dass der sogenannte freie Markt alles von selbst regeln kann, ist reiner Blödsinn. Das ist Götzentum. In Massachusetts gibt es eine erstklassige Kandidatin für den Senat, Elizabeth Warren, die das Problem auf den Punkt gebracht hat. Sie bewundere die jungen Entrepreneurs, spottete sie, die ganz allein von sich aus was Großes aufbauen – das heißt, sie benutzen die öffentlichen Straßen, sie benutzen das Wasser, den Strom, die Müllabfuhr, sie benutzen alles, was vom Staat gebaut und bezahlt wird …

FISCHER Tax pay is money.

STERN Tax pay is money. Und dann wollen sie den Leuten einreden, dass sie das alles alleine geschafft haben. Blödsinn. Die Infrastruktur ist durch die ungeheure Expansion des Verteidigungshaushalts und durch das Haushaltsdefizit allerdings in einem sehr schlechten Zustand. Obama hat das verstanden und wollte es verbessern, aber die Republikaner sind stur dagegen.

FISCHER Wissen Sie was, Fritz? Während wir hier so reden, entdecke ich, wie sehr ich doch Europäer bin.

STERN Ich schweige.

FISCHER Ja?

STERN Ich schweige aus dem einfachen Grund, weil ich einerseits amerikanischer Bürger bin und, wie ich glaube, ein tief engagierter amerikanischer Bürger, aber andererseits das Europäische immer noch da ist. Ich kann gut verstehen, was Sie meinen.

FISCHER Ich frage mich, wie sehr gerade die ältere Generation, nicht Ihre Generation, sondern die ältere Generation …

STERN Noch älter?

FISCHER Ja, damals, die Generation Ihrer Eltern und Großeltern, die Emigranten aus Europa, was es für diese Menschen bedeutet haben muss, in den USA anzukommen, die ja damals noch sehr anders waren, sehr anders jedenfalls als die Länder, aus denen sie kamen.

STERN Das war verdammt schwer, eigentlich für alle, mit einigen Ausnahmen. Aber die meisten haben sich mehr oder weniger gut durchgesetzt. Ich kann von dem Land, in das ich 1938 gekommen bin, nur schwärmen, trotz der Rezession, die es damals gab. Und dieses Land sehe ich jetzt mit großer Sorge. Was mich besonders bedrückt, ist, dass heute beide Teile des Westens, wenn ich so sagen darf – Amerika und Europa –, in einer tiefen Krise stecken. Eigentlich sind es zwei verschiedene Krisen, eine Krise in Europa und eine Krise in Amerika.

FISCHER Was ist die amerikanische Krise?

STERN Die ist schwer zu definieren. Am ehesten lässt sie sich für mich in der Frage zusammenfassen: Ist das Land noch regierbar? Ja, so weit gehe ich. Das Ausmaß an Hass, das jetzt in Amerika existiert, ist größer, als ich das je erlebt habe. Die Republikaner betreiben eine kategorische Opposition und lehnen jede Zusammenarbeit mit den Demokraten ab. Ich sage es mit einem gewissen Vorbehalt, weil ich den Vergleich mit Weimar sonst scheue und für falsch halte, aber wenn die Republikaner das Wort Kompromiss beinah als ein Schimpfwort benutzen, dann erinnert mich das an die Zustände in Deutschland Ende der zwanziger, Anfang der dreißiger Jahre. Auch die republikanische Partei selbst hat sich durch die Tea Party grundlegend geändert; liberale Republikaner, so genannte liberale Republikaner, werden einfach rausgedrängt. Ich würde also schon sagen, dass es berechtigt ist, die Frage zumindest aufzuwerfen: Ist das Land noch regierbar?

FISCHER Es gibt einen Unterschied zwischen der Demokratie hier in Deutschland und der amerikanischen Demokratie. Bei uns wird grundsätzlich nach einem Kompromiss gesucht, alles strebt sozusagen in die Mitte, um sich dort zu vereinigen, während in Amerika die Mitte sich gar nicht im Konsens einigen muss, sondern es geht eben ein bisschen mehr nach links, ein bisschen mehr nach rechts, mal haben die einen Oberwasser und mal die anderen, aber man muss die Abweichungen von der Mitte insgesamt nicht so dramatisch sehen.

STERN Das ist an und für sich völlig richtig – für die Vergangenheit. Ob es für die Gegenwart ebenso richtig ist, bezweifle ich. Ich zögere ein wenig bei dem, was ich sage, weil ich fürchte, es könnte von Ihnen rein parteipolitisch aufgefasst werden, aber so meine ich es nicht. Ich meine tatsächlich, wie kann es, wie soll es überhaupt weitergehen, wenn es das Ordnungsprinzip der einen Seite ist, den Staat – abgesehen von der Verteidigung – auf das Minimum zu reduzieren. An und für sich sind die Amerikaner stolz darauf, dass sie den Staat nicht nötig haben, jedenfalls reden sie sich das gerne ein, das hat eine lange Tradition – darüber sprachen wir ja schon. Aber groß geworden ist das Land, weil es einen Staat gab, der den Fortschritt finanzierte.

FISCHER Wenn wir diese Frage wirklich komplex diskutieren wollen, dürfen wir nicht übersehen, dass es sich bei vielen Neokonservativen um ehemalige Linke handelt, also um Renegaten. Die Väter der Neokons kommen alle aus der New Yorker Linken der dreißiger und vierziger Jahre, meistens Trotzkisten.

STERN Sowohl das Umfeld von Rumsfeld als auch das von Cheney ist voll gewesen mit Neokons, die irgendwann einmal links waren.

FISCHER Ja. Und deswegen war mir auch klar, dass das im Irak schiefgehen muss. Nach dem 11. September wurde von denen letztendlich eine fast schon trotzkistisch anmutende Form von permanenter Revolution entwickelt. Wenige Tage nach dem 11. September war ich in Washington im Verteidigungsministerium, und da hat mir Paul Wolfowitz, der stellvertretende Verteidigungsminister, gesagt, es gibt über sechzig Staaten auf der Welt, die den Terrorismus finanzieren, unterstützen oder selber aktiv betreiben, wir werden uns um die alle kümmern und werden dabei keine falschen Differenzierungen vornehmen. Da hatte ich die permanente Revolution von Trotzki plötzlich vor Augen, nur ging es nicht um Sozialismus oder Ähnliches, sondern darum, die Welt zu einem sicheren Ort zu machen, und das Werkzeug war nicht mehr die Rote Armee, sondern die US-Armee, aber von der Struktur her war es dasselbe. Es gab noch einen zweiten Punkt, weshalb ich sicher war, dass das schiefgeht: der Glaube an die Herrschaft der Ideologie über die Realität. Sie haben die Realität einfach ignoriert, oder besser, weil ihnen die Realität nicht passte, wurde sie eben passend gemacht.

STERN I am not convinced, Joschka!

FISCHER Yes, I was not convinced. Aber dafür gab es ja die Macht der USA. Es kommt aber noch etwas hinzu. Die USA sitzen auf dem höchsten Gipfel der Macht, international gesehen. Wenn es darum geht, in dieser obersten Sphäre der großen Mächte Politik zu betreiben, war ihr Urteil in der Regel richtig, vor allen Dingen, wenn es um Europa ging, und auch gegenüber der Sowjetunion. Sobald es aber in die Niederungen geht, um das, was sich in den Tälern abspielt, bin ich voller Misstrauen gegenüber der Politik der USA. Der Blick von oben in die nebel- und wolkenverhangenen Täler ist nicht gut, da neigen die USA dann zu einem lässigen Ignorieren der Fakten. Vietnam ist das beste Beispiel, und das war für mich als Angehöriger der Anti-Vietnam-Bewegung der dritte Grund zu sagen, das mit dem Irak geht schief. Leider hatte ich Recht.

STERN Sie hatten hundertprozentig Recht – und die Katastrophe ist noch nicht vorbei. Was Sie über die amerikanische Außenpolitik sagen, will ich noch einmal unterstreichen. Man muss sich nur vergegenwärtigen, wo das Land 1941 stand und dass Roosevelt es aus dem Isolationismus sozusagen mit Gewalt herausziehen musste – wobei ihm die Japaner in Pearl Harbor, zynisch gesagt, dankenswerterweise geholfen haben. Roosevelt hat es ungeheuer klug angefangen, nachdem er sehr genau und schon lange vor München die Gefahr erkannt hatte, die von Hitler ausging – übrigens vor den Engländern und Franzosen –, und auch erkannt hatte, dass da für Amerika eine Gefahr bestand. Aus diesem visionären Geist wurde dann nach 1945 eine neue Weltordnung geschaffen, und das war eine wirklich erstaunliche Leistung für ein Volk, das bis dahin mit der internationalen Politik eigentlich sehr wenig zu tun hatte. Amerika muss bei dieser Linie bleiben, die jetzt seit mehr als sechzig Jahren erfolgreich ist, und sich weiterhin engagieren. Aber bei einem republikanischen Sieg und einem weiteren Vordringen der Ideologie der Tea Party könnte es zu einem neuen Isolationismus kommen, und das wäre eine große Gefahr für die Amerikaner selbst, aber auch für die Europäer.

FISCHER Man muss auch sehen, dass die Ära George W. Bush verheerend war, nicht zuletzt in ihrer Außenwirkung. Amerika hat, wie wir jetzt im Rückblick sehen, seine Macht vergeudet im Irak, richtiggehend vergeudet.

STERN Wem sagen Sie das? Der Schaden, den Bush und seine Leute angerichtet haben, war und ist verheerend. Auch das Prestige Amerikas hat enorm gelitten unter seiner verfehlten Politik.

FISCHER Das gehört für mich zusammen. Ich habe mich immer gewundert, wie man drei Kriege führen kann – Afghanistan, Irak und den War against Terrorism – und gleichzeitig die Steuern senkt. Normalerweise, wenn man in einen ernst gemeinten Krieg geht, senkt man nicht die Steuern, sondern macht genau das Gegenteil. Das ist ein nicht unerheblicher Faktor der aktuellen budgetären Belastungen der USA. Hinzu kommt ein sozialer Faktor, der innenpolitisch von erheblicher Bedeutung ist. Die amerikanische Armee ist eine Berufsarmee, die starke Wurzeln im Heartland der USA hat, in der Provinz, außerdem wurde die Nationalgarde eingesetzt. Die Frustration, die Bushs Kriege in den entsprechenden regionalen und sozialen Milieus ausgelöst haben, würde ich, bei allem Patriotismus, den diese Milieus tragen, für nicht gering veranschlagen. Wenn man finanzielle Beschränkungen, Frustration der tragenden Milieus und das Vergeuden von Macht und Prestige plus Tea-Party-Isolationismus zusammennimmt, dann wird jeder Präsident, der die Absicht hat, irgendwo einzugreifen, zukünftig ziemlich limitiert sein. Ich würde jeden Betrag darauf wetten, dass zum Beispiel in der Führung des Iran darüber diskutiert wird, ob die USA aufgrund dieser Limitierung zu einem Eingreifen überhaupt in der Lage sind. Und allein die Tatsache, dass solche Debatten stattfinden – man kann fest davon ausgehen, dass sie stattfinden – begrenzt natürlich die Möglichkeiten, nicht nur der USA, sondern des Westens insgesamt. Dennoch wäre es, wie ich glaube, objektiv relativ einfach, die USA zu sanieren.

STERN Ja. Und es ist sogar reizvoll. In der Clinton-Ära wurde es ja schon mal vorgemacht.

FISCHER Clinton haben sie gehasst, den wollten sie unbedingt aus dem Amt treiben, nichts wäre für sie schöner gewesen, als wenn sie das geschafft hätten. Aber ich wette, Clinton hätte nie eine Birther-Debatte an den Hals bekommen, ob er Amerikaner ist. Das wäre undenkbar gewesen.

STERN Bei allem, was die Bürgerrechtsbewegung an Fortschritt gebracht hat: Das Ressentiment ist geblieben, das Ressentiment der älteren weißen Männer.

FISCHER Vielleicht sehe ich es zu sehr von außen, aus europäischer Perspektive, aber je länger ich Amerika beobachte, desto mehr entdecke ich da einen sehr dynamischen und in seiner Dynamik sehr hässlichen Faktor, der im Bürgerkrieg auf dramatische Weise zum Ausdruck gekommen ist, nämlich dass das Land einen Teil seiner Dynamik dem Unfrieden mit sich selbst verdankt, dass es ein paar Dinge gibt, die das Land grundlegend und dauerhaft spalten.

STERN Ja. Konkret in der Kulturpolitik, auch in der Sozialpolitik.

FISCHER Vom ersten Augenblick des Entstehens der USA an gab es so etwas wie einen tief greifenden Kulturdissens. Ich erinnere nur an die Peculiar Institution, die «besondere Einrichtung» der Sklaverei. Und ich werde den Eindruck nicht los, als ob es da ein Element in den USA gäbe, das sich noch immer an der Rassismusfrage festmacht.

STERN Aber jetzt nicht nur an der Frage der Schwarzen?

FISCHER Nein, breiter.

STERN Viel breiter. Es läuft beinah auf Kulturkampf hinaus. Ob Sie die Kreationisten nehmen, die die Evolution ablehnen, weil sie überzeugt sind, dass der liebe Gott die Welt in sechs Tagen geschaffen hat, ob Sie den erbitterten Streit um die Abtreibung nehmen oder neuerdings den Kampf gegen Gay Marriage: Das alles sind Glaubenskriege, bei denen es immer auch um das Selbstverständnis der weißen Rasse geht. Ich finde es im Übrigen schade, dass das Thema Gay Marriage im Wahlkampf von Obama so hochgespielt wurde, das war der falsche Zeitpunkt.

FISCHER Meine Erfahrung mit den Gay Issues ist: Es ist nie die richtige Zeit. Es muss gemacht werden. Vorurteilsbeladene Gruppen, die das aufgreifen, finden sich immer und überall. Aber wenn ich mir die Veränderungen zum Beispiel im US-Militär anschaue – die Beendigung des Prinzips «Don't ask, don't tell», das ja eine feine Umschreibung dafür war, dass man keine Homosexuellen in der Armee haben wollte –, dann sind schon beeindruckende Fortschritte erzielt worden. Ich glaube, dass Gay Marriage für die übergroße Mehrheit in den USA heute kein Thema mehr ist. Die ganzen Gay-Fragen wurden doch alle zuerst in Amerika thematisiert, zwanzig Jahre früher als bei uns. Das Thema Frauen in den Vorständen hat man in Europa gerade heute erst entdeckt. Das ist ja das zutiefst Widersprüchliche an diesem Land: Da gibt es einerseits diese kulturelle Spaltung und auf der anderen Seite eine Veränderungsdynamik, auch im Bereich der Werte, die bei uns kaum denkbar ist. Wir ziehen in der Regel dann nach. Die USA sind für mich, der die Dinge von außen sieht, ein faszinierendes Land.

STERN Das weiß ich – und deshalb lohnt sich auch jedes Engagement. Nur ist es mir im Augenblick etwas zu faszinierend. Ich würde mir weniger Sorgen machen, wenn es über die Themen, die wir eben angesprochen haben, tatsächlich eine öffentliche Diskussion gäbe, wenn Argumente ausgetauscht würden und am Ende die jeweils beste Lösung herauskäme. Aber es ist ein Kulturkampf, wie ich schon sagte, in dem leider mit ungleichen Mitteln gekämpft wird. Der einen Seite stehen schier unbegrenzte Mittel zur Verfügung, und sie kämpft verbissen, die andere Seite verfällt zusehends in politische Lethargie.

FISCHER Woran machen Sie das fest?

STERN Leider Gottes muss man sagen, dass ein großer Teil der amerikanischen Bevölkerung von wichtigen Informationen abgeschnitten ist. Wer eine extreme Position hat, kann den ganzen Tag über «seinen Sender» hören und bezieht von dort alle seine Informationen, die natürlich entsprechend gefiltert und aufbereitet sind. Das führt nicht nur zu einer allgemeinen Verdummung, sondern auch zu einem abnehmenden Interesse am öffentlichen Wohl. Die Folge ist ein sinkendes Vertrauen in die Institutionen einschließlich der etablierten Kirchen. Der Vertrauensschwund erstreckt sich inzwischen auch auf die Wirtschaft, weil die Menschen merken, dass das Ausmaß an Korruption ungeheuer ist. Die Kluft zwischen den unteren und oberen Einkommensschichten wird immer größer. Selbst der Supreme Court, der früher als das höchste Symbol der Unabhängigkeit der Rechtsprechung gesehen wurde, wird in diese Kämpfe hineingezogen, wie das Super-PAC-Urteil zeigt.

FISCHER Kann man es nicht einfacher machen? Wir haben uns angewöhnt, die USA als eine einheitliche Nation zu sehen, als einen Staat, eine Wirtschaft, eine Währung. Und jetzt erkennen wir ein doppeltes Problem: Auf der einen Seite wird die bisherige Majorität, weiß und männlich dominiert, zunehmend in Frage gestellt, auf der anderen Seite ist der Wohlstand stark auf diese kommende Minorität der Weißen konzentriert. Und noch etwas. Sie sprachen eben vom Ressentiment der älteren weißen Männer. Der weiße, europäischstämmige Teil der amerikanischen Bevölkerung, der zugleich über den größten Teil des Wohlstands und des Reichtums der Nation verfügt und über den größten Einfluss, befindet sich zugleich in einem Alter, wo man sich diffus gefährdet fühlt – ein Syndrom, das auch in anderen westlichen Nationen vorhanden ist. Dann gibt es noch einen afroamerikanischen Präsidenten. Mir scheint es kein Zufall zu sein, dass die Tea-Party-Bewegung genau in dem Augenblick losgetreten wurde, als Barack

Obama Präsident wurde; da gibt es aus meiner Sicht zahlreiche Verbindungen. Man glaubt, indem man nach rechts rückt, seinen Reichtum zu schützen, seine Sicherheit zu schützen, was auch immer. Das ist eine Entwicklung, die wir aber nicht nur in Amerika beobachten. Ich glaube, es ist eine generelle Herausforderung des Westens.

STERN Es drückt sich in Amerika klarer aus, würde ich sagen. Auch die Opposition gegen die Gesundheitsreform kommt ja zu einem großen Teil aus dieser Gruppe, die darin eine Umverteilung zu ihren Lasten sieht.

FISCHER Das Umverteilungsargument finden Sie überall. Das kommt nicht nur von rechts, das kann auch in linken Gewändern daherkommen, es ist immer dieselbe Haltung, oft mit einem starken Schuss Xenophobie vermischt. Wobei kleine Nationen sich sehr viel schneller durch Zuwanderung in ihrem Lebensgefühl in Frage gestellt sehen. Denken Sie an den Erfolg dieses blonden Recken in den Niederlanden.

STERN Da wären wir dann bei der Frage nach der Zukunft des Multikulturalismus. Das ist für viele Leute sehr hart zu schlucken.

FISCHER Halt, halt, halt. Jetzt müssen wir präzise sein. Was heißt Multikulturalismus? In Deutschland heißt es jedenfalls etwas völlig anderes als in den Niederlanden oder in Großbritannien. Dort heißt Multikulturalismus, man akzeptiert die Integrität ethnischer oder religiöser Communities, die dann nach ihrer eigenen Fasson selig werden sollen. So weit ist Deutschland nie gegangen, das muss man so deutlich sagen. Bei uns heißt Multikulturalismus, ob wir Zuwanderung anerkennen.

STERN In den Niederlanden, in Großbritannien, auch in Frankreich und einigen weiteren Staaten Europas ist Multikulturalismus das Erbe des Imperialismus.

FISCHER Nicht ganz, wenn sie an die Nordafrikaner in den Niederlanden denken. Es gibt in Europa jedenfalls unterschiedliche Interpretationen von Multikulturalismus, auch unterschiedliche Realitäten. Man muss da schon sehr genau sein. In den USA gehört der Nativism – also der Anspruch auf Sonderrechte für diejenigen, die bereits etabliert sind, und der Widerstand gegen Neuankömmlinge und Einwanderer – von Anfang an eindeutig dazu.

STERN Trotzdem waren die USA immer ein Einwanderungsland, das es verstanden hat, die verschiedenen Gruppen mehr oder weniger zu integrieren. Darauf war man mit Recht stolz. Denken Sie nur an die Freiheitsstatue und Ellis Island als Hafen der Hoffnung für Flüchtlinge und Verfolgte. Heute hingegen dominiert die Furcht vor Überfremdung. Vor zwei Wochen stand in der «New York Times», dass die Geburtenrate bei weißen Kindern dramatisch zurückgegangen ist und heute bei unter 50 Prozent der nichtweißen Kinder liegt. Die Latinos sind dabei, beinahe Bevölkerungsmehrheit zu werden, und das bedeutet für ein klassisches Einwanderungsland wie die USA schon einen qualitativen Unterschied. Bisher stand die Einwanderung, wenn ich das so sagen darf, unter weißen Vorzeichen.

FISCHER Und Englisch bleibt vorerst die dominante Sprache, auch wenn sich die USA in Richtung eines zweisprachigen Landes entwickeln.

STERN Ich komme noch mal zurück auf die Verdummung – mir fällt kein besseres Wort ein im Augenblick. Ich meine die immer größere Vernachlässigung der reinen Fakten des amerikanischen politischen Systems. Das geht inzwischen so weit, dass Freunde von mir und ich ernsthaft darüber nachdenken, eine öffentliche Kommission anzuregen aus Republikanern und Demokraten, die festlegen soll, welche Fakten man als amerikanischer Bürger auf jeden Fall wissen muss – also von der Verfassung über das Rechtssystem bis zum Wahlsystem. Das ist ungeheuer wichtig. Wahrscheinlich können Sie sich kaum vorstellen, wie wenig die Leute bei uns wissen. Aus purer Unkenntnis fordern sie, der Staat muss abgebaut werden. Hier kann gezielte Erziehung eine Menge bewirken.

FISCHER Wenn man in Amerika bestimmte Sender einschaltet, also etwa die täglichen Nachrichten von «Fox News», dann hat das in der Tat keinen Nachrichtenwert, das ist Propaganda im Stile von Eduard von Schnitzlers unseligen Angedenkens «Schwarzem Kanal».

STERN Gut, dass Sie «Fox News» erwähnen. Dieser Sender ist für einen großen Teil der amerikanischen Öffentlichkeit das einzige Mittel, sich zu informieren.

FISCHER Aber zum einen betrifft dieser Niedergang nicht nur Amerika, und zum anderen haben Sie auch in Amerika hervorragenden Journalismus bis in den Unterhaltungsbereich hinein. Der Qualitätsjournalismus findet seine Nischen.

STERN Vollkommen richtig. Aber es sind Nischen.

FISCHER Dieses Problem haben Sie überall. Eigentlich müsste jemand «Strukturwandel der Öffentlichkeit Teil 2» schreiben. Jürgen Habermas wird das nicht mehr tun, aber die Transformation von Öffentlichkeit, die wir gegenwärtig erleben …

STERN Und die immer dynamischer weitergeht.

FISCHER Das müsste mal systematischer durchdacht und aufgearbeitet werden, weil hier in der Tat ein Kernbereich der Demokratie betroffen ist. In der Massendemokratie spielt das noch eine sehr viel größere Rolle als früher, denn wenn eine Massendemokratie der Propaganda erliegt, könnte daraus ein ernsthaftes Problem entstehen. Aber machen wir uns auch hier nichts vor: Amerika geht voran, der Rest der Welt folgt. – Ich frage mich übrigens, ob es richtig ist zu sagen, dass Angst so viele Amerikaner für die Parolen der Tea Party empfänglich macht. Vielleicht ist es ja doch mehr. Vielleicht hat es tatsächlich mit einer allgemeinen Niedergangerfahrung des Westens zu tun, auf die man durch ein aggressives «America first!» reagiert.

STERN Ich glaube, man sollte ein anderes Wort benutzen: Verunsicherung. Dass so viele Amerikaner sich in eine Gated Community zurückziehen, das darf man nicht unterschätzen.

FISCHER Ja gut, aber dass man sich in solche geschützten Wohnviertel zurückzieht, hat ja wiederum mit dem verachteten Staat zu tun, der nicht in der Lage ist, die Sicherheit seiner Bürger zu garantieren. 2006 war ich mehrere Monate in Princeton, und da saß ich mit meiner Frau mehr als ein Mal abends am Küchentisch, und wir sprachen darüber, was wir so am Tag erlebt hatten, privat oder an der Universität, und unser genereller Eindruck war der, dass du als deutscher Steuerzahler zwar etwas mehr bezahlst, dass du aber sehr viel mehr an staatlichen Leistungen zurückbekommst. In Deutschland musst du nicht in eine Gated Community ziehen. In Princeton war völlig klar, in welchem Distrikt du wohnen musst, und wenn du im Nachbardistrikt wohntest mit einem schulpflichtigen Kind, dann hattest du schlechte Karten.

STERN Also Princeton kenne ich ziemlich gut …

FISCHER Ganz Princeton könnte man fast als eine Gated Community bezeichnen.

STERN Genau besehen, vielleicht nicht, es gibt auch verarmte Viertel, schwarze Viertel. Aber es gibt überall im Land diese Gated Communities, und das ist nicht nur symbolisch wichtig, es ist auch realpolitisch wichtig. Wer dort lebt, lebt abgeschnitten von der Mehrheit und will abgeschnitten sein, geschützt nicht nur vor Räubern und Dieben, sondern vor allem vor fremden Einflüssen. Und das meine ich mit Verunsicherung. Man bleibt unter sich und geht dem Fremden aus dem Weg. Ich muss ehrlich gestehen, dass ich im Augenblick nicht schildern kann, wie das alles zusammenhängt. Aber ich bin davon überzeugt, dass die kulturelle Spaltung des Landes, die fortschreitende Verdummung, die Ablehnung des Staates und – nicht zu vergessen – die Macht des Geldes, dass das alles zusammenhängt und die Sache sehr gefährlich macht.

FISCHER Bei allem, was Sie hier zu Recht anführen, Fritz, dürfen wir die positiven Seiten des amerikanischen Systems nicht außer Acht lassen. Die Margendifferenz zwischen links und rechts ist bei Wahlen relativ klein, weil beide Seiten in etwa gleich stark sind. Aufgrund des Wahlsystems kann das dazu führen, dass mal die eine und mal die andere Seite den Kongress dominiert. Es sind relativ wenige Staaten, die über die Präsidentschaftswahlen entscheiden; die Mehrzahl ist festgelegt, von vornherein eingebucht, aber letztendlich geht es um die Mitte. Das muss man sehen. Und diesen eingebauten Mechanismus in die Mitte, den finde ich doch sehr faszinierend. In Deutschland könnten wir uns diesen extremen Pendelschwung nie leisten, ohne dass Chaos und Schlimmeres ausbricht, niemals. Aber die USA können das.

STERN Dennoch, das Spektrum hat sich verschoben. Aufgrund dieser Verschiebung sieht man George W. Bush heute beinahe schon als einen liberalen Konservativen. Die republikanische Partei distanziert sich von Bush, der weiß Gott schlimm genug war. Wir schreiben jetzt Mai 2012. Wenn das Buch erscheint, wird möglicherweise ein neuer Präsident da sitzen. Im Augenblick, würde ich sagen, steht es 50:50. Wie es ausgehen wird, hängt zum Teil wirklich auch von euch ab, von euch in Europa.

FISCHER Fritz, mit diesem Appell können wir das Kapitel gern abschließen. Wir nehmen das sehr ernst. Ein Zusammenbruch des Euroraums würde eine Weltwirtschaftskrise lostreten, die Obama definitiv das Amt kosten würde. Wenn Europa in den nächsten Wochen in den Abgrund hüpft, dann war's das mit Obama – von den trüben Aussichten für Europa ganz zu schweigen.

VIII Zwei letzte Fragen

STERN Ich habe noch zwei Fragen, Joschka. Ich fange mal mit der deutschen Wiedervereinigung an. Für mich war die Haltung der Grünen in den Jahren 1989/90 vollkommen unverständlich. Ich habe damals von der zweiten Chance gesprochen und gesagt, dass die Wende für Deutschland eine zweite Chance wäre, von der ich mir freilich in keiner Weise sicher sei, dass sie genutzt wird. Die Leistung von Helmut Kohl steht heute, glaube ich, außer Zweifel. Während die Grünen – und auch die SPD – damals wohl den Fehler gemacht haben, sich in dieser Frage nicht eindeutig für eine schnelle Vereinigung auszusprechen, und lauter Vorbehalte anmeldeten. Bei den Bundestagswahlen 1990 sind sie dann auch unter die fünf Prozent gerutscht und aus dem Bundestag ausgeschieden.

FISCHER Es ist etwas komplizierter.

STERN Erklären Sie es mir.

FISCHER Ich persönlich hatte vor der Einheit Angst, Fritz, nicht vor der Freiheit, wohlgemerkt. Ich fürchtete, Deutschland könnte wieder in eine Rolle geraten, die wir alle nicht wollen konnten. Vielen in meiner Partei, wie auch übrigens manchen DDR-Dissidenten, ging es so, wir fürchteten uns vor den Geistern der Vergangenheit. Mal sehen, wie es sich jetzt entwickelt. Die alten Geister werden wohl nicht wiederkommen, aber aufgrund der neuen Größe Deutschlands könnte die Lage sehr viel schwieriger werden, als wir uns das wünschen.

STERN Für viele Ostdeutsche könnte damals der Eindruck entstanden sein, als ob sie von der deutschen Linken ausgeschlossen werden sollten, weil die Kosten der Einheit angeblich zu hoch waren.

FISCHER Wir waren für die Freiheit, hatten aber große Skepsis wegen der Einheit.

STERN Da muss ich Ihnen sagen, dass ich die Sorge vor einem Wiedererwachen des Nationalismus zu keinem Zeitpunkt geteilt habe. Natürlich musste man mit der neuen Macht – von der ja noch niemand wusste, wie groß sie eines Tages tatsächlich sein würde – behutsam umgehen. Zumal aus dem Wissen um die Vergangenheit. Aber die Wiedervereinigung war ja, international gesehen, die moralische Anerkennung der Bundesrepublik. Mit ihrer Zustimmung zur Wiedervereinigung haben die Siegermächte des Zweiten Weltkriegs zum Ausdruck gebracht, dass die Bundesrepublik seit 1949 mit politischer Vernunft gehandelt hat und dass man von diesem Land erwarten oder hoffen konnte, dass es diese Politik der Vernunft fortsetzen würde. Ich gebe zu, dass ich 1989 eine Zeitlang eine gewisse Sympathie hatte für diejenigen, die nach einem dritten Weg gesucht haben. Diesen Standpunkt habe ich aber recht bald aufgegeben, weil mir klar wurde, es gibt keinen dritten Weg, es gibt nur die liberale Demokratie.

FISCHER Also, mit Modrows Pressekonferenz nach seiner Rückkehr aus Moskau, der berühmten Deutschland-einig-Vaterland-Pressekonferenz, war die Sache für mich entschieden. Ich habe damals die Live-Übertragung im Fernsehen gesehen, und da war mir klar, das war's. Deshalb, um auf Ihre Ausgangsfrage zurückzukommen: Die Grünen sind nicht gescheitert wegen der Einheit, weil sie da eine andere Position vertreten hätten oder zögerlich gewesen wären, sondern weil die Themen der Grünen überhaupt keine Rolle spielten. Ich war von Anfang an in den Wahlkämpfen in Ostdeutschland unterwegs, und das war nun wirklich für uns Eiswürfel im Winter in Alaska verkaufen.

Es gab eine kleine, sehr aktive Umweltbewegung, die im Naturschutzbereich auch einiges erreicht hat – Matthias Platzeck, heute der brandenburgische Ministerpräsident, ist einer von jenen, die aus dieser Zeit herüberragen. Es ist auch einiges unter Lothar de Maizière gerade im Naturschutz gemacht worden, was bleibend ist, zum Beispiel der Naturschutzgürtel entlang der innerdeutschen Grenze. Also nicht weil sie die Einheit nicht wollten, sondern weil sie mit ihren Themen nicht durchkamen, sind die Grünen nicht in den Bundestag gekommen.

STERN Wenn man sieht, die Themen kommen nicht an, dann muss man die Themen eben wechseln. Eiswürfel in der Wüste sind eben das falsche Thema.

FISCHER Nein, Eiswürfel in der Wüste würden sehr gut gehen, in Alaska im Winter gehen sie nicht. In der Wüste Eiswürfel verkaufen …

STERN Die zerrinnen Ihnen, noch bevor Sie sie angeboten haben. So ähnlich wie die Themen der Grünen …

FISCHER Es ist eine Frage, wie Sie das Problem managen. Aber wenn Sie in der Wüste Eiswürfel anbieten, dann haben Sie eigentlich ein sehr gut gehendes Business.

STERN Auf der anderen Seite ist der Markt etwas begrenzt.

FISCHER Da haben Sie recht. Die Grünen haben sich wie üblich selbst ins Bein geschossen. Wäre der Entwurf zum Wahlrechtsgesetz für den ersten gemeinsam Deutschen Bundestag, den SPD und CDU/CSU vereinbart hatten, bestehen geblieben, wären die Grünen drin gewesen, weil es dann eine gemeinsame Zählung gegeben hätte. Aber das Genie von Christian Ströbele, damals unser Bundesvorsitzender, hat das verhindert. Ich sehe Hans-Jochen Vogel noch mit hochrotem Kopf in einem Bonner Restaurant vor mir sitzen, wie er sich ereifert: «Ein Tor, ein unglaublicher Tor, wie konnte er nur?» Ströbele ist in Karlsruhe klagen gegangen und hat, oh Jammer, Recht bekommen, mit der Konsequenz, dass die Ost-Grünen, gemeinsam mit Bündnis 90, mit sieben Abgeordneten drin waren – allerdings kaum wegen der Umwelt, sondern vor allem wegen ihres Mutes als Oppositionelle und Bürgerrechtler in der späten DDR und während der Wendezeit –, und die West-Grünen waren draußen. Hätte Ströbele die Klage gelassen, wären wir gemeinsam im Bundestag gewesen.

STERN Mein Eindruck bleibt trotzdem, dass die Grünen 1990 das eigentliche Thema, das Einheitsthema, verpasst haben. Denken Sie an das böse Wort: Die haben die Banane gewählt …

FISCHER Entschuldigung, das war Otto Schily. Der war damals bereits Sozialdemokrat.

STERN Ich weiß.

FISCHER Die Stimmung hat er damit getroffen, ja. Aber stellen Sie sich mal vor, alle Parteien wären angetreten zu einem Wettbewerb «Wer ist die nationalste?», und jede hätte von sich behauptet, wir sind noch schwarz-rot-goldener als ihr. Ich glaube, das wäre sehr schlecht für Deutschland gewesen.

STERN Das ist richtig. Die Bescheidenheit, mit der die Wiedervereinigung durchgeführt und dann festgeschrieben wurde, war verblüffend, ohne jedes Auftrumpfen. Man braucht ja nur 1990 mit 1871 vergleichen. Das war sehr eindrucksvoll!

FISCHER Helmut Kohl hat das gut gemacht, überhaupt keine Frage. Man würde sich wünschen, dass die jetzige Kanzlerin in der europäischen Krise ähnlich entschlossen und weitsichtig agierte wie damals Helmut Kohl mit seinem Zehn-Punkte-Plan.

STERN Mit der Ausnahme, dass er die polnische Grenze nicht unter die zehn Punkte aufgenommen hat, das ist ihm mit Recht übel genommen worden. Das war ein Fehler, den ich damals sofort beklagte.

FISCHER Das ist wahr, ein entscheidender Punkt, den er aber nachher korrigiert hat, weil es ohne die Anerkennung der polnischen Westgrenze keine deutsche Einheit gegeben hätte. Was die Währungsumstellung 1:1 angeht, heißt es, es hätte dazu keine Alternative gegeben, aber ich bezweifele es immer noch. Im Übrigen ist das damals von den Sozialdemokraten angeschoben worden, eigentlich von Ingrid Matthäus-Maier, ihrer finanzpolitischen Sprecherin. Für die Umstellung einschließlich der Rentenangleichung war aber eindeutig der Wahlkämpfer Kohl verantwortlich, der die Wählerschaft fest im Auge hatte. Dafür haben wir einen hohen Preis bezahlt, aber das ist alles Schnee von gestern.

STERN Nachher korrigiert, richtig. Aber ein Schaden blieb. Sonst war im Grunde die Haltung: Egal, was das kostet, wir müssen hier so schnell wie möglich durch, weil wir diese einmalige historische Chance haben.

FISCHER Diese Haltung würde ich mir jetzt in der europäischen Krise wieder wünschen.

STERN Egal, was es kostet.

FISCHER Ja, egal, was es kostet. Wir gehören zusammen, wir bleiben zusammen. Wenn dies glaubhaft gemacht werden würde, dann würde sich sehr schnell vieles ändern.

STERN Es wäre natürlich leichter und einfacher zu vermitteln, wenn es um eine Nation ginge und nicht um ganz Europa. Das Europabewusstsein ist in dem Sinne viel zu wenig ausgeprägt und in keiner Weise zu vergleichen mit dem Einheitsbewusstsein der Deutschen 1989/90.

FISCHER Sie haben sicher recht, Fritz, selbst in meinem skeptischen westlichen Kopf war völlig klar, die Einheit wird jetzt kommen. In Europa sind wir leider noch nicht so weit, aber dennoch: Es geht gerade, angetrieben durch die Krise, voran.

STERN Richard von Weizsäcker bedauert es bis heute, dass die Kräfte, die an den Runden Tisch geführt haben und dann am Runden Tisch auch vieles mitbestimmt haben, im Laufe des Vereinigungsprozesses immer mehr an Gewicht verloren. Er spricht in diesem Zusammenhang von einem bürgerschaftlichen Element, das in der deutschen Politik sehr selten zu Wort komme. Diese Kräfte seien dann im politischen Alltag leider schnell aufgerieben worden, und damit seien auch die Chancen auf einen gemäßigten dritten Weg, wenn man so will, zerstoben.

FISCHER Ich glaube, zwei Fehler wurden gemacht. Der erste wurde von der SPD gemacht. Kohl hatte eine klare Machtstrategie, die darauf hinauslief, die Ost-CDU, hundertprozentige Blockflöten, zu integrieren nach dem Motto: Geld abliefern, niederknien, dann bekommt ihr das Aschekreuz, drei schmerzensreiche Rosenkränze und Absolution – und seid fortan gute Christdemokraten. So war Helmut Kohl. Die Sozialdemokraten haben einen strategischen Großfehler gemacht, der dann zur PDS führte. Klar war, dass es für die Hauptbelasteten aus den ersten Reihen keine Option geben konnte. Aber die Geschichte wäre anders verlaufen, wenn ein ernst gemeinter Versuch stattgefunden hätte, die vielen heimatlosen SED-Leute ab der fünften oder sechsten Reihe zu integrieren. So aber fing die heimatlos gewordene Elite der ehemaligen DDR an, eine eigene Partei zu machen. Was die Regimetreue anbetraf, gab es zwischen Blockparteien und SED wirklich nur graduelle Unterschiede. Der zweite große Fehler, der gemacht wurde, betrifft die Rolle der Bürgerrechtler. Sie haben das eben mit Ihrem Hinweis auf Richard von Weizsäcker angesprochen. Ich war damals Mitglied der Verfassunggebenden Kommission und kann nur sagen, vor allem von Seiten der CDU/CSU kam jedes Mal ein rigoroses Nein, wenn es darum ging, der ostdeutschen Opposition entgegenzukommen. Nicht machtpolitisch, aber was das Selbstbewusstsein der Ostdeutschen betraf, wäre es von großer Bedeutung gewesen, hätte man die Rolle der DDR-Bürgerrechtsbewegung stärker betont und Elemente ihrer Opposition ins Grundgesetz aufgenommen. Das hätte den Charakter des Grundgesetzes überhaupt nicht verändert, aber den Ostdeutschen das Gefühl gegeben, wir sind nicht nur beigetreten, sondern wir haben auch etwas zu der neuen gemeinsamen deutschen Demokratie beigetragen. Es wäre dann eine ganz andere emotionale Grundstimmung entstanden. So aber hat der Vereinigungsprozess viel Frustration bei den Ostdeutschen hervorgerufen: Wir sind da beigetreten und …

STERN Wir wurden beigetreten.

FISCHER Wir wurden beigetreten. Aber auch das liegt alles hinter uns, es ist entschieden und …

STERN Aber da sind Fehler begangen worden, große Fehler. Wie die Ostdeutschen behandelt wurden, gerade auch in Angelegenheiten, die ich mitverfolgen konnte, zum Beispiel an den Universitäten …

FISCHER Da sind große Fehler begangen worden, ja. Aber der Kardinalfehler wurde am Anfang begangen. In Sonntagsreden wurde ja immer lobend hervorgehoben, wie friedlich diese Revolution war und wie toll, aber niemand im Westen hat ernsthaft darauf hin gewirkt, diese Erfahrung der friedlichen Revolution konstitutiv in den Verfassungsbestand des vereinigten Deutschland aufzunehmen, und das fand ich eigentlich eine vertane Chance. Wir waren uns alle einig, wir wollen das Grundgesetz nicht in der Substanz ändern, aber das war eine Scheindebatte, darum ging es gar nicht. Sondern es ging um die Frage, was bleibt von der friedlichen Revolution über die staatliche Einheit hinaus, was bleibt von jenen Elementen, die Richard von Weizsäcker gern bürgerschaftlich nennt, die für mich aber erkämpfte Demokratie waren, erkämpft gegen die SED-Diktatur.

STERN Es ging im Kern um die psychologische Anerkennung dessen, was in den Kreisen der DDR-Dissidenten an Widerstandsgeist entwickelt wurde und schließlich zum Zusammenbruch des Regimes geführt hat, das hätte man 1990 ganz anders honorieren müssen.

FISCHER Jetzt haben wir eine ostdeutsche Bundeskanzlerin und einen ostdeutschen Bundespräsidenten.

STERN Das ist die List der Geschichte, fast möchte ich sagen, die Rache.

FISCHER Nein, nicht Rache. Es ist okay, ja mehr noch, es ist fortan selbstverständlich und deshalb hoch zu veranschlagen – zudem noch eine Frau. Aber ich sage jetzt nichts über die Qualität ihrer Politik, damit ich nicht missverstanden werde – das ist ein völlig anderes Thema.

STERN Ich wage trotzdem mal eine Behauptung. Die Herkunft von Frau Merkel aus der ehemaligen DDR macht die Diskussion über die Rettung des Euro und die Zukunft des Euroraums nicht leichter. Sie ist in diesen Dingen in einer ähnlichen Situation wie gegenüber 68.

FISCHER Ja, aber so ist es nun mal, das gehört eben auch zum wiedervereinigten Deutschland. Soll ich darüber klagen? Et kütt, wie et kütt, sagt der Rheinländer.

STERN Ich würde nur hinzufügen, wie gesagt, dass es nicht nur eine Frage der Verfassung war, sondern eine Frage der Psychologie. Die DDR wurde ja regelrecht abgewickelt, so wie man ein Unternehmen abwickelt, das in Konkurs gegangen ist. Oder zumindest haben es viele Ostdeutsche so empfunden. Das etwas vornehmere Wort dafür hieß evaluieren, alles wurde angeblich evaluiert, aber was ich zum Beispiel an den Universitäten erlebt habe, lief in Wirklichkeit auf eine Säuberung hinaus, und das hat die Ostdeutschen mit Recht verbittert.

FISCHER Hat die PDS stark gemacht.

STERN Ja. Hinzu kam, dass die Wessis ziemlich überheblich auftraten und alles besser wussten.

FISCHER Und es waren nicht immer die Besten, die in den ersten Jahren in die neuen Bundesländer gingen. Es sind auch gute Leute hingegangen, aber bei vielen Professoren, die aus dem Westen kamen, dürften sich die Kollegen im Osten schon gefragt haben, warum sie für solche Pfeifen in den Zwangsruhestand versetzt wurden.

STERN Und im Seminar sitzt ein Student und sagt sich: Dafür bin ich doch am Montag nicht auf die Straße gegangen.

FISCHER Ja, und das war dann der Unterbau, der emotionale, aber auch der personelle Unterbau mitsamt deren Knowhow, auf dem die PDS aufbauen konnte. Die ist nicht umsonst eine starke Partei im Osten.

STERN Man hätte den neuen Bundesländern die bundesdeutsche Gesetzgebung, insbesondere die Ausführungsbestimmungen zu einzelnen Gesetzen, nicht von Heut auf Morgen überstülpen dürfen.

FISCHER Sondern wie?

STERN Stufenweise.

FISCHER Ja, aber welcher Investor geht dahin, wenn die Gesetzeslage nicht klar ist? Das war nicht so einfach. Zweifellos wurden große Fehler gemacht, aber in einer solchen Umbruchsituation gibt es nun einmal keine Lehrbücher, und deswegen bin ich der Meinung, alles in allem ist das schon gut gelaufen. Natürlich gibt es jede Menge Geschichten zu erzählen, wie da Gemeinden plötzlich zu Kläranlagen kamen, die ihren Bedarf um ein Vielfaches überstiegen, was dann zu ruinösen Abwasserpreisen führte und und und. Aber das war die Anfangsphase, «Wildost» sozusagen. Auf der anderen Seite hängt ein guter Teil der wirtschaftlichen Stärke, über die Deutschland gegenwärtig verfügt, auch damit zusammen, dass wir mit der Einheit, was die ökonomische Seite und die Infrastruktur angeht, weitgehend durch sind. Strukturschwache Gegenden wie Mecklenburg-Vorpommern oder Teile von Brandenburg waren schon vor dem Krieg benachteiligt. Solche Gegenden gibt es aber im Westen genauso.

STERN Einverstanden. – Mich beschäftigt in diesem Zusammenhang noch etwas anderes, denn ein Name ist im Verlauf unseres Gesprächs noch überhaupt nicht gefallen, der Name Gorbatschow. Das geht nicht. Ich meine, ohne Gorbatschow wäre es nicht zur deutschen Einheit gekommen. Wir haben übereinstimmend festgestellt, dass Kohl sich große Verdienste erworben hat. Aber er hatte einen Partner – und das war, historisch gesehen, ein unwahrscheinlicher Glücksfall –, der die Wiedervereinigung in einem internationalen Rahmen ermöglichte.

FISCHER Unter Putin hätte sie nicht stattgefunden.

STERN Genau.

FISCHER Gorbatschow und Schewardnadse. Zu Schewardnadse kann ich eine Geschichte erzählen. Als ich zum ersten Mal nach der Revolution in Tiflis war, wollte ich als Bundesaußenminister Schewardnadse treffen, und die georgische Regierung hatte natürlich ganz lange Zähne, weil er das alte Regime repräsentierte. Ich habe denen gesagt: Hört zu, das richtet sich überhaupt nicht gegen euch, aber ihr müsst wissen, was immer Schewardnadse tut, ob wir da übereinstimmen oder nicht, es müssten schon ganz schlimme Dinge passieren, dass wir Deutsche ihm nicht unsere Dankbarkeit versichern. Solange nur einer von denen lebt, die die Nacht vom 9. November 1989 mitbekommen haben und dann den 3. Oktober 1990, werden Gorbatschow und Schewardnadse in Deutschland Ehrenbürgerrecht genießen. Also, habt euch nicht so, ich geh' den jetzt besuchen. Die georgische Regierung hat das dann auch verstanden.

STERN Ich wünschte, dass ich wirklich glauben könnte, was Sie da sagen. Sie haben vollkommen recht, aber ich bezweifle, ob das in der jetzigen deutschen Bevölkerung auch so verstanden wird.

FISCHER Oh, doch. Wenn Sie heute mit Gorbatschow über die Straße gehen, was glauben Sie, was da los ist? Es ist wirklich so.

STERN Ja, wenn er hier über die Straße geht. Aber wenn er nicht hier über die Straße geht ... Und es würde auch wohl weder mit Schewardnadse funktionieren – was ich verstehen kann, weil er nicht dieses Ansehen hat, weltweit – noch mit Gorbatschow in Moskau. Dort ganz bestimmt nicht. In seinem eigenen Land gilt er ja als derjenige, der die Macht des Imperiums verspielt hat.

FISCHER Richtig, dafür wurde er ja vom späten Sebastian Haffner auch heftig kritisiert – zu Unrecht, wie ich finde. Die Sowjetunion war kaum mehr überlebensfähig, das russische Imperium seit langem überdehnt.

STERN Ich fand vor allem Gorbatschows Rede vom gemeinsamen Haus Europa wichtig, die er wohl Anfang '89 hielt. Wobei er sein eigenes Land als Mitbewohner des Hauses selbstverständlich dazu zählte. Ich empfand das damals als wegweisend und schrieb einen Artikel, sozusagen Gorbatschow begrüßend. Dass er die USA außen vor ließ, erschien mir allerdings bedauerlich und falsch.

FISCHER Ich meine, das Thema bleibt. Ein gemeinsames Haus Europa klingt zurzeit zwar unwahrscheinlich, weil Putin die Eurasische Union schaffen will. Es bleibt für Russland dennoch die große Frage: Wo gehören wir hin, nach welcher Seite wollen wir uns orientieren. Und da kommen wir zurück zum Grundbass Europa. Ein starkes Europa eröffnet andere Perspektiven, als wenn Russland wieder eingeladen wird, die alte imperiale Rolle gegenüber einem gespaltenen und schwachen Europa zu spielen. Ich meine, dass Russland zu schwach ist, um im 21. Jahrhundert – in der neuen Weltordnung mit den XXL-Mächten China, Indien, Brasilien, USA – allein gehen zu können. Wir haben nicht mehr die bipolare Welt des Kalten Krieges, das strategische Gewicht Russlands ist nicht groß genug, die Bevölkerungsentwicklung ist negativ, und wenn sie allein bleiben, als Petrostaat, dann wird es für das Land sehr schwer werden. Bleibt also nur die Westorientierung. Aber ob Russland unter Putin den dafür notwendigen Weitblick hat, bezweifle ich. Stattdessen scheint es erneut in Richtung großrussischer Träume zu gehen.

STERN Wie sich Russland entwickeln wird, ist zurzeit unberechenbar.

Dieser Zwist im russischen Bewusstsein ist alt; im 19. Jahrhundert war das Land sozusagen zerstritten zwischen «Slawen» uns «Westlichen».

FISCHER Also, aus Lokalberliner Sicht sind die Russen mittlerweile, glaube ich, fast so stark vertreten in der Stadt wie die türkische Minderheit. Wir haben hier eine sehr starke russische Zuwanderung, vor allen Dingen Mittelschicht und obere Mittelschicht – die ganz Reichen gehen nach London. Es gibt eine starke russische Community in Europa, und die Bevölkerung zu Hause in Russland blickt ebenfalls nach Westen, nach Europa und den USA. Das hat man gesehen in Moskau und Sankt Petersburg bei den Protesten vor den Wahlen. Vor allem die jungen Leute orientieren sich sehr stark in Richtung Westen, nicht Richtung Fernost und schon gar nicht in Richtung islamische Welt.

STERN Es besteht aber auch die Gefahr, dass die Russen sich sozusagen nach innen orientieren. Das war bei Gorbatschow eben klarer, er strebte in das gemeinsame Haus Europa.

FISCHER Ja, und Putin möchte das Imperium unter neuen Bedingungen wieder erschaffen.

STERN Genau, und das macht die Entwicklung nicht ungefährlich, denn bei allen momentanen Schwächen ist Russland trotzdem nach wie vor eine Weltmacht mit Weltmachtanspruch und Weltmachtpotential.

FISCHER Ob Russland noch eine Weltmacht ist, da würde ich ein Fragezeichen setzen, ein ganz dickes.

STERN Aber der Anspruch, der ja auch historisch bedingt ist …

FISCHER Ob der Anspruch der Realität entspricht, da würde ich noch ein großes Fragezeichen setzen. Die Russen sind eine Nuklearmacht mit globalen Nuklearkapazitäten, keine Frage. Aber ob sie diese Macht noch global projizieren können, wie das die alte Sowjetunion konnte, das wage ich ernsthaft zu bezweifeln.

STERN Trotzdem wäre es geradezu fahrlässig, sie zu unterschätzen.

FISCHER Also ich unterschätze Russland keineswegs. Aber schon im konventionellen Bereich, wenn Sie sich den Zustand des russischen Militärs heute anschauen …

STERN Der ist ohne Zweifel anders als noch vor 25 Jahren. Aber gehen Sie nach Polen, da sieht man das ganz anders mit den Russen.

FISCHER Aber nicht, weil sie eine Weltmacht sind, sondern weil sie der indirekte Nachbar sind.

STERN Ja, sind sie der indirekte oder nicht doch der direkte Nachbar? Das ist ja schon die nächste Machtfrage.

FISCHER Das ist eine der zentralen Fragen der postsowjetischen Ordnung in Europa. Was wird aus der Ukraine? Was wird aus Weißrussland? Wenn das in Richtung Eurasische Union geht, wenn wir die Ukraine sozusagen …

STERN Ziehen lassen.

FISCHER Wir können sie nicht dran hindern. Aber wenn wir sie wegdriften lassen, wenn wir uns um sie nicht kümmern, dann werden wir in der Tat eine Veränderung der postsowjetischen Ordnung in Europa erleben. Die Ukraine ist deren Eckstein, das wissen die Polen sehr genau. Und bedauerlicherweise wissen das andere in Europa nicht.

STERN Aus russischer Sicht sieht das anders aus. Da unternimmt der Westen zahlreiche Anstrengungen, Weißrussland und die Ukraine aus der russischen Hemisphäre herauszubrechen, und das können und wollen die Russen nicht zulassen. Ich finde, dass der Westen bisher kein schlüssiges Konzept entwickelt hat und zum Teil unüberlegt agiert, wenn Sie etwa an den geplanten Raketenschild denken.

FISCHER Der richtet sich aber doch nicht gegen Russland.

STERN Die Russen fühlen es aber so.

FISCHER Die Russen fühlen das nicht. Aus meiner Sicht wird das von Russland benutzt.

STERN Propagandistisch, meinen Sie?

FISCHER Als eine diplomatische Interventionskarte, bis hierher und nicht weiter. Vielleicht können wir uns darauf verständigen zu sagen: Über die Ukraine gibt es einen echten Dissens, und die Frage ist, wie wird der Westen sich verhalten? Gibt er die Ukraine auf? Sagen wir, okay, soll die Eurasische Union doch entstehen? Ich hielte das für einen großen Fehler.

STERN Am wichtigsten scheint mir, dass wir nicht wieder in die Mentalität des Kalten Krieges verfallen, so als ob alles, was Russland schwächt, uns zugute käme. Ich finde übrigens, dass die Bundeskanzlerin, was Russland anbelangt, ein gutes Gespür hat.

FISCHER Richtig. Einbindung statt Konfrontation sollte die politische Grundlinie heißen, aber ohne Illusionen und falsche Nachgiebigkeit.

STERN Dann komme ich zu der zweiten Frage, die ich noch loswerden wollte, und die betrifft den Kosovo-Einsatz. Ich habe das damals vollkommen verstanden und fand die Intervention absolut notwendig. Was mich nicht ganz überzeugte, war die spezielle Begründung, die Sie als deutscher Außenminister gegeben haben. Sie haben damals in etwa gesagt – ich zitiere aus dem Kopf: Weil wir Deutsche Auschwitz zu verantworten haben, tragen wir eine besondere Verantwortung dafür, dass sich so etwas nie wiederholt.

FISCHER Halt, Fritz. Was genau habe ich gesagt? Und wann habe ich es gesagt? Wir hatten neulich eine Diskussion mit meinem früheren französischen Kollegen Hubert Védrine, der uns zwei Mal nachdrücklich aufgefordert hat, das mit der Vergangenheit jetzt mal endlich gut sein zu lassen, weil er meinte, das wäre ein Hemmnis gegen eine aktivere militärische Rolle Deutschlands. Ich halte das für keine gute Idee, habe ich ihm geantwortet, und das wird auch nicht funktionieren.

STERN Aber Sie haben es doch beim Kosovo-Einsatz geradezu umgedreht: Weil Deutschland diese Vergangenheit hat, ist es zum Eingreifen besonders verpflichtet.

FISCHER Nee, was habe ich genau gesagt und wann beim Kosovo-Einsatz? Am Tag, an dem die Serben mit Deportationen aus Pristina begonnen hatten, habe ich eine Pressekonferenz gegeben. Ich habe mich dort vor allen Dingen mit dem linken Flügel in unserer Partei und mit der Friedensbewegung auseinandergesetzt, indem ich gesagt habe: «Ich habe zwei Dinge gelernt, nämlich nie wieder Krieg und nie wieder Völkermord, nie wieder Auschwitz.» Das sind zwei unterschiedliche Lektionen, die sich für mich aus der jüngeren deutschen Geschichte ergeben, und ich bin in der Tat der Überzeugung, das daraus eine Verpflichtung erwächst. Durch die Balkan-Kriege erfuhr ich aber zum ersten Mal in meinem politischen Leben eine Konfrontation zwischen diesen beiden Lektionen, nämlich dass Nie-wieder-Krieg im Widerspruch stand zu Nie-wieder-Völkermord, und in Deutschland heißt das im Klartext: Nie wieder Auschwitz. Bei jedem rassistisch motivierten Angriff von Neonazis auf Zuwanderer hat die pazifistische Linke zu Recht mit einem «Wehret den Anfängen!» argumentiert, in Bosnien und im Kosovo sollte man dies angesichts der grauenhaften Verbrechen und ihrer politischen Ursachen aber nicht sagen dürfen, weil es innenpolitisch den «Pazifisten» nicht in den Kram passte? Zu meiner Meinung von damals stehe ich nach wie vor, da habe ich nichts zurückzunehmen. Ich war später im Kosovo und habe bei so einer Hinrichtungsstätte ein schottisches Pathologenteam bei der Arbeit gesehen und habe mir das alles sehr genau angeschaut, weil ich der Meinung war, jemand, der dort Soldaten hinschickt, hat hinterher auch die Pflicht hinzugehen. Sie müssen ja nur die Berichte oder die Urteile des Gerichtshofs in Den Haag lesen: Srebrenica hat stattgefunden, es ist nichts, was Joschka Fischer behauptet.

STERN Es ist für mich als Amerikaner zutiefst beschämend, dass die USA den Internationalen Gerichtshof noch immer nicht anerkennen.

FISCHER Weil sie der Meinung sind, dass ihre Soldaten die ersten wären, die dort angeklagt würden, weil sie international eben so oft eingesetzt werden müssen. Ich glaube, das ist ein großer Irrtum, denn Den Haag würde die US-Soldaten eher schützen. Es hat mich viel Arbeit gekostet, Condoleezza Rice davon zu überzeugen, dass die Verantwortlichen für die Massaker in Darfur vor den Internationalen Gerichtshof gestellt werden müssen. Als die Darfur-Resolution im Sicherheitsrat verabschiedet wurde, haben die USA und Deutschland sehr eng zusammengearbeitet, und beide haben auch dafür gesorgt, dass das Petitum vieler Nichtregierungsorganisationen aufgenommen wurde, die Verantwortlichen für die Gräueltaten dort vor Gericht zu stellen. Deutschland war damals nichtständiges Mitglied im Sicherheitsrat. Als wir uns über die Resolution fast einig waren, klingelte das Telefon – ich war noch in New York –, und am anderen Ende war meine amerikanische Kollegin. Also der internationale Strafgerichtshof ginge auf keinen Fall. Ich habe mit Engelszungen auf sie eingeredet: Mach dich nicht lächerlich, mach die USA nicht lächerlich. Zu verlangen, für teures Geld einen Sonderstrafgerichtshof einzurichten, das ist doch grotesk. Das Einzige, was infrage kam, war der Internationale Strafgerichtshof. Und nach einigen Tagen ist es dann gelungen, die US-Regierung davon zu überzeugen, dass dies keine Zustimmung der USA zur Institution bedeutet, sondern nur die Nutzung einer vorhandenen Institution, um das Strafrecht international durchzusetzen.

STERN Als Sie in dieser Pressekonferenz Ihre eigene Erfahrung als Argument ins Spiel brachten, nie wieder Krieg, nie wieder Auschwitz, und den Widerspruch, den Sie da empfanden, muss Ihnen eigentlich bewusst gewesen sein, dass genau dieser Widerspruch für viele Leute eine Intervention grundsätzlich ausschloss.

FISCHER Von welchen Leuten reden wir da? Von denselben Leuten, die das «Nie Wieder!» dauernd im Munde führten. In Solingen, als die Häuser der türkischen Zuwanderer brannten und mehrere Tote zu beklagen waren, war das Argument sofort: «Nie wieder!» In Rostock, in Hoyerswerda, immer war das Argument: «Nie wieder!» Zu Recht! Ich kritisiere das nicht. Aber Herr Milošević hätte sich durch Lichterketten sicher nicht beeindrucken lassen. Oder sollten wir bei diesem schlimmsten Rückfall in die europäische Geschichte der dreißiger und vierziger Jahre den Mund halten, weil Herr Milošević Bündnispartner verschiedener linker Gruppen und der Linkspartei war?

STERN Das war mit einem Kriegseinsatz verbunden.

FISCHER Ja, das war ein Kriegseinsatz. Die Kritik an der Polizei in Solingen damals, in Hoyerswerda und in Rostock war, dass sie nicht schnell genug da war und die Tat nicht verhindert und die Kerle nicht festgenommen hat. Die Kritik kam von links: Der Staat handelt nicht. Zu Recht! Der Staat hätte dort sehr viel energischer und schneller handeln sollen. Auf dem Balkan haben wir doch Jahre gewartet und bei grauenhaften Verbrechen tatenlos zugesehen. Dabei war offensichtlich, was in Bosnien geschehen war. Wollte man im Kosovo wieder abwarten – bis es danach in Mazedonien weitergehen würde? Das leuchtete mir alles nicht ein.

STERN Seit Srebrenica war ziemlich klar, wie das läuft.

FISCHER Ja, für mich war Srebrenica der Wendepunkt. Da sagte ich mir: Fischer, jetzt bist du in der Situation, die du deinen Alten immer vorgeworfen hast. Das war für mich der Punkt. Ich wusste, das kann für meine Partei tragisch enden, aber das hat mich dann nicht mehr interessiert.

STERN Man kann aus der Geschichte lernen.

FISCHER Ja. Und wissen Sie was? Ich konnte mich morgens im Spiegel nicht mehr sehen beim Rasieren. Ernsthaft. Derselbe Feigheitsvorwurf, den der junge Fischer seinen Eltern gegenüber am Küchentisch vorgebracht hat, der schallte mir da plötzlich von meinem eigenen Spiegelbild entgegen.

STERN Das bestätigt meinen Eindruck, und so wurde es damals ja auch in der Öffentlichkeit wahrgenommen, dass das sehr stark von Ihrer Person ausging, dass hinter dem Einsatz deutscher Truppen im Kosovo Joschka Fischer stand.

FISCHER Ja, sicher, weil ich darum kämpfen musste. Gerhard Schröder musste darum nicht kämpfen. Es war eine gemeinsame Entscheidung, aber ich will mich da gar nicht wegducken, ich war seit Srebrenica entschieden. Ich habe das Milošević auch gesagt: Da ist eine rote Linie, wir sind nach Bosnien bösgläubig, und Bosnien wird sich nicht wiederholen. Wir wissen, was kommt, und das werden wir – die Nato, angeführt von den USA – ein zweites Mal nicht zulassen. Er hat das nicht ernst genommen, aber wir haben es nicht zugelassen, und das war auch richtig.

STERN In den USA gab es damals eine heftige Debatte. Madeleine Albright wurde von den Republikanern scharf angegriffen, ein solcher Einsatz liege nicht im nationalen Interesse, das sei humanitäre Duselei.

FISCHER Man muss ehrlicherweise sagen, dass der Westen damals ein ziemlich desolates Bild abgab. Europa war zerfallen in die Fronten des Ersten Weltkriegs, erneut stand Berlin gegen Paris und London, wir hatten plötzlich wieder die Situation von 1914, als wenn die europäische Integration der vergangenen Jahrzehnte nie stattgefunden hätte. Und es waren dann ein weiteres Mal die USA, die klargemacht haben, was notwendig ist. Spätestens nach der Bombardierung von Dubrovnik, aber eigentlich schon nach der Zerstörung von Vukovar, hätte man allen Beteiligten, nicht nur Milošević, sondern allen Beteiligten klarmachen müssen: Ihr habt zwei Optionen, entweder helfen wir euch bei einer neuen Verfassung, und ihr lebt weiter zusammen, oder es kommt zu einer zivilisierten ordentlichen Scheidung, wie es die Tschechen und Slowaken gemacht haben. Wenn ihr aber so weitermacht, kommen wir mit 100 000 oder 200 000 Mann und allem, was wir militärisch haben, damit das Morden und Vergewaltigen aufhört. Da wäre Bosnien noch zu retten gewesen. Zu einer solchen Geschlossenheit war der Westen leider nicht in der Lage. Aber im Kosovo wusste man dann, was kommen würde, verstehen Sie? Mazedonien wäre die nächste Station gewesen, und spätestens da hätten sich die jugoslawischen Erbfolgekriege internationalisiert, weil Mazedonien und Bulgarien betroffen gewesen wären, Albanien, Griechenland und die Türkei, beides Nato-Mitglieder. Mazedonien stand im Zentrum der Balkankriege von 1912/13, das darf man nicht vergessen.

STERN Aber die Anerkennung von Kroatien war ein großer Fehler.

FISCHER Ein ganz großer Fehler von Genscher. Milovan Djilas hat in einem «Spiegel»-Interview damals sinngemäß gesagt, dass die Anerkennung Kroatiens das Ende Jugoslawiens bedeutet und damit auch das Ende des kleinen Jugoslawiens namens Bosnien, und so war es dann auch. Man hat Kroatien anerkannt, aber es war niemand vorbereitet auf die Konsequenzen, die daraus folgten.

STERN Was war das Motiv für die Anerkennung?

FISCHER Das dürfen Sie nicht mich fragen. Ich glaube, es war so eine Mischung aus innenpolitischem Druck – Reißmüller und die FAZ spielten da eine unrühmliche Rolle – und Sentiment: Jetzt haben wir die Einheit, da können wir anderen schlecht das Selbstbestimmungsrecht verwehren. Es war ein Stück weit auch der Versuch einer Revision der Pariser Vorortverträge von 1919/20. All das spielte, glaube ich, mit hinein, aber ich weiß es nicht, das ist Spekulation.

STERN Ich schließe aus dem, was Sie sagen, dass der richtige Zeitpunkt für eine Intervention im ehemaligen Jugoslawien möglicherweise verpasst wurde. Gibt es irgendwelche Kriterien, die es erlauben, diesen Zeitpunkt genauer zu bestimmen? Ich frage, weil ich mir wünschen würde, dass die internationale Staatengemeinschaft aus den Balkankriegen eine Lehre zieht und in Zukunft mit mehr Geschlossenheit, entschiedener und rechtzeitiger über einen humanitären Einsatz entscheidet.

FISCHER Was das ehemalige Jugoslawien angeht, sind wir heute alle klüger. Aber ob sich daraus auch schon Lehren für die Zukunft ableiten lassen, ist zu bezweifeln. Allgemein gilt, dass die Responsibility to Protect eine sehr große Rolle spielt, aber die Entscheidung fällt eher in einem jeweils sich neu formierenden politischen Kraftfeld, als dass es einen klar definierten Regelfall gibt. Es ist ein Kraftfeld, an dessen Ende eine politische Entscheidung stehen muss, die aber nur im Rahmen der internationalen Staatengemeinschaft umgesetzt werden kann. Wenn das nicht der Fall ist, kommt man schnell in die Abwägung, in der wir im Kosovo waren.

STERN Kraftfelder treffen keine Entscheidungen, die werden von konkreten Menschen gemacht. Wenn die Entscheidungen nicht durch den jeweiligen Ort bestimmt werden, das heißt nicht durch das Ausmaß der Verbrechen, sondern aus Kraftfeldern heraus, dann muss man eben diese Kraftfelder beeinflussen.

FISCHER Und trotzdem darf die Entscheidung nicht aus der Kalkulation dieser Kraftfelder allein getroffen werden. Das ist ja das Schwere, wenn du in der Regierung bist, dass du dann solche Entscheidungen treffen musst. Und wenn du sie nicht triffst, dann trifft es dich auch.

STERN Wer die Menschenrechte für unteilbar hält, hat eine natürliche Neigung zu sagen: Wenn es machbar ist, dann ist es fast schon eine moralische Pflicht.

FISCHER Dann warten wir mal ab, was passiert, wenn die westlichen Truppen aus Afghanistan raus sind, wie viele Barbareien gegenüber Frauen und Mädchen das westliche Gewissen aushalten wird. Es ist immer leicht, solche Fragen abstrakt zu diskutieren, aber wenn es konkret wird … Heute gibt es eine generelle Kriegsmüdigkeit, die fragt, was tun wir dort? Aber wenn es in Afghanistan zu einer Re-Talibanisierung kommt, die sehr schlimme Ausmaße annehmen wird, dann kann die öffentliche Meinung sehr schnell in die Gegenrichtung laufen, das darf man nicht vergessen. Grundsätzlich, da stimme ich Ihnen zu, sollte man immer eher in die Richtung gehen: Lass uns jetzt mal genau prüfen, ob wir eingreifen können. Nur, die Folgen nicht zu bedenken, das ist sehr gefährlich.

STERN Da komme ich nochmal zurück auf meine Frage. Gibt es denn nicht einen qualitativen Unterschied oder ein Kriterium, an dem sich die Notwendigkeit einer Intervention festmachen lässt, einen bestimmten Punkt, an dem es heißt: Ab da gehört das auf die Agenda der UN, und unterhalb dieser Schwelle ist es mehr eine innere Angelegenheit des jeweiligen Landes?

FISCHER Wer nach Srebrenica Bengasi drangeben wollte, den habe ich ehrlich gesagt nicht verstanden. Man mag an der Libyen-Aktion vieles kritisieren, aber die Ankündigung Gaddafis, wir machen in Bengasi Tabula rasa, die gab es nun mal, und zwar glaubhaft, und so wäre es auch geschehen. Ich verstehe bis heute nicht dieses Desaster der deutschen Außenpolitik, sich da nicht zu beteiligen, zumal von uns niemand erwartet hat, dass wir da vorneweg gehen. Aber dass wir im Sicherheitsrat nicht zugestimmt haben, das erschließt sich mir nicht. Und das ist mitnichten abgetan, sondern wohin man kommt bei unseren Bündnispartnern, geht sofort die Debatte los.

STERN Dieses Nein in Bezug auf Libyen habe ich genauso wenig verstanden, besser gesagt, sofort bedauert, ganz anders als das deutsche Nein beim zweiten Irakkrieg. Das haben viele in Amerika verstanden, weil die Deutschen das sehr gut glaubhaft gemacht haben. Vielleicht hat Westerwelle sich von dem Nein zu Libyen eine ähnliche Zustimmung versprochen, wie sie Schröder seinerzeit mit dem Nein zum Irak bekam.

FISCHER Das ist eine andere Frage, zu der ich mich nicht äußern will. Nur so viel: Der deutsche Außenminister 2011 hat den Unterschied nicht begriffen, denn beim zweiten Irakkrieg waren wir an der Seite Frankreichs, wir standen nicht allein, und hatten zudem die Fakten auf unserer Seite.

STERN Ja, aber die Haltung Frankreichs beim zweiten Irakkrieg war unsicher, und erst im letzten Moment …

FISCHER Darum drehte sich die interne Debatte zwischen Schröder und mir bis zum letzten Moment: Was tun wir, wenn wir alleine bleiben? Und ich habe klar gesagt: Eine Isolierung Deutschlands mache ich nicht mit. Da war ich entschlossen, zurückzutreten. Ich hätte vier Jahrzehnte Westintegration nicht drangegeben. Ich habe den Irakkrieg für völlig falsch gehalten, für einen gewollten Krieg, aber wie gesagt, es gibt Kraftfelder, in denen solche Entscheidungen fallen, und unser Kraftfeld war und ist das westliche Bündnis. Schröder hatte sein Nein in Goslar angekündigt, aber wenn es schiefgelaufen wäre, wären wir im Sicherheitsrat womöglich mit Syrien allein geblieben, und das wäre mit mir nicht zu machen gewesen.

STERN So wie man in der Libyen-Frage allein war mit den Russen und den Chinesen.

FISCHER Ja. Und daraus noch eine neue Strategie ableiten wollte, dass neue Kraftzentren in der Welt eben neue Bündnisse notwendig machten, das muss man sich mal vorstellen.

STERN Man kann nur den Kopf schütteln.

FISCHER Und Deutschland wieder auf eigenständiger Weltpolitik unterwegs. Halleluja!

STERN Mit diesem Seufzer sollten wir das Buch nicht enden lassen, Joschka.

FISCHER Was schlagen Sie vor?

STERN Ich plädiere für Chancengleichheit.

FISCHER Wie meinen Sie das, Fritz?

STERN Am Ende des vorigen Kapitels haben wir uns über die Präsidentschaftswahlen in den USA unterhalten. Ich habe gesagt, es steht 50:50. Wenn das Buch erscheint, wissen wir, wie es ausgegangen ist.

Jetzt sollten Sie sagen, was Sie sich von den Bundestagswahlen im Herbst erhoffen. Sie brauchen keine Prognose abzugeben, nicht einmal eine Wahlempfehlung. Aber Sie sollten sagen, was Sie sich für Deutschland wünschen. Was Sie sich für Europa wünschen.

FISCHER Anders als in den USA ist der Unterschied zwischen den beiden großen Lagern hier zu Lande in der Sache nicht sehr groß. Die Bundestagswahlen werden keine Grundsatzentscheidung über zwei unterschiedliche Gesellschaftsmodelle sein – und das finde ich gut. Wie sie ausgehen werden, kann man gegenwärtig kaum sagen, dazu ist es zu früh. Wechselstimmung existiert noch keine, aber das parlamentarische Koalitionssystem steckt voller Überraschungen. Wen ich wählen werde, ist ja nicht besonders schwer zu erraten. Aber für Deutschland ist Europa und seine Zukunft die Schicksalsfrage. Der Status quo ist nicht haltbar, entweder gehen wir voran bei der politischen Integration, oder wir fallen zurück in die Renationalisierung – und das heißt Zerfall Europas. Für mich ein Albtraum! Also wünsche ich mir vor allem eine Stärkung der europäischen Berufung Deutschlands durch die Bundestagswahlen, denn von uns wird viel abhängen.

Postskriptum, 15. Dezember 2012

FISCHER Lieber Fritz, die US-Wahlen liegen nun fünf Wochen zurück, und wir sind wohl beide erleichtert über ihren Ausgang. Was ist aus Ihrer Sicht die wichtigste Botschaft, die uns die amerikanischen Wähler mitgegeben haben?

STERN Das Wahlergebnis hat mich in der Tat unendlich erleichtert. Aber beinah 64 Millionen Stimmen für Obama – und nur *eine* Botschaft? Spontan dachte ich an einen Spruch von Abraham Lincoln: «Man kann alle Leute einige Zeit zum Narren halten und einige Leute allezeit; aber alle Leute allezeit zum Narren halten kann man nicht.» Das amerikanische Volk hat sich mehrheitlich dagegen entschieden, sich von der Wahlpropaganda der republikanischen Rechten zum Narren halten zu lassen. Das Wahlergebnis ist eine klare Absage an den fortgesetzten Abbau des New Deal, eine Absage an eine geldgesteuerte, ungerechte Wirtschaftspolitik, ein Votum für die Anerkennung von Minderheiten und der Rechte von Frauen. Darüber freue ich mich. Die Tea Party hat einen großen Rückschlag erlitten, und die Republikaner müssen jetzt aus ihrer Niederlage lernen. Sie können die Schuld nicht allein auf Romney als schlechten Kandidaten schieben. Sie müssen vernünftigere Kandidaten für den Kongress aufstellen und sich endlich einem modernen Amerika stellen. Aber der Kulturkampf zwischen – grob gesagt – der Moderne, das heißt ganz besonders der Wissenschaft, und dem religiösen Fundamentalismus geht weiter. Die

Sanierung der republikanischen Partei, die ja unentbehrlich ist, wird ein schwieriger Prozess. Und wenn es nicht bald gelingt, die Partei auch nur ein bisschen in Richtung Vernunft zu leiten, dann wird das ganze System beschädigt. Gibt es so etwas wie einen Bazillus zur Selbstzerstörung, der in der ganzen Welt Unheil anrichtet?

FISCHER Ich stimme dem im Wesentlichen zu. Bei den Präsidentschaftswahlen hat sich eine neue Mehrheit gezeigt, welche die USA transformieren wird, auch die republikanische Partei. Da zeigen sich Veränderungen, die sehr tief gehen können. Was die nächsten vier Jahre angeht, werden für Obama die Wirtschaft, der Nahe Osten und China im Zentrum seiner zweiten Amtszeit stehen.

STERN Was Israel anlangt, war es schwer für Obama, sich vor der Wahl kritisch gegenüber Netanjahu und seiner arroganten Einmischung in den amerikanischen Wahlkampf zu zeigen. Ich glaube zwar, dass ein wachsender Anteil der amerikanischen Juden ebenso bestürzt ist über Israels Politik der Selbstisolation wie viele kritische Israelis. Aber die Macht des Geldes war eindeutig auf Romneys Seite. Ob Obama jetzt, frei von Wahlsorgen, eine warnende Stimme werden kann, ob er versuchen wird, Israels Politik des Unheils zu kritisieren und den Friedensprozess erneut aufzunehmen, ist unklar. Die letzten Ereignisse – die Eskalation in Gaza, die Teilanerkennung der Palästinenser durch die UNO und die weltweiten Reaktionen auf die Ankündigung, neue Siedlungen zu bauen – sollten aber die Israelis selbst eigentlich zur Vernunft bringen. Leider, fürchte ich, wird nichts passieren. Auch hier ein tief trauriger Prozess der Selbstzerstörung? Wirkliche Freunde Israels sollten die jetzige Politik kritisieren und dem Land helfen, wenigstens die Sympathie Europas wiederzugewinnen und die Sympathie in den USA zu erhalten. Druck kann selbstverständlich auch auf materielle Weise ausgeübt werden, vielleicht ist es dafür an der Zeit.

FISCHER An den Prioritäten im Nahen Osten hat sich durch Obamas Wiederwahl nichts geändert. Der Iran und sein Nuklearprogramm bleiben dort das Hauptproblem, und es wird in diesem Jahr zur Entscheidung drängen. Das ist eine mehr als ungute Aussicht, da es jenseits eines echten Kompromisses – von dem allerdings unklar ist, ob Khamenei und die politische Führung in Teheran ihn wollen – nur schlechte Alternativen gibt. Ich persönlich glaube nicht, dass es unter Netanjahu und seiner Rechtskoalition ernsthafte Friedensverhandlungen mit den Palästinensern geben wird. Schon gar nicht mit der Hamas, die auf palästinensischer Seite immer stärker wird. Israel hat mit der Abstimmung in New York über den Beobachterstatus Palästinas bei der UN eine schwere diplomatische Niederlage erlitten und isoliert sich zunehmend diplomatisch. Allerdings, so fürchte ich, wird dies nicht zu mehr Vernunft, sondern zu mehr mentaler Abschottung und bei der Regierung zu einer Jetzt-erst-recht-Haltung führen, was mich mit großer Sorge erfüllt.

STERN Ja, lieber Joschka, ich teile Ihre Sorge, wahrscheinlich sogar viele Ihrer politisch-sozialen Sorgen. Und darum meine ich: Sie müssen die Rolle eines politischen Pädagogen annehmen, das heißt sich gelegentlich, in gewissen Abständen zumindest, an die deutsch-europäische Öffentlichkeit wenden, um Ihre Gedanken und Sorgen mit aufklärerischem Takt unter die Menschen bringen.

Nachwort

Im Frühjahr 2010 legten Helmut Schmidt und Fritz Stern im Verlag C.H.Beck ihr gemeinsames Buch «Unser Jahrhundert» vor. Beide waren zunächst skeptisch gewesen, ob die Form des gedruckten Gesprächs geeignet sei, komplexe Zusammenhänge zu durchdringen, ob nicht zwangsläufig vieles nur angetippt werden könne, was eigentlich gründlicher erörtert werden müsste. Dann aber erwies sich der Dialog, die wechselseitige Herausforderung von Frage und Antwort als ein besonders reizvolles Format, das auch beim Publikum auf viel Sympathie und Zustimmung stieß. Es lag also nahe, darüber nachzudenken, in welcher Konstellation sich diese Gespräche fortsetzen ließen. Ein Partner erschien Fritz Stern besonders reizvoll: der ehemalige Bundesaußenminister Joschka Fischer. Anfang 2012 bekundete Joschka Fischer seinerseits Interesse an einem solchen Gespräch.

Als die Themen, über die man sprechen wollte, zusammengestellt wurden, war schnell klar, dass für den amerikanischen Historiker genauso wie für den deutschen Politiker die Frage nach der Zukunft Amerikas, die Frage nach der künftigen Weltmachtrolle der USA, auf der Prioritätenliste weit oben stand. Die Gespräche, aus denen der vorliegende Band hervorgegangen ist, fanden Ende Mai 2012 statt, also gut fünf Monate vor den Präsidentschaftswahlen am 6. November; der Ausgang der Wahl war zu diesem Zeitpunkt völlig offen. Die Sorge, ein Sieg der Republikaner werde eine neue ideologische Eiszeit heraufführen, ist in manchen Passagen, insbesondere in Kapitel VII, unüberhörbar. Wir haben diese Stellen bei der Überarbeitung des Manuskripts in der zweiten Novemberhälfte stehen lassen, weil sie deutlich machen, wie wichtig der Sieg Obamas für uns am Ende war. In einem «Postskriptum» haben wir uns aber noch einmal über die Lage nach den Wahlen wie auch über die Entwicklung im Nahen Osten, ein anderes Schwerpunktthema unserer Gespräche, ausgetauscht.

Wir möchten uns bei Luca Giuliani bedanken, der uns in der Pfingstwoche die Räume des Wissenschaftskollegs in Berlin-Grunewald (mit den herrlichen Türen!) großzügig zur Verfügung stellte. Danken möchten wir Katharina Wiedemann, die für unser leibliches Wohl sorgte, und Helmut Fricke, der unser Treffen fotografisch dokumentierte. Unser besonderer Dank gilt Detlef Felken, dem Initiator und engagierten Wegbegleiter des Projekts, und Thomas Karlauf, der die Gespräche moderierte und aus den Mitschriften die Textgrundlage erstellte.

Berlin – New York, Dezember 2012 *Joschka Fischer, Fritz Stern*